Das
Güterrecht und Erbrecht
der Eheleute

nach dem brandenburgischen Provinzialrechte

von

L. Korn,
Landgerichtsdirector.

Berlin und Leipzig.
Verlag von J. Guttentag
(D. Collin).
1880.

Dem

Königlichen Geheimen Justizrath und Stadtgerichtsdirector a. D.

Herrn Harrassowitz

gewidmet

von dem Verfasser.

Vorwort.

Das vorliegende Werk ist zum Theil bereits in den Jahren 1871 und 1873 in der Zeitschrift für Gesetzgebung und Rechtspflege von Behrend veröffentlicht worden. Wenn ich mich jetzt entschlossen habe, es in dieser Form herauszugeben, bin ich von dem Gedanken geleitet worden, daß über die hier behandelte Rechtsmaterie den betheiligten Kreisen wohl jede Publication erwünscht sein würde. Seit v. Scholtz-Hermensdorf seinen Entwurf eines brandenburgischen Provinzial-Gesetzbuchs abgefaßt hat, ist keine bedeutendere Arbeit über das brandenburgische Familienrecht erschienen und seit jener Zeit sind die Quellen desselben uns immer ferner gerückt. Ich gehe wohl nicht zu weit, wenn ich annehme, daß der Text der Joachimica und des Erbschaftsedicts und die Werke der älteren brandenburgischen Juristen wie Scheplitz, Kohl, Stryk, Seydel u. A., welche zur Feststellung des recipirten Rechts nicht entbehrt werden können, sich nur noch im Besitze einzelner Juristen befinden und auch nur in wenigen Bibliotheken der brandenburgischen Gerichtshöfe vollständig vorhanden sind. Aus diesem Grunde habe ich auch für geboten gehalten, den Text der Ersteren und die Aussprüche der Letzteren möglichst ausführlich wieder zu geben. Sollte ich hiermit einem Bedürfnisse der Praxis entsprochen haben, oder sollte mein Werk eine Anregung zu einer eingehenderen wissenschaftlichen Bearbeitung des Provinzialrechts werden, so würde ich hierin einen großen Lohn für meine Arbeit erblicken. Jedenfalls bitte ich bei der Critik derselben ein nachsichtiges Urtheil walten zu lassen, da ich bei vielen Fragen eigene Wege gehen mußte, ohne mich einer wünschenswerthen Literatur anschließen zu können.

Berlin, den 1. Juni 1880.

Inhaltsverzeichniß.

Seite

Erstes Buch.

Rechtsverhältniß der Eheleute während des Bestehens der Ehe.

Zweites Buch.
Gesetzliches Erbrecht der Eheleute.

Drittes Buch.
Testament und Erbvertrag der Eheleute.

Erstes Buch.

Rechtsverhältnisse der Eheleute während des Bestehens der Ehe.

I. Zustand des ehemaligen Güterrechtes in der Mark Brandenburg vor Reception des römischen Rechtes.

Vor der Reception des römischen Rechtes galt in der Mark Brandenburg das altsächsische Recht, wie es durch den Sachsenspiegel, die Glossen desselben und das magdeburgische Weichbildrecht sich ausgebildet hatte. Zwar hatten nur einige Städte der Altmark ihren direkten Rechtszug an den Schöffenstuhl zu Magdeburg, während für die übrigen der Schöffenstuhl in der Stadt Brandenburg als oberster Gerichtshof galt. Allein es war allgemeine Rechtsansicht in der Mark, daß man zum sächsischen Rechte gehöre, daß dieses gemeines Landrecht sei, und daß nach ihm im Zweifel zu verfahren und zu entscheiden sei.[1])

Nach dem altsächsischen Landrechte war die rechtliche Stellung der Frau folgende:

---

[1]) Glosse zum Sachsenspiegel, II. 12: Geschit yd aver in einer marke, alse thu Myssen oder thu Brandenburg oder thu Lussis, wan desse hebben sessisch recht unde syn Sassen unde Doringe. (Ausgabe 1516, Bl. 73, Colonne 3.) — Götze, Provinzialrecht der Altmark, Motive I. S. 5 (Magdeburg 1836). — v. Scholtz-Hermensdorf: Das jetzt bestehende Provinzialrecht der Kurmark Brandenburg, Abth. II., S. 7 (Berlin 1834). — Heydemann, die Elemente der Joachimischen Constitution S. 2 (Berlin 1841).

Der Mann hatte die Vormundschaft über das gesammte Vermögen der Frau und es bestand keine Zweiung zwischen seinem und ihrem Gute.[2]) Diese Vormundschaft war nicht ein öffentliches Amt, welches dem Mann im Interesse der Frau von einer Behörde übertragen wurde, sondern sein Privatrecht, welches er von Rechts wegen erwarb, sobald die Ehe geschlossen war. Er verwaltete kraft desselben das Vermögen der Frau ohne Zweiung von seinem Vermögen, zog alle Nutzungen daraus für sich und durfte alle dazu gehörigen einzelnen Sachen ohne Zuziehung der Frau gültig veräußern. Nur in Betreff der Grundstücke der Frau bestand eine Ausnahme. Diese konnte er nur im Falle echter Noth ohne ihre Zuziehung verkaufen und verpfänden. In allen anderen Fällen mußte die Frau ihre Zustimmung zur Veräußerung ihrer Liegenschaften geben, widrigenfalls sie das Rechtsgeschäft anfechten und ihr Gut zurückfordern konnte.[3]) Es ist zwar kontrovers, ob der Mann, abgesehen von dem Falle echter Noth, nach dem Systeme des Sachsenspiegels die Grundstücke seiner Frau ohne deren Zuziehung gültig veräußern konnte, oder ob erst durch das spätere nach der Glosse entstandene sächsische Landrecht und durch das magdeburgische Stadtrecht der Konsens der Frau bei Veräußerung ihrer Liegenschaften als nothwendiges Erforderniß zur Gültigkeit des Geschäftes eingeführt worden ist.[4]) Für unsere Zwecke interessirt dies aber nicht, da jedenfalls zu der Zeit, als das römische Recht in der Mark Brandenburg recipirt wurde, das sächsische Land- und Stadtrecht jenen Grundsatz schon längst angenommen hatte.

Durch die Vormundschaft des Mannes wurde die Rechts-

---

[2]) Sachsenspiegel, I. 31 §§. 1 u. 2: Svenne en man wif nimt, so nimt he in sine gewere al ir gut to rechter vormuntscap. Man unde wif ne hebbet nein getveiet gut to irme live.

[3]) Glosse zum Sachsenspiegel, I. 20, 32, 44; III. 76 §. 3.

[4]) v. Martitz: Das eheliche Güterrecht des Sachsenspiegels, S. 142 (Leipzig 1867).

fähigkeit der Frau nicht beseitigt. Es fehlt an jeder Andeutung in den altsächsischen Rechtsquellen, woraus auf eine Beschränkung der Rechtsfähigkeit der Frau durch ihre Verheirathung geschlossen werden könnte. Vielmehr läßt sich überall erkennen, daß sie bestrebt sind, die Rechtsfähigkeit der Frau und die des Mannes im Prinzipe gleich zu stellen. Der Sachsenspiegel drückt dies in dem Satze aus, daß die Frau neben dem Manne in der Gewere sitze und bezeichnet sie fort und fort als Eigenthümerin ihres Gutes während der Ehe.[5])

Ebenso wenig wurde die Handlungsfähigkeit der Frau durch die Vormundschaft des Mannes im Prinzipe aufgehoben. Eine allgemeine Geschlechtskuratel für Mädchen, Frauen oder Wittwen ist dem altsächsischen Rechte unbekannt. Wenn sie nicht persönlich in Prozessen vor Gericht auftreten konnten, vielmehr hier eines Vorsprechers bedurften, so beruhte dies auf der alten Idee des Kampfgerichtes, zu dem die Weiber allerdings wegen des Mangels der Wehrhaftigkeit unbedingt unfähig waren. Diese einzige Ausnahme ihrer Handlungsfähigkeit hatte daher einen besonderen Grund und bestätigte nur die Regel, daß sie den Männern gleich standen, wenn dieser Grund fehlte. Es findet sich nirgend in den Rechtsquellen ein allgemeiner Satz, daß verheirathete Frauen ungünstiger als Mädchen und Wittwen gestellt seien. In der zutreffenden Stelle des Sachsenspiegels, welche von dem ehelichen Güterrechte handelt, heißt es nicht, daß die Frau durch ihre Verheirathung in die vormundschaftliche Gewalt des Mannes komme, vielmehr wird im Texte mit Klarheit gesagt, daß er ihr Vermögen in seine Vormundschaft nehme.[6]) Es ist eine Vormundschaft des Vermögens und nicht

---

[5]) Sachsenspiegel, I. 45 §. 2: En wif ne mach ok ane irs mannes gelof nicht ires gudes vergeven noch egen verkopen, durch dat he mit ir in den geweren sit.

[6]) Sachsenspiegel, I. 31 §. 2: Svenne en man wif nimt, so nimt he in sine gewere al ir gut to rechter vormuntscap.

der Person, welche dem Manne eingeräumt wird. Man muß daher diesen Punkt so auffassen, daß die Handlungsfähigkeit der Frau im Prinzipe anerkannt wurde, daß ihr aber thatsächlich jeder Gegenstand fehlte, an dem sie sich äußern konnte, da ihr ganzes Vermögen der Verwaltung des Mannes unterworfen war. Nur in einzelnen Fällen war ausnahmsweise eine Möglichkeit, daß ihre Handlungsfähigkeit hervortrat. Es gehörte hierher, daß sie bei dem Verkaufe ihrer Liegenschaften von ihrem Manne zugezogen werden und ihren Konsens dazu abgeben mußte. Veräußerte die Frau ohne Zuziehung ihres Mannes Gegenstände ihres Vermögens und zwar ohne Unterschied, ob dies Mobilien oder Immobilien waren, so war das Rechtsgeschäft nicht nichtig. Der Mann konnte es nur anfechten, weil sein Recht der Vormundschaft verletzt war. Unterließ er die Anfechtung durch gerichtliche Revokation der fortgegebenen Stücke und verstarb er vor diesem Schritte, so blieb die Verfügung der Frau gültig, wenn nicht etwa einer der wenigen Fälle eintrat, daß seine Erben die Klage noch aufnehmen konnten. Die Frau selbst konnte das Geschäft niemals aufrufen. Das vormundschaftliche Recht des Mannes vernichtete also nicht die Handlungsfähigkeit der Frau, sondern bestand selbständig neben ihr und erlosch, wenn der Mann sich nicht entschloß, auf Grund desselben zu interveniren.[7])

Daß diese Grundsätze des gemeinen sächsischen Landrechtes in der Mark im Allgemeinen gegolten und mindestens als Basis des ehelichen Güterrechtes betrachtet worden sind, ist mit Sicherheit anzunehmen.[8])

Die erste Aenderung, welche das sächsische Landrecht erfahren hat, bestand in der Ausbildung eines von ihm ver-

---

[7]) Martitz, a. a. O. S. 133 und die höchst scharfsinnige Ausführung in der Note 13 daselbst.

[8]) Crome: Das märk. Ehe-, Familien- und Erbrecht. S. 3.

schiedenen Stadtrechtes, wie es das magdeburgische Weichbild zeigt. Es wurde hier der Grundsatz aufgegeben, daß Mann und Frau kein gezweites Gut haben könne, und statt dessen angenommen, daß das vormundschaftliche Recht des Mannes sich nur auf den Theil des Vermögens der Frau erstrecke, welcher ihm zu seiner Gewere übergeben worden war. Alles Uebrige blieb Sondergut der Frau und es galt die Präsumtion, daß alles von fahrender Habe, liegenden Gründen und ausstehenden Forderungen der Frau Sondergut sei und so lange als solches angesehen werden müsse, bis eine ausdrückliche Uebergabe an den Mann nachgewiesen sei.[9]) Nur die eine Ausnahme wurde gemacht, daß Erbschaften, welche der Frau zufielen, ohne weiteres in die vormundschaftliche Gewere des Mannes (nach ihrem alten Begriffe des Sachsenspiegels) gelangten.[10]) Die Handlungsfähigkeit der Frau erlitt im magdeburgischen Stadtrechte keine Einbuße, vielmehr wurde sie thatsächlich dadurch bedeutend erweitert, daß die Frau über ihr Sondergut ohne Zuziehung ihres Mannes gültig verfügen konnte. Auch nach dem magdeburgischen Weichbildrechte bedurften Frauen nur eines Vertreters in Prozessen, und Akte nicht streitiger Gerichtsbarkeit wurden von ihnen ohne vormundschaftliche Assistenten aufgenommen. Handelte es sich in einem Prozesse um ihr Sondergut, so war ihr Mann nicht ihr nothwendiger Vertreter vor Gericht, da er kein Recht über dieses Gut hatte, vielmehr konnten sie sich einen beliebigen andern Vorsprecher wählen.[11]) Sie konnte in stehender Ehe über ihr Sondergut mit ihrem Manne Verträge abschließen.[12]) Die Grundstücke der Frau, auch wenn sie nicht ihr Sondergut waren, sondern dem Manne zu seiner vormundschaftlichen

[9]) Martitz, S. 253.
[10]) Martitz, a. a. O. S. 277.
[11]) Martitz, a. a. O. S. 309.
[12]) Martitz, a. a. O. S. 261.

Gewere bestellt waren, konnte der Mann ohne ihren Beitritt nicht verpfänden oder veräußern.[13])

In der brandenburgischen Stadt Stendal hat dieses Recht unverändert gegolten. Diese Stadt ist bei ihrer Stiftung im Jahre 1151 mit magdeburgischem Rechte belehnt worden und dies ist ihr fort und fort, zuletzt noch im Jahre 1345, bestätigt worden.[14]) Der Schöffenstuhl zu Magdeburg ist der Oberhof von Stendal geblieben und zahlreiche Urtheile liegen uns vor, nach denen keine Abweichung des stendalschen Rechtes vom magdeburgischen Rechte zu erkennen ist.[15])

Anders verhielt es sich mit den übrigen Städten der Mark Brandenburg. Die Masse der deutschen Kolonisten, mit denen Stadt und Land der Mark im zwölften und dreizehnten Jahrhunderte besetzt wurde, kam nicht sowohl aus dem Stifte Magdeburg, der Altmark und der Gegend des Harzes, als aus Westphalen und von dem Niederrhein. Von hier brachten sie die Zweitheilung des Nachlasses nach dem Tode eines Ehegatten als ihr Recht mit und gaben sie in dem neuen Lande nicht auf.[16]) Andererseits betrachtete man es zur Heranziehung von Einwanderern als Nothwendigkeit, die neuen Städte mit anlockenden Freiheiten zu versehen, und nichts schien in dieser Beziehung wirksamer, als daß die Rechte der berühmten und reichen Stadt Magdeburg den neuen Ansiedlern zugesichert wurden. So ist es gekommen, daß den neuen Städten in der Mark die Rechte der Stadt Magdeburg verliehen, zugleich

---

[13]) Martitz, a. a. O. S. 142.

[14]) Heydemann: Die Elemente der Joachimischen Constitution (Berlin 1841) S. 86. Der Verfasser irrt aber darin, daß die Halbtheilung neben Heergewäte und Rade in Stendal gegolten habe.

[15]) Behrend: Ein stendaler Urtheilsbuch aus d. 14ten Jahrhundert (Berlin 1868).

[16]) Heydemann, a. a. O. S. 165. Schröder, Güterrecht, II. 3. S. 22 und 53.

aber den Ansiedlern nachgelassen worden ist, ihr früheres davon abweichendes Erbrecht beizubehalten. In der Stiftungsurkunde der Stadt Prenzlau, gegeben zu Stettin den 6. Januar 1235, ist dies in einfachen Worten ausgesprochen.[17]) Für Wittstock ist in dem Stiftungsbriefe vom 10. September 1248 angeordnet, es solle stendalsches Recht, welches, wie oben gesagt, mit dem magdeburgischen zusammenfiel, haben, das Erbrecht solle aber ausgenommen sein, kein Heergeräth und keine Gerade gelten, vielmehr die Halbtheilung Platz greifen.[18]) Ebenso heißt es in der Gründungsurkunde für Kyritz vom Jahre 1237, in Betreff des Erbrechtes solle Halbtheilung zur Anwendung kommen, sonst aber solle stendaler Recht gelten.[19]) Endlich wird im Stadtbuche von Berlin aus dem Jahre 1397 bestimmt hervorgehoben, daß das brandenburgische Recht in Betreff des Erbrechtes vom Sachsenrechte abweiche, kein Heergeräth, keine Gerade und keinen Mußtheil kenne, vielmehr die Hälfte des Vermögens dem überlebenden Ehegatten gebühre.[20])

---

[17]) Civitas haec eadem debet frui libertate, quam habet civitas magdeburgensis, et eodem jure, excepto eo quod rade appellatur, quod apud nos decrevimus abolendum. Buchholz: Versuch einer Geschichte der Churmark Brandenburg (Berlin 1771), IV. S. 66.

[18]) Donavimus, uti eo jure civili in Witztoch, quo utuntur incolae stendalenses. His tamen exceptis, scilicet quod tota hereditaria possessio simul (gleich) et ea pars, quam vocant herwede et rade, defuncto marito vel uxore per medium dividatur. Beckmann: Historische Beschreibung der Chur und Mark Brandenburg. Theil V, Buch II. S. 271.

[19]) Concessimus, ut hereditates, quae mortis jure perventae fuerint, per medium dividantur, et ut jure fruantur stendalensium. Beckmann, a. a. O. S. 173.

[20]) In den brandenborgschen rechte behold sy half und half, alse sy dot hebben. — Ok so is in someliken sassenlande, dar die erven nemen na doder hand hergewede radeleve und musteile, dat id brandenborgesche recht nicht en vulbordet. Vortmer sal alle ding half und half wesen, weme dat af und tu stervet.

In Berlin galt das Recht der Alt- und Neustadt Brandenburg an der Havel, und dasselbe Recht hatten außerdem die Städte Frankfurt a/O., Spandau, Landsberg, Rathenow, Falkenburg, Straußberg, Soldin, Wriezen, Berlinchen, Neu-Landsberg, Küstrin, Zellin, Bärwalde, Bernäuchen, Nienburg, Drossen, Müncheberg, Mittenwalde, Eberswalde, Bernau, Nauen, Treuenbrietzen und Belitz.[21]) Man war sich daher im größten Theile der Mark bewußt, daß man im Erbrechte der Eheleute vom sächsischen und magdeburgischen Rechte abwich und statt dessen die Halbtheilung hatte, die noch jetzt hier gilt.[22])

Das Erbrecht der Eheleute hängt mit ihrem Güterrechte unter Lebenden zusammen. Aus der Sorge für die Wittwe ist wohl die Halbtheilung entstanden und aus dieser die Idee der Gütergemeinschaft bei Lebzeiten abgeleitet worden. Bei der Gütergemeinschaft unter Eheleuten ist die rechtliche Stellung der Frau eine ganz andere als nach dem magdeburgischen Rechte mit seinen Grundsätzen vom Sondergute. In den Gegenden, aus welchen die Halbtheilung nach der Mark gekommen ist, hat Gütergemeinschaft gegolten oder kurz darauf sich entwickelt, und in der Mark selbst hat es fast zu keiner Zeit an juristischen Stimmen gefehlt, welche für eine allgemeine Gütergemeinschaft unter Eheleuten während des Bestandes ihrer Ehe eingetreten sind. Pruckmann, Scheplitz und Schurff haben sich unter den älteren Juristen dafür ausgesprochen.[23])

Fidicin: Histor.-diplomat. Beiträge (Berl. 1837), B. I. S. 142 und S. 123.

[21]) v. Kamptz in Mathis' Monatsschrift, Bd. XI. S. 38—86. — Riedel: Die Mark Brandenburg im Jahre 1250 (Berlin 1831), II. 371. — Heydemann: Elemente der Joachimischen Constitution (Berlin 1841), S. 51.

[22]) Schroeder: Güterrecht II. 3. S. 53.

[23]) Fr. Pruckmann: Opera juridico-practica, I. Cons. 44 No. 7, 36, 61. — Joachim Scheplitz: Consuetudines I., pars III., tit. 2 §. 1. — Hieronimus Schurff, II. cons. 99.

Steyer und ein neuerer Schriftsteller, dessen Name nicht genannt ist, nehmen an, daß sie wenigstens in früherer Zeit und jedenfalls bei Abfassung der Joachimischen Constitution von den Erbfällen vom Mittwoch nach Franciscus 1527 in der Mark gegolten habe.[24]) Zuletzt ist die Gütergemeinschaft bei den Berathungen über das Erbschaftsedikt vom 30. April 1765 als bestehendes Recht vertheidigt worden, dann aber durch dieses Edikt selbst verworfen, also im Wege der Gesetzgebung jeder Zweifel hierüber beseitigt.[25]) Eine ausdrückliche Erklärung über eine herrschende Gütergemeinschaft der Eheleute während ihres Lebens enthalten unsere Rechtsquellen aus der Zeit vor der Joachimischen Constitution nicht. Am meisten sprechen für sie die Bestimmungen des salzwedelschen Rechtes, welches dieser Stadt in dem Privilegium vom 16. März 1273 verliehen worden ist, und in welchem vorgeschrieben wird:

„Bei dem Tode eines Gatten erhalte der überlebende Gatte die Hälfte des gemeinsamen Vermögens; wenn Eltern bei Lebzeiten ihren Kindern eine eigene Wirthschaft oder eine Ausstattung gegeben haben, können sie über ihr Vermögen von Todes wegen frei verfügen, ohne daß die abgeschichteten Kinder dagegen etwas einwenden dürfen; sonst bekommen die Kinder die Hälfte des gemeinsamen Vermögens; heirathet ein Wittwer oder eine Wittwe wieder und bekommen sie aus dieser Ehe Kinder, so beerben die Kinder erster Ehe sie nicht, vielmehr fällt Alles dem zweiten Ehegatten und den mit ihm erzeugten Kindern zu; nur wenn die zweite Ehe kinderlos ist, erhalten die Kinder erster Ehe die

---

[24]) Joh. Sam. Steyer: Dissertatio juridica inauguralis (Ausgabe von 1761), S. 36, und Justiz-Ministerialblatt von 1858, S. 180.

[25]) Heydemann: Elemente, S. 336, siebzehntes Votum. — Verordnung, wie es in Erbschafts-Anfällen zu halten, v. 30. April 1765, Abth. II. §. 8 Alinea 3 (Nov. Corp. Constit. III. S. 689 Nr. 42).

Hälfte nach dem Tode ihres zu einer zweiten Ehe geschrittenen Vaters oder ihrer wieder verheiratheten Mutter."[26])

Allein aus diesen Bestimmungen über das Erbrecht der Eheleute kann nicht mit Sicherheit ein Schluß auf ihre Güterverhältnisse unter Lebenden gemacht werden, da das ältere deutsche Privatrecht seine Ausbildung nicht nach festen und allgemein anerkannten Systemen gewonnen hat.[27]) Es tritt aber hinzu, daß jeder weitere Zusammenhang der Mark Brandenburg mit den Gegenden, aus welchen die Halbtheilung zu ihr gekommen ist, unterbrochen worden ist und die Erinnerung daran sehr schnell verloren gegangen ist, nachdem die deutsche Kolonisation in der Mark einmal bewirkt war. Es herrschte nur die Ansicht, daß man sächsisches Recht habe. Noch im Jahre 1440 hat der Markgraf Friedrich einen Richter in Salzwedel mit der Verpflichtung angestellt, nach gemeinem Sachsen- und beschriebenen Rechte zu richten und richten zu lassen.[28]) Unter Sachsenrecht verstand man den Sachsenspiegel und das magdeburgische Weichbildrecht. Die ganze Glosse der altmärkischen Juristen von Buch (Vater und Sohn) zum Sachsenspiegel und das Stadtbuch von Berlin vom Jahre 1397, welches zum großen Theile nur eine Umstellung des Sachsen-

[26]) Si pater et mater omnes pueros suos legitime locaverunt, antequam moriantur, et postmodum unum ipsorum patrem vel matrem mori contigerit, pater vel mater superstes de bonis suis ordinabit et faciet, quae voluerit, pueris suis nolentibus immo non valentibus prohibere. Posito etiam, quod pater pueros habeat de uxore legitima secundo ducta, hi pueri post mortem patris eorum ipsius hereditatem obtinebunt, pueris suis prioribus in ea hereditate partem non habentibus sed exclusis. — Heydemann, Elemente, S. 106; vergl. dort auch die weitere Entwickelung dieses Stadtrechtes durch die Privilegien von 1278, 1527 und 1702.

[27]) Schröder, Güterrecht, II. 3. S. 31.

[28]) v. Raumer, Codex diplomaticus Brandenburg. I., S. 145.

spiegels ist, liefern hierfür neben den zahlreichen Judikaten aus jener Zeit den besten Beweis. Selbst das Erbrecht der Eheleute ist nach magdeburgischen Rechtsanschauungen modifizirt worden, denn trotz des Verbotes von Heergeräth und Gerade finden sich in einzelnen Städten Spuren derselben, die allerdings auf ein Präcipuum an gewissen einzelnen Stücken sich beschränkt haben, welches der überlebende Ehegatte außer der Hälfte des Gesammtvermögens bekam.[29]) Es kann daher allein als richtig angenommen werden, daß in der Mark Brandenburg vor der Joachimica von 1527 nur das sächsische Recht, das heißt der Sachsenspiegel und das magdeburgische Weichbildrecht, als gemeines Recht gegolten hat, daß die Abweichungen des Erbrechtes der Eheleute von diesem Rechte nicht weiter ausgedehnt worden sind, als die Worte der zutreffenden Privilegien es erheischen, und daß namentlich die Rechte der Eheleute während ihrer Lebenszeit nach sächsischem Rechte mit Ausschluß der Grundsätze einer Gütergemeinschaft behandelt worden sind. Erst wenn ein Todesfall vorlag und es zu einem Erbfalle gekommen war, wich man vom sächsischen Rechte ab und vereinigte nun das Gesammtvermögen beider Eheleute zu einer Nachlaß- und Theilungsmasse.

Nach unseren modernen Rechtsbegriffen erscheint dies allerdings systemlos und unfertig. Juristen, wie Pruckmann, Scheplitz und Schurff, welche sich für eine Gütergemeinschaft unter Eheleuten während ihres Lebens ausgesprochen haben, sind durch diesen Gedanken zu ihrer Annahme geführt worden, denn sie haben sich nicht damit befreunden können, daß eine Gütergemeinschaft nach dem Tode eines Gatten entstehen solle, während sie bei Lebzeiten nicht gegolten habe. Allein man darf die fortgeschrittene Bildung späterer Zeit nicht auf frühere Jahrhunderte anwenden und darf sich nicht der Wahrheit ver-

---

[29]) Heydemann: Elemente, S. 176.

schließen, wie unvollkommen die Rechtsanschauungen früherer Zeiten waren. Wenn diese Juristen aber noch als Grund für ihre Annahme anführen, daß die Worte der Joachimica von 1527 für sie sprächen, da dort gesagt werde: der überlebende Ehegatte behalte nach alter Gewohnheit das halbe Gut, so ist dies ebenfalls hinfällig. Sie hielten sich streng an das Wort „behält" und erklärten es für ungereimt, daß Jemand etwas behalten solle, was er nicht schon besessen habe. Allein aus dem Zusatze nach „alter Gewohnheit" geht hervor, daß die Absicht der Joachimischen Constitution dahin ging, bezüglich des Erbrechts der Eheleute nichts neues einzuführen. Nach der Sprache der damaligen Rechtsquellen ist daher die Annahme nicht ausgeschlossen, daß mit den Worten „behält nach alter Gewohnheit" eben nur dies hat ausgedrückt werden sollen und daß der Sinn nur dahin gegangen ist: es solle betreffs der überlebenden Ehegatten bei dem früheren Rechte verbleiben, indem sie ihr altes Erbrecht beibehalten sollten.

Von bedeutenderen Juristen haben namentlich Stryk [30]) und Kohl [31]) bereits vor Erlaß der Verordnung vom 30. April 1765 gegen die Annahme einer Gütergemeinschaft unter Eheleuten in der Mark Brandenburg sich ausgesprochen. [32])

II. Römisches Recht und usus modernus.

Nach dem römischen Rechte, wie es in den Pandekten und dem Codex Justinians sich findet, [33]) erscheint die Frau durch-

---

30) De succ. ab int. Diss. IV. §. 36. S. 308.

31) Declaratio accurata. Quaestio I. No. 4 und Quaestio VII. No. 22.

32) Vergl. unten Cap. XXXII. und Schröder: Güterrecht, II. 3. S. 31.

33) Das ältere römische Recht hat keinen Einfluß auf die Entstehung unseres Provinzialrechtes geäußert und kann daher hier nicht in Betracht kommen.

aus rechts- und handlungsfähig und erleidet durch Eingehung der Ehe hierin keine Einbuße oder Einschränkung. Der Mann hatte nach dem römischen Rechte dieser Periode keine juristische Gewalt über die Frau, vielmehr stand die Frau als vollkommen freie Person neben ihm. Sie trat nicht in seine Familie und war nicht in seiner rechtlichen Macht, nicht in manu mariti. Sie blieb in ihrer bisherigen Familie und in der Gewalt ihres Vaters, denn die Ehe war kein Mittel, die patria potestas zu lösen. War sie sui juris, so blieb sie es und erfuhr darin keine Einschränkung. Sie konnte sich in jeder Weise frei verpflichten (vorausgesetzt, daß sie nicht in patria potestate war) und bedurfte dazu nicht des Beitrittes und der Genehmigung ihres Mannes. Dieser hatte kein Interventionsrecht und sein Widerspruch gegen eine Rechtshandlung der Frau hatte keine Wirkung.[34])

Dagegen hatte der Mann die Pflicht, die Kosten des gemeinsamen Hausstandes zu tragen und die Frau und ihre Kinder standesgemäß zu nähren. Als Beisteuer hierzu wurde ihm im Interesse der Frau die Dos bestellt. Das römische Güterrecht der Eheleute dreht sich wesentlich um das Institut von der Dos. Man theilte die Dos in dos profectitia und dos adventitia, doch hat dies für das moderne Recht keinen praktischen Werth.

Der Mann hatte keinen gesetzlichen Anspruch auf eine Dos. Hatte er sich keine ausbedungen, so konnte er sie nicht fordern. Namentlich war die Frau, auch wenn sie Vermögen hatte, ohne specielle Verabredung nicht verpflichtet, aus diesem eine Dos auszuwählen und dem Manne zu übergeben.[35]) Allerdings war

---

[34]) Glück: Erläuterungen, §§. 1223—1225, Bd. 24 S. 378. — Hasse: Güterrecht der Ehegatten, §. 28 I. S. 88.

[35]) Hasse, a. a. O., §§. 104 u. 105 I. S. 367; und Glück, a. a. O., §. 1231 Nr. 5, B. 25 S. 105. — Holzschuher: Theorie und Casuistik, §. 58 Nr. 6d (Ausgabe von 1863 S. 623).

der Vater der Frau, ihr väterlicher Großvater und wenn besondere Gründe obwalteten, auch die Mutter der Frau verpflichtet, sie zu dotiren. Dies begründete aber kein Recht des Mannes, wurde vielmehr nur als ein Recht der Frau aufgefaßt, so daß es in ihrem Belieben stand, ob sie ihre Verwandten deshalb in Anspruch nehmen wollte. Der Mann konnte gegen diese nur Klage erheben, wenn die Frau ihm ihre Rechte abtrat.[36])

Geschenke unter Eheleuten waren verboten. Die Bestellung einer Dos wurde aber nicht als eine Beschenkung des Mannes aufgefaßt, da man sie nur als eine Beisteuer zu den Kosten der Ehe betrachtete. Die Frau konnte deshalb in stehender Ehe eine Dos ihrem Manne gültig aus ihrem Vermögen anweisen oder, wenn er eine solche bereits hatte, sie vergrößern und erweitern. Dagegen war die Umwandelung der Dos in freies Vermögen der Frau eine unerlaubte Schenkung unter Eheleuten, weil die Pflicht des Mannes zur Ernährung der Frau und der Kinder bestehen blieb. Der Mann konnte diese Umwandelung also jeder Zeit widerrufen.[37]) Dem Dritten, der die Dos bestellt hatte, stand das Recht, die Dos in freies Eigenthum der Frau zu verwandeln, ebenfalls nicht zu, da er nur nach aufgelöster Ehe die Rückgewähr verlangen konnte und der Mann in der Zwischenzeit als Eigenthümer angesehen wurde.[38])

Gegenstand der Dos konnte Alles sein, wodurch der Mann bereichert wurde, zum Beispiel körperliche Sachen, baares Geld, Forderungen, Usus Fructus, eine Erbschaft u. s. w. Auch die Entsagung einer Erbschaft, für welche der Mann substituirt war, galt als gültige Bestellung einer Dos, wenn sie zu diesem Zwecke erfolgte. Auch ihr ganzes Vermögen konnte die Frau

---

[36]) Vangerow: Leitfaden, §. 216 I. 310. — Glück, a. a. O., §. 1231 Nr. 1, Bd. 25 S. 55. — Hasse, a. a. O., §§. 95—98 I. S. 346.

[37]) Die Ausnahmen siehe bei Vangerow, Leitfaden, §. 217 b, Anm. 2, S. 320.

[38]) Hasse, a. a. O., §§. 79, 114—116 I. S. 278 u. 393.

dem Manne als Dos übergeben. Es war dies aber keine Universalsuccession, denn durch Bestellung der Dos wurde immer nur eine Singularsuccession in Betreff der einzelnen darunter begriffenen Stücke bewirkt.[39]) Hatte die Frau, welche ihr ganzes Vermögen zur Dos hingab, Schulden, so gingen diese daher auf den Mann für dessen Person nicht über. Die Gläubiger konnten nur gegen die Frau klagen und Einweisung in ihr Vermögen verlangen, denn den Gläubigern durfte sie dies durch Weggabe nicht entziehen.[40])

Ursprünglich war das Recht des Mannes an der Dos während der Ehe ein äußerst einfaches. Er wurde als Eigenthümer der Dos angesehen und sie verblieb ihm, wenn die Frau vor ihm verstarb. Nach und nach änderte sich dies, und nachdem die Reskripte Justinians in den Codex aufgenommen sind, kann man wohl sagen, die Frau ist Eigenthümerin der Dos und der Mann hat daran nur ein ausgedehntes Verfügungs- und Nießbrauchsrecht. Justinian spricht dies aber nicht direkt aus und so ist es noch gegenwärtig kontrovers, wer Eigenthümer der Dos in stehender Ehe ist.[41])

Stets hatte man angenommen, daß die Dos im Interesse der Frau und der zu errichtenden gemeinsamen Oekonomie dem Manne bestellt werde. Es war wohl schwer, für undotirte Töchter Männer zu finden und große Opfer mußten gebracht werden, um eine standesgemäße Ehe für Töchter zu gewinnen. Ehescheidungen waren bei den Römern späterer Zeit äußerst leicht,

---

[39]) Hasse, a. a. O., §. 109. I. S. 379.

[40]) Holzschuher, a. a. O., §. 58 Nr. 2, S. 621. — Glück, §. 1230, B. 25 S. 12.

[41]) Löhr: Wer ist Eigenthümer der Dos? Mag. f. Rechtswissensch. IV. S. 57 u. 539. — Glück, a. a. O., §§. 1232, 1234—36 und 1250—52 B, B. 25 S. 106. — Vangerow, a. a. O., §. 217 B. I. S. 319. — Hasse, a. a. O., §§. 66, 107. I. S. 238 u. 378. — Keller: Pandekten, §. 397 (Ausgabe von 1861, S. 739).

indem jeder Ehegatte ohne weitere Förmlichkeiten die Ehe für aufgelöst erklären konnte. Man mußte Garantien haben, daß der Mann die Dos nicht einstrich und die Frau dann entließ, um die Dos zu gewinnen. Die Dos fiel der Frau zu, wenn die Ehe geschieden wurde, und der Mann konnte höchstens einen Theil davon einbehalten, falls die Frau einen hinreichenden Grund zur Scheidung gegeben hatte. Die Dos fiel auch der Frau zu, wenn der Mann vor ihr verstarb.[42]) Ja man nahm an, daß der Mann die dos profectitia dem Vater der Frau restituiren mußte, wenn die Frau vor ihm verstarb, weil der Zweck der Dos fortgefallen sei und der Vater der Tochter näher stände als der Mann. Es galt daher schon früh als erster Grundsatz quamvis in bonis mariti dos sit, mulieris tamen est,[43]) und nach und nach führte man verschiedene Mittel hinzu, um die Restitution der Dos für alle Fälle zu sichern:

1. Die Verfügungsfähigkeit des Mannes wurde innerlich beschränkt, indem ihm die Veräußerung jedes zur Dos bestellten Grundstückes bei Strafe der Nichtigkeit untersagt wurde;
2. die Frau konnte bei sichtlich bevorstehender Gefahr des Verlustes durch Insolvenz des Mannes die Dos schon in der Ehe zurückfordern;
3. die Rückforderungsklage wurde mit besonderen Privilegien ausgerüstet;
4. wenn sich schlechte Verwaltung der Dos zeigte, konnte gerichtliche Hülfe angerufen werden, damit dem Einhalt geschehe;
5. im Zustande der Insolvenz konnte der Mann auch solche

---

[42]) Die Ausnahme der dos receptitia interessirt hier nicht, da sie auf ausdrücklicher Verabredung beruhte.

[43]) Lex 75. Dig. De jure dotium (23, 3).

Sachen nicht mehr gültig veräußern, welche er, bevor ein solcher Zustand eintrat, allerdings zu veräußern ermächtigt war.[44])

Die erste Bestimmung ist durch die Lex Julia unter Augustus im Jahre 737 ab urbe condita eingeführt und durch Justinian noch dahin verstärkt worden, daß auch die Zustimmung der Frau die Veräußerung des fundus dotalis nicht gültig machen solle. Die zweite und dritte Bestimmung findet sich bereits bei den klassischen Juristen und die vierte und fünfte beruht auf Verordnungen Justinians. Dieser bestimmte ausdrücklich: Wenn Mobiliar- oder Immobiliargegenstände, welche zur Dos gehörten, noch bei Auflösung einer Ehe vorhanden seien, so solle die Frau sie ohne Rücksicht auf Hypotheken, die der Mann seinen Gläubigern daran eingeräumt habe, vindiciren können, weil diese Sachen der Frau von Anfang an gehört hätten und naturaliter in ihrem Eigenthum geblieben seien.[45]) Dasselbe Vindicationsrecht solle sie haben, wenn ihr Mann in Vermögensverfall gerathe und solle ihr dann nicht der Einwand entgegengestellt werden können, daß die Ehe noch bestehe.[46])

Daß hierdurch wesentliche Befugnisse des Mannes zerstört wurden und daß es ein Schritt war, das ganze Princip von dem Eigenthume des Mannes an der Dos zu verlassen und ihm statt dessen nur ein Nießbrauchsrecht einzuräumen, leuchtet ein. Der usus modernus hat dann hieran angeknüpft und nach dieser Richtung hin die ganze Lehre entwickelt.

Außer der Dos konnte die Frau nach römischem Rechte noch anderes freies Vermögen besitzen, denn nur dasjenige von

[44]) Glück, a. a. O., §§. 1232, 1234—36, 1250—52, Bd. 25 S. 106. — Vangerow, a. a. O., §§. 217 ff. I. S. 312. — Hasse, a. a. O., §§. 65 ff. I. S. 232. — Keller, a. a. O., §. 397, S. 739.

[45]) Const. 30. Cod. De jure dotium (5, 12).

[46]) Const. 29. Cod. a. a. O.

ihrem Vermögen wurde Dos, was sie dazu bestimmte. Ulpian sagt, dies Vermögen hätten die Gallier peculium, die Griechen parapherna genannt.[47]) Die letzte Bezeichnung ist jetzt allein gebräuchlich. Die Bestimmungen des römischen Rechtes über diesen Theil des Vermögens der Frau sind sehr knapp und müssen es der Natur der Sache nach sein, denn sie gipfeln in dem einen Gedanken, daß die Frau unbeschränkte Eigenthümerin darüber bleibt und ohne Zuziehung ihres Mannes in jeder Weise gültig und rechtsverbindlich darüber verfügen kann. Räumt sie ihm gewisse Befugnisse daran ein, so kommt es wesentlich darauf an, was speciell zwischen ihnen abgemacht ist, denn der Mann steht ihr hier nicht anders gegenüber, wie jeder Dritte, mit dem sie nicht durch das Band der Ehe verbunden ist.[48]) Im Interesse der gemeinsamen Oekonomie waren solche Abmachungen unter Eheleuten aber nicht selten und Justinian lag der Fall vor, daß eine Frau Kapitalien, d. h. ausstehende Forderungen, ihrem Manne mit der Bestimmung überlassen hatte, sie sollten nicht Dotal- sondern Paraphernalgut sein. Er reskribirte darauf: In diesem Falle habe die Frau die Klage gegen den Schuldner, doch könne der Mann sie auch anstellen und bedürfe dazu nicht einer besonderen Genehmigung der Frau; die Zinsen könne der Mann für sich und die Frau verwenden, das Kapital aber müsse er aufbewahren und Sorgfalt, wie in seinen eigenen Angelegenheiten darauf verwenden.[49]) Es ist nicht zu verkennen, daß hierin eine Abweichung von dem Grundsatze des freien Eigenthumes der Frau und eine Hinneigung zum Dotalverhältnisse liegt, denn sonst müßte der Mann über die Verwendung der Zinsen Rechnung legen und

[47]) Lex 9, §. 2. Dig. De jure dot. (23, 3).

[48]) Glück, a. a. O., §§. 1240—41, B. 25 S. 261. — Hasse, a. a. O., §. 120. I. S. 421. — Vangerow, §. 223. I. S. 335. — Keller, a. a. O., §. 404 S. 750.

[49]) Const. 11. Cod. De pactis conventis (5, 14).

dürfte sie nicht ohne weiteres für sich und die Frau verwenden.

In den Pandekten und dem Codex ist nicht ausdrücklich erörtert, ob eine Präsumtion für Dotal- oder Paraphernalqualität bei dem Vermögen der Frau obwalte. Diese Frage ist daher von Alters her kontrovers.[50]) Das Richtige ist wohl, was Hasse in folgenden Sätzen zusammenfaßt: „Die Bestellung einer Dos kann niemals ohne einen speziellen Akt der Uebertragung und wegen dieses, in Ermangelung nothwendiger Formeln, doch nur dann angenommen werden, wenn entweder die Absicht, eine Dos hervorzubringen, deutlich ausgesprochen worden ist oder aus den in concreto vorhandenen Umständen die Gewißheit oder überwiegende Wahrscheinlichkeit einer solchen Absicht deutlich hervorgeht. Im Uebrigen bleibt das Vermögen der Frau von dem Vermögen ihres Mannes getrennt und es bedarf keineswegs eines besonderen Vorbehaltes, damit es nicht diesem Vermögen einverleibt oder dotal werde."[51])

Endlich ist nur noch die donatio propter nuptias zu erwähnen, da sie einen Bestandtheil des römischen Güterrechtes der Eheleute bildete, doch bedarf es keiner näheren Betrachtung derselben, da sie in Deutschland nie Brauch gewesen ist und die ihr etwa ähnelnden deutsch-rechtlichen Institute, wie Brautgeschenke, Morgengabe und Witthum eine selbstständige Entwickelung erfahren haben.[52])

In diesem Zustande befand sich das römische Recht, als

---

[50]) Stark: De bonis uxoris ex juris romani praesumtione non dotalibus sed paraphernalibus (Göttingen 1798). — Bechmann in Becker's Jahrbüch. d. gem. deutsch. Rechtes, Bd. V. 271—288. — Holzschuher: Theorie und Casuistik, §. 58 Nr. 12 S. 627.

[51]) Hasse, a. a. O., §. 130 I. S. 449.

[52]) Arndt's Pandekten §. 413. — Keller, desgl. §. 406. — Glück, §§. 1242—43 (B. 25). — Göschen, §. 698. — Puchta §. 424. — Haubold: Sächsisches Privatrecht §. 78.

es zur Reception in Deutschland gelangte. Seine alten Grundsätze waren zum Theil erschüttert, es war in Schwankung gerathen und erschien durchaus unfertig, da die alten Grenzen verwischt und neue noch nicht gefunden waren. In Deutschland fiel es auf einen ganz fremdartigen Boden. Das Institut der Dos im römischen Sinne war hier ungebräuchlich. Der Name und die Bezeichnung der Dos waren allerdings nicht unbekannt. Sie waren aber nicht aus dem römischen Privatrechte, sondern aus dem Kirchenrechte, wo sie Ausstattung einer Kirche Seitens deren Patrones oder schlechtweg Vermögen der Kirche bedeuteten, nach Deutschland gekommen und nach Analogie hiervon wurden sie gebraucht. In der Lex Saxonum heißt Dos die Morgengabe oder das Witthum,[53]) also nicht eine Zuwendung, welche dem Manne mit Rücksicht auf die Ehe gemacht wurde, sondern umgekehrt Dasjenige, was der Mann der Frau in der Ehe resp. für ihren künftigen Wittwenstand gewährte. Als später das Pandektenrecht bekannter wurde, änderte sich dies.

In der Mark Brandenburg und in den Ländern, in welchen sächsisches Recht galt, hatte von jeher keine Gütergemeinschaft gegolten, vielmehr war innerlich zwischen den beiden Vermögen des Mannes und der Frau auch während der Ehe unterschieden worden und der Mann hatte nur das oben beschriebene Verwaltungsrecht über alles Vermögen seiner Frau, weil es in seiner Gewere zu rechter Vormundschaft sich befand. Ueber die Grenzen dieses Verwaltungsrechtes fehlte es, wie gesagt, nicht an Rechtsnormen. Als aber das römische Recht eindrang, wurden diese bald vergessen. Man wandte die Lehre

---

[53]) Dotis ratio duplex est. Ostfalai et Angrarii volunt: si foemina filios genuerit, habeat dotem, quam in nuptiis accepit, quamdiu vivit, filiisque dimittat etc. Apud Westfalaos postquam mulier filios genuerit, dotem amittat. Gaupp: Recht und Verfassung der alten Sachsen, S. 170 (Breslau 1837).

von der römischen Dos auf sie an, indem man jeden einzelnen Fall, der bei Auseinandersetzung der Eheleute über ihr Vermögen oder auch bei Streitigkeiten während der Ehe zur Cognition kam, nach den zutreffenden Grundsätzen von der römischen Dos entschied. Man entfernte sich dabei in zweifacher Weise vom römischen Rechte:

1. Die Grundidee des römischen Rechtes ging dahin, daß der Mann Eigenthum an der Dos erwarb. Diese ließ man fallen und half sich in verschiedener Weise über den Widerspruch, in dem man sich mit den Quellen des römischen Rechtes befand. Theils interpretirte man die einzelnen Sätze der Pandekten so, daß man der Frau ein Obereigenthum (dominium naturale) und dem Manne ein nutzbares Eigenthum (dominium civile) an der Dos einräumte.[54]) Theils ließ man die Bezeichnung als Dos vom Vermögen der Frau ganz fallen und nannte es, um es als Eigenthum der Frau zu kennzeichnen, Paraphernalgut, wandte aber dennoch auf dies so benannte Paraphernalgut die Grundsätze von der römischen Dos ohne Weiteres an, nur daß man der Frau die Proprietät an ihrem ganzen Vermögen beließ.[55]) Als Dos bezeichnete man daneben die Ausstattung und das Heirathsgut der Frau, oder man begriff darunter die Gegenleistung für das dotalitium, d. h. die vertragsmäßig ausbedungene Mitgift, welche die Frau ihrem Manne für das Versprechen eines Witthums zu geben hatte. In Kursachsen speziell verstand man eine Zeit lang unter der Dos das gesammte Vermögen der Frau, welches sie bei Eingehung der Ehe besaß, im Gegensatze zu dem Vermögen, welches ihr während der Ehe zufiel.[56]) Schließlich bekannte man sich

---

[54]) Cocceji: Jus controv. II. Buch 23, Tit. 3, Frage 6 (Ausg. v. 1713, S. 148).

[55]) Löhr: Wer ist Eigenthümer des Dos?, im Magazin für Rechtswiss. u. Gesetzgeb. IV. S. 5 u. 539.

[56]) Jäger: De origine usus fructus maritalis, Halle 1872.

aber zu dem Grundsatze, daß der Mann, ohne Eigenthümer des Vermögens der Frau zu werden, an ihrem ganzen Vermögen, mag dies Dos oder Paraphern sein, ein ausgedehntes Nießbrauchs- und Verwaltungsrecht habe, welches ganz nach Analogie des römischen Rechtes von den Befugnissen des Mannes an der Dos zu beurtheilen sei.[57]) Das Vermögen, woran die Frau die Verwaltung sich vorbehielt, nannte man nun bonum receptitium.

2. Zur Bestellung der Dos gehörten im römischen Rechte ausdrückliche Willenserklärungen oder mindestens solche Umstände, die keinen Zweifel darüber ließen, daß nach der Ansicht beider Theile eine Dos beabsichtigt worden sei. Eine Präsumtion dafür, daß irgend ein Stück Dotalgut sei, waltete nicht ob. In Deutschland waren förmliche Uebergaben des Vermögens der Frau an den Mann nicht Brauch und kamen nur ausnahmsweise bei reicheren Familien vor. Man sah daher in Deutschland gänzlich davon ab, daß es eines besonderen rechtlichen Aktes bedurfte, um das Vermögen der Frau Dotal zu machen und stellte als Grundsatz auf, daß ipso jure mit der Heirath das ganze Vermögen der Frau in die oben beschriebene Verwaltung des Mannes gelange. Als Konsequenz ergaben sich denn die Sätze, daß die Präsumtion bei allem Vermögen der Frau für dessen Qualität als Dos spreche und daß die Frau, wenn sie behaupte, ein Vermögensstück sei ein bonum receptitium, dies beweisen müsse.[58])

Es wurden also in diesen beiden Punkten die Grundsätze des römischen Rechtes vollständig umgekehrt und auch das magdeburgische Weichbildrecht wurde wieder verlassen, denn dies

---

[57]) Leyser: Spec. 302. med. 11 und 13 u. Hellfeld: Jurispr. for. §. 1246 erklären dies für gemeines deutsches Recht. Dernburg III. §. 24 S. 76.

[58]) Leyser: Meditationes ad pandectas. Sp. 302 m. 5. — Curtius: Kursächs. Civilrecht, I. §. 127 (Ausgabe von 1797, S. 123).

war, wie oben gezeigt ist, dahin gelangt, daß nur dasjenige Gut der Frau, welches in die Gewere des Mannes gegeben worden war, seiner vormundschaftlichen Verwaltung im Sinne des Sachsenspiegels unterworfen worden war, und daß durchaus die Präsumtion galt, alles Gut der Frau sei Sondergut und müsse so lange als solches betrachtet werden, bis eine ausdrückliche Uebergabe desselben an den Mann erwiesen werde.

Mit dem Grundsatze, daß die Frau Eigenthümerin an ihrem in die Verwaltung des Mannes gekommenen Vermögen verbleibe, vertrug sich selbstverständlich das Veräußerungsverbot des fundus dotalis, wie es Justinian verschärft hatte, nicht mehr. Schon im kanonischen Rechte war es wieder dahin eingeschränkt worden, daß die Frau die Veräußerung nicht anfechten dürfe, wenn sie dazu ihre Zustimmung gegeben und diese eidlich bekräftigt hatte.[59]) Im usus modernus sah man auch hiervon ab, behalf sich damit, daß es ja Paraphernalgut sei, um was es sich handle, und gestattete den Verkauf der Liegenschaften der Frau, wenn nur beide Eheleute darin gewilligt hatten.

In der Mark Brandenburg hat dies alles als Recht gegolten und muß auch jetzt noch in der Hauptsache als bestehendes Recht anerkannt werden. So bestimmt vor der Constitution von Kurfürst Joachim I. von 1527 das altsächsische Recht als gemeines Recht der Mark anerkannt worden ist, ebenso unstreitig wurde es im Laufe des sechszehnten Jahrhunderts, daß das römische Recht ausschließlich als subsidiäres Recht anzusehen sei. Dabei fehlt es aber an einer landesherrlichen Bestimmung, wodurch diese Aenderung eingeführt ist, und es ist noch heute streitig, in welcher Weise sie bewirkt worden ist.[60]) Die Be-

---

[59]) Cap. 28. X. De jure jurando (2, 24) und Cap. 2 in IV. eod. (2, 11).

[60]) Heydemann: Elemente der Joachimischen Constitution, S. 14.

zugnahme auf die Kammergerichtsordnung von 1516 oder 1526 ist unzutreffend, denn diese Kammergerichtsordnung ist an dem Widerspruch der brandenburgischen Bischöfe, denen der Entwurf zur gutachtlichen Aeußerung vorgelegt worden ist, gescheitert und in Wirklichkeit niemals als Gesetz publicirt worden. Das Richtige ist wohl, daß das römische Recht im Wege der Gesetzgebung (Joachimica von 1527) nur in Ansehung des Erbrechtes eingeführt ist, daß aber in Ansehung aller übrigen Rechtsmaterien die Gesetzgebung nicht eingeschritten, vielmehr in dieser Beziehung die Aufnahme des römischen Rechtes nur durch die gelehrte, römisch-rechtliche Bildung, welche die Juristen erfuhren, bewirkt worden ist. Die Ausbildung des heutigen Rechtes, wie wir sie oben geschildert haben, ist vorzüglich in Kursachsen erfolgt. Gelehrte, wie Leyser, Carpzov, Kind und später Curtius und Haubold, sowie ein verständiges Einschreiten der Gesetzgebung haben sie dort zum Abschlusse gebracht.[61]) In der Mark ist dies nicht so leicht geworden. Theils hinderte die immer wieder auftauchende Idee einer bestehenden Gütergemeinschaft unter Eheleuten eine ruhige Entwickelung, theils trachteten die brandenburgischen Juristen danach, ohne Rücksicht auf die im Volke bestehende Sitte das römische Recht ganz unverändert einzuführen, und blieben deshalb fort und fort außerhalb der Gewohnheiten des Volkes und der faktischen Verhältnisse stehen. Pruckmann und Scheplitz, welche annehmen, daß in der Mark allgemeine Gütergemeinschaft unter Eheleuten herrsche, sprechen daneben von Paraphernalgut der Frauen und wenden auf dieses die Grundsätze des römischen Rechtes an.[62]) Kohl verwirft zwar mit größter Entschiedenheit den Gedanken der Gütergemeinschaft, stellt aber

---

[61]) Jäger: De origine usus fructus maritalis. Halle 1872.

[62]) Scheplitz: Consuetudines, lib. I. pars III. tit. 2 §. 1 u. lib. II. tit. 106 (Ausgabe von 1744, S. 189 u. 55).

das Paraphernalgut der Frau gänzlich aus dem Rechtskreise des Mannes, verlangt z. B. Rechnungslegung über die von ihm daraus erhobenen Zinsen und erkennt nur das als Dos an, was dazu ausdrücklich bestellt ist.[63]) Die Praxis ist ihnen aber nicht gefolgt, hat vielmehr das römische Recht nur in der Weise des oben auseinandergesetzten usus modernus recipirt. Scholtz-Hermensdorf hat aus einem von Stryk erhaltenen Responsum der Juristenfakultät zu Frankfurt a/O. und aus einem Gutachten des Obertribunales vom 9. Januar 1781 überzeugend nachgewiesen, daß vor der Publikation des allgemeinen Landrechtes nach einer in der Mark allgemein herrschenden Observanz dem Ehemanne ein Nießbrauchs- und Verwaltungsrecht an dem ganzen Vermögen seiner Frau zugestanden hat, soweit ihr Vermögen ihr nicht zur eigenen Verwaltung speciell durch Vertrag oder Gesetz vorbehalten war.[64])

III. Collision des allgemeinen Landrechtes mit dem älteren Rechte.

Das allgemeine Landrecht für die preußischen Staaten ist an die Stelle des früheren gemeinen Rechts getreten und enthält insofern nur subsidiäres Recht, als die bestandenen Provinzialrechte ihre gesetzliche Kraft und Gültigkeit behalten haben.[65]) Die drei ersten Titel des zweiten Theiles des allgemeinen Landrechtes, welche das Familienrecht enthalten, sind aber außerdem in der Mark Brandenburg suspendirt. In erster Reihe soll nach dem Publikationspatente vom 5. Februar 1794 das ältere gemeine Recht, wie es sich aus dem römischen

---

[63]) Kohl: Declaratio accurata, quaestio 7 No. 22 (Ausg. v. 1731, S. 180).

[64]) v. Scholtz-Hermensdorf: Das jetzt besteh. Provinzialrecht, II. 2. S. 27 (Ausg. v. 1834).

[65]) §. I u. §. III. Publikationspatent vom 5. Febr. 1794.

und sächsischen Rechte entwickelt hatte, für das Familienrecht zur Anwendung kommen und nur ausnahmsweise sollen die Bestimmungen des Landrechtes aus den bezeichneten Titeln herangezogen werden.[66])

Die Redaktoren des Landrechtes sind von dem Gedanken ausgegangen, ihr Gesetzbuch werde eine solche Vollständigkeit haben und das gesammte Rechtsgebiet so erschöpfen, daß es künftig in jedem konkreten Falle nur erforderlich sein werde, die zutreffende Bestimmung des Landrechtes aufzusuchen, um die Entscheidung sogleich zu gewinnen. Sie dachten sich die künftige Thätigkeit des erkennenden Richters fast ganz mechanisch und beschränkten sein eigenes Urtheil in der größten Weise. Er solle das Landrecht nur nach seinen Worten und deren Zusammenhang auslegen, also auf reine Verbalinterpretation beschränkt bleiben. Finde er den Sinn hiernach zweifelhaft, so habe er seinen Zweifel der Gesetzkommission anzuzeigen und sich deren Beschluß bei dem folgenden Erkenntnisse zu fügen.[67]) Jedes philosophischen Raisonnements und jeder Auslegung nach dem Zwecke und der Absicht des Gesetzes habe er sich zu enthalten.[68]) Es ist bekannt, wie schnell sich diese Anordnungen als unausführbar erwiesen haben und wie schnell man von ihnen zurückgekommen ist. Schon durch die Kabinetsordres vom 8. und 21. März 1798, aus denen der Anhangsparagraph 2 des Landrechtes entnommen ist, ist jede Art der Interpretation des Gesetzes den Richtern wieder freigegeben worden.[69]) Man spöttelt daher leicht über diese ganze Idee,

---

[66]) §. VII. a. a. O.

[67]) Einleitung zum allgemeinen Landrechte §§. 46 ff. und Kabinetsordre Friedrich II. vom 14. April 1780 (N. C. C. Tom. VI. p. 1935).

[68]) Publikationspatent vom 5. Februar 1794, Alinea hinter §. XVIII.

[69]) N. C. C. Tom. X. p. 1609 No. 23. — Löwenberg: Motive, Bd. 2 S. 22 u. 114.

aber man kann sich der Wahrheit nicht verschließen, daß sie in der Praxis lange Zeit nachgewirkt hat und die Gerichtshöfe erst nach Bornemann's und Koch's großen Werken begonnen haben, von der reinen Verbalinterpretation abzugehen und den wieder erschlossenen Geist des Landrechtes zu erforschen.

Ganz im Sinne dieser Auffassung ist die Suspension des landrechtlichen Familienrechtes und sein Verhältniß zu dem bisherigen Familienrechte geordnet. Suspendirt sollen nur solche Vorschriften des Landrechtes sein, welche das gerade Gegentheil eines klaren und unstreitig recipirt gewesenen römischen oder anderen fremden Gesetzes enthalten, keineswegs aber solche Stellen,

1. welche blos den bisherigen üblichen Meinungen einiger Rechtslehrer widersprechen; oder
2. welche einer gewissen Erklärungsart dieses oder jenes römischen oder anderen fremden Gesetzes den Vorzug beilegen, oder
3. welche bisher zweifelhaft gewesene Rechtsfragen bestimmen.[70])

Man dachte sich also auch hier wohl die Thätigkeit des Richters ganz äußerlich. Er sollte in jedem einzelnen Falle, der zu seiner Entscheidung kam, feststellen, ob die einschlagende Frage im Provinzialrechte streitig oder auch nur zweifelhaft sei. Dann solle er weder an die bisher übliche Meinung der Rechtslehrer, noch an die durch Interpretation bisher gewonnenen Grundsätze gebunden sein, sondern das Landrecht aufschlagen und die darin getroffene Entscheidung zur Anwendung bringen. In dieser Weise ist denn auch von der Praxis verfahren worden. Es lag z. B. die Frage vor, ob bei der Absonderung des eigenthümlichen Vermögens einer überlebenden Ehefrau von dem Nachlasse ihres Mannes nur die vorhandenen

[70]) §. VII. Publikationspatent vom 5. Februar 1794.

Stücke des ohne besondere Veranschlagung des Werthes eingebrachten Mobiliars zum Vermögen der Frau gehörten, oder ob sie Ersatz für die fortgekommenen Stücke fordern könne. Es wurde nun entschieden: Im Justinianischen Kodex sei nur von exstantibus, aber nicht von consumtis mobilibus an der betreffenden Stelle die Rede. Was die Rechtslehrer sagten, seien nur Deduktionen und Interpretationen. Dabei gelangten sie nicht zu denselben Resultaten: Brunnemann, Helfeldt und Lobethan seien für Ersatz des Werthes, Mevius füge die Einschränkung hinzu, daß der Mann die Mobilien auch wirklich zum Gebrauche und zur Verwaltung übergeben erhalten haben müsse, und v. Balthasar sei der Ansicht, daß der Ersatz nur soweit zu leisten sei, als der Mann resp. der Nachlaß noch reicher sei. Es müsse daher das Landrecht zur Anwendung kommen, wonach bekanntlich die Frau keinen Ersatz für die fehlenden Stücke fordern kann, wenn dem Manne nicht Dolus oder grobes Versehen nachzuweisen ist.[71])

Es hat dies Verfahren den Anschein für sich, daß es sich genau an die Vorschriften des Publikationspatentes anschließt, dennoch aber ist es zu verwerfen. Ob man das ganze Prinzip des älteren Rechtes aufgab und mit den übrigen unstreitigen Regeln desselben in Widerspruch gerieth, ist in der eben erwähnten Entscheidung nicht erwogen.

Die Redaktoren des Landrechtes haben bei der Abfassung ihres Gesetzbuches nicht den Plan gehabt, daß sie nur das bestehende Recht fixiren und die darin obwaltenden Zweifel beseitigen wollten. Sie sind nie bedenklich gewesen, neues Recht zu schaffen, wenn sie dies der Vernunft und Billigkeit entsprechend fanden. Sie waren allerdings römisch-rechtlich gegildete Juristen und standen mit ihren ganzen Anschauungen

---

[71]) Erkenntniß des Oberappellationssenates des Kammergerichtes in Matthis' Juristischer Monatsschrift, Bd. 8 S. 107.

auf dem Boden des usus modernus, haben ihn aber in der freiesten Weise behandelt. Nicht in dem Ausbau des alten Systemes von innen heraus durch Interpretation der vorgefundenen Principien haben sie ihre Aufgabe gesehen, sondern in der Unterschiebung humaner und nützlicher Grundsätze unter die alten Rechtsregeln.[72]) Sie haben zum Theile ganz neue Voraussetzungen aufgestellt und diese dann weiter entwickelt. Wir verweisen hier nur auf die Erbfolgeordnung, die das augenfälligste Beispiel gewährt. Ebenso verhält es sich aber mit dem Güterrechte der Eheleute. Daß die Gläubiger des Mannes sich an die eingebrachten Mobilien der Frau zu ihrer Befriedigung wegen der Forderungen, die sie gegen den Mann allein haben, halten können, ohne daß die Frau deshalb interveniren darf, widerspricht der Idee des usus modernus, wonach die Frau Eigenthümerin ihres Vermögens verbleibt. Dennoch haben die Verfasser des Landrechtes dies eingeführt und zwar lediglich aus dem Grunde, um intrikate Processe von vornherein abzuschneiden. Nach dem früheren Rechte war die Frau die Verkäuferin, wenn die Veräußerung eines zu den Illaten gehörigen Grundstückes erfolgte, und der Mann mußte nur wegen seines Nießbrauches seine Genehmigung geben. Im Landrechte ist dies umgekehrt. Der Ehemann ist hier der Verkäufer und die Frau wird nur zur Genehmigung zugezogen, damit sie das Geschäft nicht später anfechten kann. Der Mann erwirbt hier den Anspruch auf das Kaufgeld für sich und haftet für seine Person dem Käufer für die Erfüllung, für Gewährsmängel u. s. w., ohne daß die Frau berührt wird. Der Grund ist seine maritalische Gewalt über die Frau, welche die Redaktoren zur Erlanguug glücklicher Ehen für nothwendig hielten, welche aber dem älteren Rechte in dieser Ausdehnung unbekannt war.

---

[72]) Bornemann: Systematische Darstellung d. preußischen Civilrechtes, V. S. 72 (Ausgabe von 1845).

Es ist eine logische Unmöglichkeit, Entscheidungen, die auf positiven Grundsätzen beruhen, in ein anderes Rechtssystem zu übertragen, in welchem diese Grundsätze nicht gelten. Man zerstört dadurch das eine System, ohne es ganz zu beseitigen und ohne das andere an seine Stelle zu setzen. Man schwankt von einem Principe zum anderen und verliert darüber alle Jurisprudenz und alle Sicherheit des Rechtes, denn diese ist nur herzustellen, wenn von feststehenden einheitlichen Grundsätzen aus die Rechtsregeln gebildet und die einzelnen Fälle, welche die Praxis bringt, danach entschieden werden. Wenn man eine Rechtssicherheit im Provinzialrechte erlangen will, muß man sich daher zu dem Grundsatze entschließen, daß das allgemeine Landrecht zur Interpretation eines kontroversen oder zweifelhaften Satzes des recipirten römischen Rechtes nur dann sich eignet, wenn die Principien des allgemeinen Landrechtes in der zutreffenden Materie mit denen des römischen Rechtes in seiner recipirten Form übereinstimmen. Nur mit dieser Voraussetzung und mit dieser Einschränkung sind die Bestimmungen des § VII des Publikationspatentes vom 5. Februar 1794 über die Kollision des Landrechtes mit dem Provinzialrechte anzuwenden.

Die Fassung des Publikationspatentes steht dieser Annahme nicht entgegen. Nach ihm soll das ältere Provinzialrecht bestehen bleiben, so weit es contra legem novam geht. Was nicht contra legem läuft, erklärt dabei das Gesetz selbst, indem es 1. opiniones doctorum, 2. interpretationes legis und 3. decisiones controversiarum et dubitationum hierfür aufzählt. Allein mit dieser Negative ist die Sache nicht erschöpft. Ist das gerade Gegentheil der landrechtlichen Intestat-Erbfolge die sächsische Lineal-Gradual-Erbfolge oder die römische Klassenordnung oder das lübische Recht mit den abgeschichteten Kindern? Ist das gerade Gegentheil des landrechtlichen Güterrechts unter Eheleuten die Lehre des Sachsenspiegels vom ungezweiten

Gute oder des römischen Rechtes wie es in den Justinianischen Rechtsquellen sich findet, oder das Dotalrecht, wie es im usus modernus sich ausgebildet hat? Das Richtige ist, daß sie alle gleich verschieden von ihm sind, da sie alle auf abweichenden Principien beruhen. Ueberall, wo der oberste Grundsatz einer bestimmten Rechtsmaterie von dem des Landrechtes abweicht, liegt das Gegentheil des Landrechtes vor, mögen auch einzelne Schlußfolgerungen aus ihm mit den landrechtlichen Bestimmungen wieder zusammentreffen.

Mit den drei erwähnten Ausnahmen, die nach dem Publikationspatente niemals gegen das Landrecht zur Anwendung kommen sollen, hat es folgende Bewandtniß:

Betreffs der opiniones doctorum dachte man sich damals das bisherige Recht etwa so, als ob es einen festen Kern habe, welcher auf Gesetz, recipirten Rechtsbüchern und Herkommen beruhe, und daß daneben Auswüchse beständen, die nichts als die Meinungen der Gelehrten für sich hätten. Diese Ansicht hatte einen Anschein der Richtigkeit für sich, da ja das römische Recht nicht unverändert recipirt war, man über die Abweichung der Praxis von ihm nur bei den Rechtslehrern Rath erholen konnte und man sich daher daran gewöhnt hatte, ihre Meinung als Rechtsquelle selbst anzusehen. Im Grunde beruhte sie aber nur auf einer Verwechselung dessen, was recipirtes Recht war, mit dem Mittel, wodurch man sich hierüber informirte. Die Ansichten der Rechtslehrer sind niemals eine Rechtsquelle in dem Sinne gewesen, daß sie positives Recht machten, sondern nur in dem Sinne, daß man aus ihnen ersehen konnte, was als positives Recht bereits gültig war und ist. Sie enthalten daher auch nicht eine Art Recht, die neben dem eigentlichen Rechte einherläuft, sondern sind nur die ausgesprochene Erkenntniß des Rechtes selbst, mag dieses auf Gesetz, recipirten Gesetzbüchern oder auf Gewohnheit beruhen. Sie sind nur das Mittel zu seinem Verständniß und der erste

Ausfluß desselben. Bei der Abfassung des Publikationspatentes ist man sich hierüber nicht klar geworden, hat vielmehr die üblichen Meinungen der Rechtslehrer als eine Quelle des Rechtes in der Bedeutung aufgefaßt, als ob dadurch Recht geschaffen worden sei, und hat sie deshalb verworfen. Die Frage muß aber anders gestellt und dabei ein Unterschied gemacht werden. Beruhen die Ansichten der Rechtslehrer auf richtiger Auslegung des recipirten Rechtes, so sind sie homogen mit diesem und können nicht entbehrt werden, ohne dieses aufzugeben. Sind sie dagegen durch logische Fehlschlüsse aus dem positiven Rechte gewonnen oder beruhen sie auf willkürlichen Ideen der Gelehrten, so sind sie einfach falsch und grundlos. Man hat daher bei ihnen zu prüfen, ob sie von richtigen Voraussetzungen ausgehen, auf recipirtes Recht sich stützen und durch richtige Schlüsse entwickelt sind, oder ob sie auf willkürlichen Ideen der Gelehrten und logischen Fehlschlüssen beruhen. Im ersten Falle gelten sie vor dem Landrechte und müssen noch jetzt gelten, weil sie richtig sind und nicht ein besonderes Recht bilden, im zweiten Falle können sie keine Beachtung finden, weil sie von Anfang an falsch waren und noch jetzt falsch sind. Die Redaktoren des Publikationspatentes haben es denn auch gefühlt, daß bei der Verwerfung der Ansichten der Rechtslehrer eine Schranke sein müsse und deshalb haben sie die geschraubte Fassung gewählt: es solle von dem Landrechte nicht suspendirt sein, was blos den üblichen Meinungen einiger Rechtslehrer widerspreche. Der Schwerpunkt des Satzes ruht auf dem Worte „blos" und wird noch limitirt durch den Zusatz „einiger" vor Rechtslehrer. Es soll nur verworfen werden, was nicht aus dem recipirten älteren Rechte hergeleitet werden kann, sondern lediglich auf Ansichten dieses oder jenes einzelnen Rechtslehrers, also auf Ideen von Privatmännern beruht. Ihr ausdrückliches Verbot läuft also auf etwas hinaus, was für die damalige Jurisprudenz vielleicht wichtig war, sich jetzt aber von selbst versteht und keiner besonderen Erwähnung werth gewesen wäre.

Etwas anders verhält es sich mit dem Gebote, daß die im Landrechte gegebenen Interpretationen den Vorzug vor anderen Auslegungsarten des älteren Rechtes und die getroffenen Entscheidungen von Controversen den Vorzug vor anderen Entscheidungen haben sollen. Beide Sätze sind im engsten Zusammenhange aufzufassen, denn verschiedene Erklärungsarten eines Gesetzes bilden eben eine Controverse oder eine zweifelhafte Rechtsfrage. Freilich haben die Redaktoren des Publikationspatentes wohl auch an den Fall gedacht, daß eine bisher unbestrittene Auslegungsart eines älteren Rechtssatzes im Landrechte verworfen und durch eine andere Interpretation ersetzt sei, allein solche Fälle sind jetzt kaum noch zu erkennen, denn das Landrecht ist nicht wie ein Lehrbuch abgefaßt, in welchem Interpretationen älterer Gesetze gegeben sind. Es enthält nur positive Vorschriften, was künftig Recht sein soll, und seine Materialien ergeben, daß man in erster Reihe nach Bestimmungen gestrebt hat, die vernünftig und billig erschienen, mochten sie auch nicht mit dem bisherigen Rechte übereinstimmen. Findet sich daher ein Rechtssatz im Landrechte, der einem unbestrittenen Satze des älteren Rechtes, mag dieser auch auf Interpretation beruhen, entgegensteht, so muß in erster Reihe angenommen werden, daß die Redaktoren des Landrechtes zu ihrer Bestimmung nicht durch andere Interpretation des älteren Rechtes gelangt sind, vielmehr vom älteren Rechte abgewichen sind, weil sie die Grundsätze desselben nicht für billig und vernünftig erachtet haben. Man kann in einem solchen Falle daher nicht sagen, daß zwei Interpretationen vorliegen, vielmehr ist nur zuzugeben, daß dem älteren, auf Auslegung beruhenden Rechte ein anderes Recht gegenüber steht, von welchem aber nicht zu erkennen ist, ob es auf denselben Principien beruht und nur durch andere Auffassung derselben aufgestellt ist. Eine Ausnahme ist nur zuzulassen, wenn aus der Fassung des Landrechtes selbst oder aus den Materialien desselben deutlich erhellt, daß die Absicht der Redaktoren gewesen ist, das alte Recht beizubehalten und nur eine fehlerhafte, obschon bisher unbestrittene Auslegung desselben zu berichtigen.

Unter Controversen und Dubitationen, für welche das Landrecht maßgebend sein soll, sind nicht alle Rechtssätze zu verstehen, über die irgend einmal ein Rechtslehrer oder ein erkennender Richter eine von der gemeinen Meinung abweichende Ansicht aufgestellt hat. Wollte man diesen Sinn dem Publikationspatente beilegen, so würde das Resultat sein, daß fast das ganze frühere Recht abgeschafft sein würde, denn welche Fülle von Rechtssätzen ließe sich aus dem Familienrechte zusammenstellen, über die gezweifelt oder gestritten worden ist. Die Absicht bei der Suspension der drei ersten Titel des zweiten Theiles vom Landrechte ist nicht gewesen, das ältere Recht zu zerstören und aufzuheben. Man wollte es erhalten und durch Beseitigung seiner Controversen bestimmter machen. Als Controversen und Dubitationen des älteren Rechtes im Sinne des Publikationspatentes sind nur Streitfragen zu betrachten, welche zu damaliger Zeit als solche anerkannt und erörtert wurden. Das Publikationspatent spricht nur von bisher zweifelhaften Rechtsfragen. Was erst nachher durch den Fortschritt der Forschung und Wissenschaft im römischen und sächsischen Rechte streitig und zweifelhaft geworden ist, darüber enthält das Publikationspatent keine Vorschrift. Die Bestimmungen des Landrechtes sind daher zur Entscheidung eines zweifelhaften Punktes des römischen oder sächsischen Rechtes nur heranzuziehen, wenn aus der Wortfassung, dem Zusammenhange oder den Materialien des Landrechtes zu erkennen ist, daß die Redaktoren die Absicht gehabt haben, über eine damals bekannte und zur Erörterung gestellte Controverse eine Entscheidung zu treffen. Hieran schließt sich die Frage an, wieweit die heutige Lehre des römischen Rechtes für das bestehende Provinzialrecht der Mark zur Anwendung kommen kann. Das römische Recht ist in vielen Materien unter dem Einflusse des älteren sächsischen und lokalen Rechtes mit Einschränkungen und Veränderungen recipirt worden. Ergeben die Werke der vorlandrechtlichen Juristen, daß die Reception nur in dieser Weise stattgefunden und ein fester Gerichtsgebrauch in dieser Weise sich gebildet hatte, so muß es dabei sein Bewenden behalten, da nur das bestehende Recht durch das Publikationspatent sanctionirt worden ist. Ergeben diese Werke aber, daß man vor der Einführung des allgemeinen Landrechtes bei einer Rechtsmaterie annahm, sie sei unverändert aus dem römischen Rechte recipirt, so steht nichts entgegen, die Fortschritte der heutigen Wissenschaft zu ihrer Erklärung heranzuziehen, da hierin eine neue Rechtsbildung nicht gesehen werden kann.

Im Ganzen sind folgende Grundsätze über die Collision des Landrechtes mit dem früheren Provinzialrechte betreffs des Familienrechtes zu beobachten. Das Landrecht bleibt immer ausgeschlossen, wenn das Princip des älteren Rechtes von ihm abweicht, mögen auch einzelne Schlußfolgerungen aus diesem mit den landrechtlichen Bestimmungen wieder zusammentreffen. Die wissenschaftlichen Werke der vorlandrechtlichen Juristen sind zum Verständniß und zur Erforschung des Provinzialrechtes durchaus geeignet und die darin enthaltenen Ansichten sind nur zu verwerfen, wenn sie auf logischen Fehlschlüssen oder auf willkürlichen im Rechte nicht begründeten Ideen beruhen. Die heutige Doctrin des römischen Rechtes ist bei allen Rechtsmaterien zu beachten, bei denen man vor Einführung des allgemeinen Landrechtes annahm, daß sie unverändert als bestehendes Recht recipirt worden seien. Streitfragen und zweifelhafte Punkte des älteren Rechtes sind nach dem Zusammenhange und dem Systeme desselben ohne Rücksicht auf das Landrecht zu entscheiden. Eine Ausnahme tritt nur ein, wenn aus der Wortfassung des Landrechtes seinem Zusammenhange oder aus seinen Materialien erhellt, daß eine Bestimmung des Landrechtes eine Auslegung eines älteren Gesetzes oder eine Entscheidung einer zur Zeit der Publikation des Landrechtes bekannten und zur Erörterung stehenden Streitfrage enthält. Eine Entscheidung einer Controverse des älteren Rechtes ist es aber nicht, wenn irgendwo in einem anderen Zusammenhange im Landrechte eine Vorschrift sich findet, die an die Stelle des Streitpunktes treten kann. Als eine Bestimmung einer zweifelhaften oder streitigen Rechtsfrage ist nur anzusehen, wenn die Redaktoren des allgemeinen Landrechts sich innerhalb der Grenzen des älteren Rechtes bewegen, einer danach möglichen und thatsächlich aufgestellten Erklärungsart den Vorzug vor einer andern gegeben und hierbei von keinen neuen, dem älteren Rechte unbekannten Grundsätzen geleitet worden sind, kurz kein vollkommen neues Recht geschaffen haben.

IV. Handlungsfähigkeit der Frau.

Das allgemeine Landrecht hat keine Geschlechtskuratel angeordnet, dagegen die Stellung der Frau etwa so geregelt, wie sie in denjenigen Partikularrechten sich findet, in welchen eine solche Cura sexus gilt. Nach seinem Systeme gestaltet sich die Sachlage daher so, daß die Frau, welche vor der Ehe durchaus handlungsfällig ist, durch die Verheirathung eine wesentliche Einbuße in ihrer Handlungsfähigkeit erleidet und gleichsam eine Capitis diminutio erfährt.[73]) In Ansehung ihres eingebrachten Vermögens sind alle ihre während der Ehe ohne Beitritt ihres Mannes gemachten Schulden nichtig, so

[73]) Schmidt: Das preußische Familienrecht, S. 123 u. 130.

daß sie auch nach Auflösung der Ehe nicht gegen sie verfolgt werden können.[74]) Der gewählte Ausdruck „Schulden" ist im weitesten Sinne zu fassen und begreift in sich nicht nur Darlehne, sondern jeden verpflichtenden lästigen Vertrag und jeden rechtlichen Akt, wodurch das Eingebrachte belastet wird oder in Anspruch genommen werden kann. Ihr gesetzlich oder kontraktlich vorbehaltenes Vermögen kann sie zwar ohne Einwilligung des Mannes mit Schulden belasten, doch muß Der, welcher ihr auf das vorbehaltene Vermögen Kredit giebt, seine Forderung durch Eintragung in das Hypothekenbuch oder durch Uebergabe des Obligationsinstrumentes oder der beweglichen Sache sich besonders versichern lassen, widrigenfalls er während der Ehe keine Befriedigung fordern darf, vielmehr damit warten muß, bis die Ehe aufgelöst ist.[75]) Nach dem Landrechte fehlt der Frau daher an sich die Dispositionsfähigkeit. Sie ist ihr nur für ihr vorbehaltenes Vermögen und auf Höhe desselben eingeräumt und über dasselbe hinaus kann sie ohne Genehmigung ihres Mannes sich nicht verpflichten. Schmidt sagt ganz zutreffend: „In unseren Gesetzen ist keine einzige Stelle enthalten, welche ausspricht, daß Frauen fähig sind, einseitig sich persönlich zu verpflichten, wenn die Wirkung der persönlichen Obligation auch erst nach Auflösung der Ehe geltend gemacht werden soll. Die Disposition der Frau wird lediglich auf ihr vorbehaltenes Vermögen bezogen. Das vorbehaltene Vermögen figurirt insoweit als die verpflichtete Person selbst, und die Schuld wird als eine Reallast behandelt, welche auf diesem Gute ruht, aber nicht die Person der Frau selbst bindet."[76])

In der Mark Brandenburg gilt dies Alles nicht, da es neues Recht ist, welches in der Mark vor der Publikation des

---

[74]) §. 310 Tit. 1 Th. II allgemeines Landrecht.

[75]) §. 319 a. a. O.

[76]) Schmidt: Familienrecht, S. 130.

allgemeinen Landrechtes unbekannt war. Die kursächsischen Juristen haben allerdings bei dem Ausbau des usus modernus auf das altdeutsche Mundium zurückgegriffen und sind schließlich dahin gelangt, die Gültigkeit aller Rechtshandlungen unverheiratheter Frauenspersonen von dem Beitritte ihres Kurators und der verheiratheten Frauen von dem Beitritte ihrer Männer abhängig zu machen.[77]) Allein in der Mark ist nur die vereinzelte Stimme von Müller aufzufinden, der sich für gleiches Recht ausspricht. Im Uebrigen ist niemals controvers gewesen, daß in der Mark der Grundsatz des römischen Rechtes zur Anwendung kommt, wonach die Handlungsfähigkeit einer Frau durch deren Verheirathung an sich keine Einschränkung erleidet.[78]) Verpflichtungen, welche sie in stehender Ehe ohne Zuziehung ihres Mannes eingeht, sind keinesweges nichtig, sondern für ihre Person durchaus rechtsbeständig und verbindlich, wenn sie nicht etwa minderjährig ist. Verweigert der Mann seinen Beitritt oder widerspricht er einem Rechtsgeschäfte, welches die Frau abschließt, so hat dies auf die Gültigkeit und Rechtsbeständigkeit des Geschäftes in Ansehung der Frau keine Wirkung. Seine maritalische Gewalt geht nicht so weit, daß sie die Handlungsfähigkeit der Frau beschränkt. Er hat keine Befugniß, ihr ein Rechtsgeschäft zu verbieten, wenigstens hat sein Verbot nicht die Wirkung, daß die Handlung seiner Frau unverbindlich wird, mag

[77]) Curtius: Kursächsisches Civilrecht I. §. 126 (Ausgabe von 1797, S. 121), und Haubold: Lehrbuch des sächsischen Privatrechtes, §. 70 (Ausg. v. 1820, S. 75).

[78]) Gutachten des Tribunales v. 9. Januar 1781 und Hofreskript v. 11. März 1781 bei Stengel: Beiträge II. S. 65 u. 69. — v. Scholtz-Hermensdorf: Provinzialrecht II. S. 38. — Crome: Das märk. Ehe-, Familien- und Erbrecht. S. 10. Für die Verträge der Frau wird die Einwilligung des Mannes nicht als nöthig erachtet. Etwas anders S. 12.

der Dritte, der mit der Frau kontrahirt, auch das Verbot kennen.

Der Unterschied des preußischen Landrechtes, ob die Frau mit Rücksicht auf ihr vorbehaltenes Vermögen oder auf ihre Illaten kontrahirt, verliert im brandenburgischen Provinzialrechte seinen principiellen Werth. Nichtig sind ihre Rechtshandlungen, welche sie ohne Beitritt ihres Mannes oder unter dem Widerspruche desselben vornimmt, niemals. Ob sie vorbehaltenes Vermögen hat, oder ob ihr ganzes Vermögen als Illatum anzusehen ist, ist nur eine Frage des praktischen Erfolges, welche sich bei der exekutivischen Verfolgung des Anspruches gegen sie zeigen kann, aber von vorn herein auf die Gültigkeit des Geschäftes und seine Klagbarkeit nicht von Einfluß ist. Schon Suarez hat in der Revisio monitorum hervorgehoben, wie bedenklich die Bestimmung sei, daß eine Frau, welche auf ihre bona receptitia ohne Beitritt ihres Mannes Kredit nimmt, deshalb in stehender Ehe nur belangt werden kann, wenn sie Pfand bestellt hat. Aus seinen Bemerkungen geht auch hervor, daß die Redaktoren des allgemeinen Landrechtes sich wohl bewußt waren, in diesem Punkte neues Recht zu schaffen.[79]) In der Mark gilt dies daher nicht. Auch wenn die Frau die in § 319 Tit. 1 Th. II Allg. L.=R. erwähnte Sicherheit nicht bestellt, kann sie in gültiger Weise ohne Beitritt ihres Mannes Kredit auf ihr vorbehaltenes Vermögen nehmen, ja dieses haftet für alle ihre Verbindlichkeiten, die sie in stehender Ehe ohne Zuziehung ihres Mannes eingegangen ist, mag sie auch nicht mit ausdrücklicher Bezugnahme auf dasselbe kontrahirt haben.

Im Ganzen ist als bestehendes Provinzialrecht anzusehen, daß alle Rechtsgeschäfte, welche eine Frau während ihrer Ehe ohne Beitritt ihres Mannes oder gegen dessen Verbot abschließt,

---

[79]) Bornemann: Systematische Darstellung V. S. 88.

für sie durchaus verbindlich und sofort klagbar sind; daß ihr Kontrahent wegen seiner Ansprüche aus solchen Geschäften an ihr vorbehaltenes Vermögen ohne Einschränkung sich halten kann, wenn sie auch nicht mit Bezug auf dieses gehandelt und keine Sicherheit damit bestellt hat; daß ihr Kontrahent nur durch das collidirende, maritalische Nießbrauchsrecht des Mannes, über welches unten gehandelt werden soll, gehindert wird, das eingebrachte Vermögen der Frau als Gegenstand der Exekution zu wählen; und daß er nach Auflösung der Ehe auch gegen dies Vermögen der Frau wegen solcher Ansprüche vorgehen kann, welche er aus Rechtsgeschäften der Frau in stehender Ehe ohne Consens des Mannes erworben hat.

In neuerer Zeit ist hieran durch das deutsche Handelsgesetzbuch eine Aenderung geschehen. Nach dem Provinzialrechte der Mark konnte die Frau unzweifelhaft für sich allein bestimmen, ob sie ein Erwerbsgeschäft betreiben wollte und es gab keine Vorschrift, die ihr verbot, Handelsgeschäfte zu wählen und als Handelsfrau sich zu etabliren. Ein Widerspruchsrecht hatte der Mann nicht, nur hatten die Schulden, welche sie als Handelsfrau machte, ihm gegenüber keine andere Wirkung als andere Verbindlichkeiten, welche sie in stehender Ehe einging. Sein Nießbrauchsrecht an den Illaten wurde nicht berührt, wenn er nicht die Genehmigung zu dem Geschäfte der Frau gegeben hatte. Das deutsche Handelsgesetzbuch bestimmt nun, daß eine Ehefrau ohne Einwilligung des Mannes nicht Handelsfrau sein könne, daß jedoch als Einwilligung des Mannes gelten solle, wenn die Frau mit Wissen und ohne Einspruch des Mannes Handel treibe.[80]) Es räumt ihm also jedenfalls ein Recht des Widerspruches ein, und die Frage entsteht, welche Wirkung dieser Widerspruch hat, wenn die Frau ihn nicht beachtet und dennoch Handelsgeschäfte gewerbsmäßig betreibt.

---

[80]) Art. 7 Allg. deutsches Handelsgesetzbuch.

Das Handelsgesetzbuch enthält hierüber keine Bestimmung. Es ordnet nicht an, daß in diesem Falle die von der Frau eingegangenen Verbindlichkeiten nichtig sein sollten. Vermittelst des Argumentum de contrario kann dies nicht aus der Vorschrift gefolgert werden, daß Handelsfrauen für die Handelsschulden mit ihrem ganzen Vermögen ohne Rücksicht auf die Verwaltungsrechte und den Nießbrauch oder die sonstigen an ihrem Vermögen durch die Ehe begründeten Rechte des Ehemannes haften,[81]) denn es verbleiben noch andere Möglichkeiten, die als Gegensatz zu dieser Vorschrift aufgefaßt werden können, z. B. daß ihr ganzes Vermögen erst nach Trennung der Ehe, also nach Wegfall der Rechte des Mannes, verhaftet sei. Das Richtige ist, daß in einem solchen Falle, oder wenn die Frau ohne Vorwissen des Mannes mit Handelsgeschäften beginnt, auf die Landesgesetze, d. h. auf das Provinzialrecht zurückgegangen werden muß. Hat daher in der Mark eine Frau gegen den Einspruch ihres Mannes oder ohne sein Wissen als Handelsfrau sich etablirt, so sind ihre Geschäfte nicht nichtig. Sie haftet dann für alle Verbindlichkeiten, die sie in dieser Beziehung eingegangen ist, für ihre Person und ihr vorbehaltenes Vermögen kann deswegen sofort, ihr eingebrachtes aber nach Auflösung der Ehe in Anspruch genommen werden.

Wechselfähig sind die brandenburgischen Ehefrauen, da sie sich gültig durch Verträge verpflichten können,[82]) doch darf ihr eingebrachtes Vermögen wegen ihrer ohne Genehmigung des Mannes eingegangenen Wechselschulden in stehender Ehe nicht zum Gegenstande der Exekution gemacht werden, weil auch hier das zu erwähnende Recht des Mannes collidirt.

---

81) Art. 8 a. a. O.

82) Art. 1 der deutschen Wechselordnung.

V. Handlungsfähigkeit der Wittwe.

Die Frage, ob eine Wittwe in ihrer Handlungsfähigkeit beschränkter sei als eine Ehefrau in stehender Ehe, ist daraus entstanden, daß eine ihren Mann überlebende Frau in der Mark ohne weiteres als dessen Erbin aus der Joachimischen Constitution vom Mittwoch nach Franziscus 1527 angesehen wird, daß sie aber aus dem Nachlasse des Mannes ihre statutarische Hälfte nur erhält, wenn sie ihr eigenes Vermögen zur Theilung einwirft. Man hat angenommen, daß dadurch eine Gütergemeinschaft zwischen ihr und ihren Miterben entstehe und ihr nur unter Beitritt ihrer Miterben die Dispositionsbefugniß über ihr Vermögen freistehe, bis sie entweder der Erbschaft entsage oder sich über sie mit den Miterben auseinandergesetzt habe.

Bis zum Jahre 1844 ist hiernach bei den Abtheilungen des Stadtgerichtes zu Berlin, welche Grundbuchsachen, sowie Kredit- und Nachlaßsachen zu bearbeiten hatten, verfahren worden, indem sie annahmen, daß eine Wittwe über eine auf ihren Namen als Ehefrau eingetragene Hypothekenpost und ein so eingetragenes Grundstück nur verfügen könne, wenn sie den Nachweis führe, daß ihr bei der Erbtheilung der Verlassenschaft ihres Mannes dies Grundstück oder dies Aktivum von ihren Miterben übereignet worden sei, oder daß sie sich für Nichterbin ihres Mannes erklärt habe. Dagegen erachteten die Prozeßabtheilungen desselben Gerichtes jede Wittwe, wenn es sich auch um solche Stücke ihres Vermögens handelte, als legitimirt zur Sache, ohne jenen Nachweis zu fordern, und ließen sie ohne weiteres als Klägerin zu.

Schon früher war diese Frage an die höheren Instanzen gelangt. Das Kammergericht hatte die Hypothekenabtheilung des Stadtgerichtes zu Berlin wiederholt angewiesen, in den bezeichneten Fällen von dem geforderten Nachweise Abstand zu nehmen und der Justizminister hatte dies genehmigt.[83]) In gleichem Sinne hatte das Obertribunal einen Fall unter dem 27. Februar 1837 [84]) entschieden, indem es ausführte, daß nach der dem überlebenden Ehegatten gelassenen Wahl, ob er Erbe sein wolle, die Einwerfung seines eigenen Vermögens keineswegs eine ipso jure eintretende Folge seiner Benefizialerbenqualität, vielmehr nur ein Ausfluß seiner freien Entschließung sei.

Am 4. Juni 1844 wurde denn auch in der Plenarsitzung des Stadtgerichtes zu Berlin beschlossen, daß der überlebende Ehegatte, so lange nicht erhelle, daß er sein Vermögen als statutarischer Erbe einwerfen zu wollen erklärt habe, über sein eigenthümliches Vermögen die freie Verfügung habe und den Nachweis, daß er nicht Erbe geworden oder daß ihm die Erben des verstorbenen Gatten das ausschließliche Eigenthum seines eigenen Vermögens wieder übereignet hätten, nicht zu führen brauche.[85])

Seitdem ist immer so verfahren und es kann auch keinem Bedenken unterliegen, daß dies das Richtige ist.

Was zunächst die Handlungs- und Vertragsfähigkeit der Wittwe an sich betrifft, so kann kein Zweifel obwalten, daß sie durch den Tod ihres Mannes keine Einbuße daran erleidet. Sie kann Schulden machen, Verträge aller Art schließen und Verpflichtungen eingehen und dies Alles ist für sie und ihre Person durchaus verbindlich, denn selbst nach dem Landrechte hört die maritalische Gewalt, wonach Rechtshandlungen einer Frau ohne Beitritt ihres Mannes nichtig sind, mit dem Tode

---

[83]) Reskript v. 7. Dez. 1832, bei Manskopf: Ergänzungen d. Landrechtes III. S. 98.

[84]) Entscheidungen, Band II. S. 143.

[85]) Generalakten des Stadtgerichtes, betreffend die Plenarsitzungen, Abtheilung III Nr. 95 Blatt 208.

des Mannes auf. Eine Geschlechtskuratel für Wittwen ist im märkischen Provinzialrechte ebenso unbekannt als im preußischen Landrechte.

Die Frage kann nur sein, ob ihre Rechtshandlungen gegenüber ihren Miterben unverbindlich sind, weil ihr eigenes Vermögen mit dem Tode des Mannes ein Theil der Nachlaßmasse wird, ob sie also nur für ihre Person sich verpflichten kann, aber nicht ihr Vermögen aus der gemeinsamen Masse herausziehen darf, wenn sie nicht überhaupt der Erbschaft entsagt. Dies muß aber verneint werden. Mann und Frau stehen sich hier gleich. Ein Unterschied zwischen Wittwern und Wittwen ist nicht zu machen, da das Erbrecht für beide ein gleiches ist. Ebenso ist es unerheblich, ob es sich um vorbehaltenes oder eingebrachtes Vermögen der Frau handelt, weil ihre Verpflichtung zur Einwerfung sich auf ihr ganzes Vermögen erstreckt, mag dieses während der Ehe Illatenqualität gehabt oder zum Receptitium gehört haben. Die Pflicht des überlebenden Ehegatten, sein eigenes Vermögen zur Theilung einzuwerfen, ist zwar keine bloße Collationspflicht, wenn man darunter versteht, daß der Collationsverpflichtete sich nur den Werth seiner eigenen Sachen auf seinen Erbtheil anrechnen müsse. Der überlebende Ehegatte muß seine eigenen Sachen in Natur herausgeben und diese werden bei der Theilung ebenso behandelt, als ob sie Eigenthum des Erblassers gewesen seien. Allein die Miterben können dem überlebenden Ehegatten die Einwerfung erlassen, und er kann, bis ihm durch förmliches Erkenntniß sein Wahlrecht nach dem Statut abgesprochen ist, der Erbschaft nach dem zuerst verstorbenen Ehegatten mit der Wirkung entsagen, daß er sein Vermögen als freies Eigenthum heraus bekommt. Der Anspruch der Miterben auf Herausgabe seines Vermögens zur Theilung hängt daher davon ab, ob er definitiv für einen Erben ohne Wahlrecht nach dem Statut erklärt wird. In der Zwischenzeit wird der überlebende Gatte freilich auch als Erbe betrachtet, allein den Miterben gegenüber hat dies nur die Bedeutung, daß ihm das Wahlrecht, ob er der Erbschaft noch entsagen will, offen bleibt. Dies ist der Sinn des Benefizium des Inventares, wie das Erbschaftsedikt vom 30. April 1765 es für ihn construirt hat.[86]) Dem Dritten gegenüber erscheint der überlebende Ehegatte während der Fristen, bis ihm sein Wahlrecht nach dem Statut aberkannt ist, als freier Eigenthümer seines Vermögens und die Miterben haben kein Interventionsrecht, wenn er dazu schreitet, einzelne Stücke aus seinem Vermögen zu veräußern. Sie erlangen dadurch nur einen Anspruch auf Schadensersatz, welchen sie bei der Theilung der Erbschaft gegen den überlebenden Ehegatten geltend machen können.

VI. Prozeßfähigkeit der Frau.

Aus der unbeschränkten Vertrags- und Handlungsfähigkeit der Frau, welche von dem Willen des Mannes nicht abhängig ist, folgt eigentlich, daß sie durchaus prozeßfähig sein müßte. Wollte man dies nicht annehmen, so verkümmerte man ihre Handlungsfähigkeit, denn wer ein Recht hat, muß auch die Befugniß haben, es vor Gericht verfolgen zu können. Es ist dies eben die wirksamste Aeußerung jedes Rechtes. Dennoch ist es in der Mark Brandenburg bis in die neueste Zeit anders gehalten worden. Es ist schon oben erwähnt worden, daß Personen weiblichen Geschlechts nach dem altsächsischen Rechte nicht persönlich als Klägerinnen oder Beklagte vor Gericht auftreten durften, vielmehr eines Vorsprechers bedurften, weil die alte Idee der Kampfgerichte auf den Gerichtsgebrauch fortgewirkt hatte und den Frauen die Wehrhaftigkeit mangelte.

[86]) §. 3 Abtheil. II. Verordnung vom 30. April 1765. — Raabe, I. 3. S. 22 und Nov. Corp. Con. III. S. 689. — Unten Cap. 27.

An diesen Gerichtsgebrauch hat die allgemeine Gerichtsordnung für die preußischen Staaten vom 6. Juli 1793, welche in der Mark Brandenburg als Gesetz eingeführt war, bezüglich der Ehefrauen sich angeschlossen, indem sie folgende Bestimmungen enthielt: „Unverheirathete Frauenzimmer haben zwar in Ansehung der Befugniß vor Gericht zu erscheinen mit den Mannspersonen gleiche Rechte. Ehefrauen dagegen können ohne Beitritt ihrer Männer vor Gericht nicht erscheinen, es wäre denn, daß der Gegenstand der Verhandlung zu ihrem durch Vertrag vorbehaltenen Vermögen gehörte, oder daß sie wider ihren Ehemann klagen oder Verträge mit ihm schließen wollen. Bei gerichtlichen Verhandlungen, welche das gesetzlich vorbehaltene Vermögen der Frau, ingleichen die zur Substanz des Eingebrachten gehörigen Grundstücke und Gerechtigkeiten oder solche eingebrachte Capitalien betreffen, welche auf den Namen der Frau, oder ihres Erblassers oder Geschenkgebers geschrieben sind, müssen beide Eheleute zugezogen werden. Wie es zu halten sei, wenn die Frau zu Prozessen, welche die Substanz des eingebrachten Vermögens betreffen, ihren Beitritt versagt, ist im allgemeinen Landrechte bestimmt. Versagt aber der Mann den Beitritt, so muß die Frau, wenn die Weigerung bescheinigt ist, auf ihre Kosten allein zugelassen werden. Kann oder will sie aber für diese Kosten eine von dem Nießbrauche des Mannes unabhängige Kaution nicht bestellen, so muß das Gericht den Mann über die Ursachen seiner Weigerung vernehmen und, wenn es dieselben nicht offenbar erheblich findet, denselben zum Beitritt und zur Beobachtung seiner Schuldigkeit in Ausführung oder Vertheidigung der Gerechtsame seiner Ehefrau anhalten. Außer den erwähnten Fällen können gerichtliche Verhandlungen, welche das Eingebrachte der Frau betreffen, auch ohne deren Zuziehung von dem Manne betrieben werden.“ [87])

[87]) Allgemeine Gerichtsordnung Theil I Titel I §§. 25, 16, 19, 20, 21 u. 22.

Jetzt ist dies im Wesentlichen veraltet, denn in der Reichs-Civilprozeßordnung vom 30. Januar 1877 ist vorgeschrieben: „Eine Person ist insoweit prozeßfähig, als sie sich durch Verträge verpflichten kann, und die Prozeßfähigkeit einer Frau wird dadurch nicht beschränkt, daß sie Ehefrau ist." Die Rechtsfähigkeit der Ehefrauen ist daher erheblich erweitert und aus dem brandenburgischen Familienrechte ein innerer Widerspruch beseitigt worden, der auf keinem logischen Grunde beruhte. An dem materiellen Güterrechte ist hierdurch aber nichts geändert worden und das eheliche Nießbrauchs- und Verwaltungsrecht der Ehemänner an den Illaten ihrer Frauen hat keine Einbuße erlitten. Wie Frauen durch Verträge, denen ihre Männer nicht beigetreten sind, kein Stück ihres eingebrachten Vermögens dem Nießbrauche und der Verwaltung ihrer Männer entziehen können, ebenso wenig können dritte Personen, welche mit den Frauen allein einen Rechtsstreit vor Gericht zum Austrage bringen, auf Grund der erlangten Urtheile die erwähnten maritalischen Rechte verkümmern. In den Motiven zur Civilprozeßordnung ist in dieser Beziehung gesagt: Ein Ehemann brauche aus Judikaten, welche ohne seine Zuziehung erlassen sind, eine Zwangsvollstreckung in dasjenige Vermögen seiner Frau sich nicht gefallen zu lassen, welches in Folge der ihm zustehenden Rechte der Disposition der Frau entzogen ist. Der Gewinn der Frauen aus der Vorschrift der Civilprozeßordnung ist darin zu sehen, daß sie wegen der Substanz des Eingebrachten, wegen ihres gesetzlich vorbehaltenen Vermögens und wegen ihrer Statusrechte ohne Genehmigung ihrer Männer und ohne Beobachtung der früheren Weitläufigkeiten Klage vor Gericht erheben und sich gegen alle durch Klage eines Andern an sie erhobenen Ansprüche als Beklagte vertheidigen können, auch wenn ihre Männer hierzu sich nicht entschließen wollen.

Als Sätze des materiellen Rechts sind von den Vorschriften

der Allgemeinen Gerichtsordnung in Geltung geblieben, daß der Ehemann Prozesse, welche die Substanz des Eingebrachten betreffen, allein betreiben kann, wenn es sich nicht um eingebrachte Grundstücke, Gerechtigkeiten oder Capitalien der Frau handelt, und daß er die Einwilligung der Frau zu einem Prozesse um die Substanz der eben erwähnten Gegenstände durch ein Decret des Vormundschaftsrichters ergänzen lassen kann.[88])

VII. Vermögen der Frau und die mucianische Präsumtion.

In der Mark gilt keine Gütergemeinschaft unter Eheleuten während des Bestehens ihrer Ehe. Sie leben mit getrennten Gütern. Die Frau behält das Eigenthum an ihrem Vermögen.

Es waltet in der Mark die Präsumtion ob, daß Alles, was im Besitze beider Eheleute gefunden wird, zum Vermögen des Mannes gehört.[89]) Im preußischen Landrechte ist dieser Satz nicht direkt ausgesprochen, da er mit Rücksicht auf die Bestimmung des § 211 Tit. 2 Th. I wohl überflüssig erschien,[90]) gilt aber dennoch in ihm, da er die Voraussetzung anderer Vorschriften desselben bildet.[91]) In das Provinzialrecht ist dieser Grundsatz aus dem römischen Rechte übernommen worden, wo er als praesumtio muciana bezeichnet zu werden pflegt. Allerdings hatte diese Präsumtion im römischen Rechte zuerst einen anderen Sinn. Im Zweifel sollte bei allem Vermögen einer Frau an-

---

88) Allgemeine Gerichtsordnung I. 1. §§. 21 u. 22. Allgemeines Landrecht II. 1. §. 239.

89) Kohl: Decl. accurata: Quest. VII. N. 33 u. 36 (Ausg. v. 1731 S. 184).

90) Was eine Frau in stehender Ehe erwirbt, erwirbt sie der Regel nach dem Manne.

91) Suarez erwähnt ihn in der revisio monitorum, indem er sagt: Wenn es nicht erhellt, so tritt die nirgends aufgehobene Rechtsvermuthung quae in domo mariti sunt, praesumuntur esse mariti in Wirkung. Dernburg III § 27. S. 81.

genommen werden, sie habe es von ihrem Manne erhalten, damit man nicht einem schmutzigen Erwerbe der Frau nachzuspüren habe.[92]) Sie beruhte also auf verkehrten sittlichen Anschauungen, setzte einen turpis quaestus bei Frauen voraus und gab den Frauen das Privilegium, daß Niemand hiernach forschen solle. Allein schon im Justinianischen Codex ist die Bedeutung umgekehrt und aus der Begünstigung der Frauen eine Begünstigung ihrer Männer gemacht, indem nun die Präsumtion nicht mehr allein zur Schonung des guten Rufes der Frauen, sondern auch zur Begründung des Rechtes der Männer an Vermögensstücken, welche die Frauen auf ihren Namen ausgethan haben, gelten solle.[93]) In diesem Sinne ist sie von dem modernen Usus aufgenommen und dahin generalisirt worden, daß eine Frau, welche Sachen als die ihrigen gegen ihren Mann oder dessen Rechtsnachfolger anspricht, zu beweisen hat, daß sie dieselben entweder eingebracht oder während der Ehe aus eigenen Mitteln erworben habe, ohne sie aber auf die Erwerbs- und Handlungsfähigkeit der Frauen zu beziehen und ohne sie zu dem Satze durchzubilden, daß aller Erwerb der Frauen, welchen sie mit Geldern ihrer Männer machen, Eigenthum der Männer werde.[94]) Sie hat daher hier nur die oben angegebene Bedeutung, daß alles was im Besitze der Eheleute gefunden wird, als Vermögen des Mannes bis zum Gegenbeweise angesehen wird. Ohne Controverse ist dieser Punkt

---

92) Evitandi turpis quaestus gratia circa uxorum hoc videtur Quintus Mucius probasse. Lex. 51 Dig. 24, 1. (De donation. int. vir. et ux.)

93) Lex. 6 Cod. 5, 16. (De don. int. vir. et uxur.)

94) Non respiciendum, cujus pecunia res sit comparata, sed quis comparaverit. Emens rem non censetur eam pro alio quam pro se ipso emere. Stryk: Usus mod. XXIV tit. 1 § 22 (Band 2 S. 260). Glück: Erläut. d. Pandekten B. 26 S. 260. Vergl. unten Cap. XVII.

aber nicht. Namentlich streitet man darüber, ob die mucianische Präsumtion auch Platz greife, wenn ein lediger Mann eine haussässige Wittwe heirathe.[95]) Kohl faßt die Präsumtion enger und stellt nur den Satz auf, daß regelmäßig Alles, was im Hause oder in der Wohnung des Mannes vorgefunden, ihm so lange zugesprochen werden müsse, bis die Frau beweise, daß es ihr Eigenthum sei. Er sieht daher vorzüglich auf den Besitz und will unterscheiden, ob sich die Vermögensstücke auf dem Grundstücke der Frau oder dem des Mannes befänden und hiernach eine Vermuthung für die Erstere oder für den Zweiten obwalten lassen. Ferner will er eine Ausnahme machen, wenn der Nachweis geführt wird, daß der Mann ohne Geschäft sei und daß die Frau Paraphernalvermögen, worunter er vorbehaltenes Vermögen versteht, habe, und wenn es sich um Gegenstände handele, welche nach ihrer Qualität zu dem ausschließlichen Gebrauche der Frau bestimmt seien. Allein diese Fälle erschöpfen die Frage nicht.[96])

Die mucianische Präsumtion ist ihrem letzten Grunde nach nichts als eine Regel für den Prozeß, welche die Rollen des Klägers und Beklagten ordnet, sowie die Beweislast vertheilt.[97]) Sie ist nothwendig, weil bei der gemeinsamen Oekonomie der Eheleute, die doch auch bei dem Ausschlusse der Gütergemeinschaft die Regel bildet, von dem ausschießlichen Besitze des einen oder des anderen Gatten nicht die Rede sein, wenigstens auf ihn kein entscheidendes Gewicht gelegt werden kann. Die mucianische Präsumtion ist in dieser Beziehung das Generelle

---

[95]) Glück, a. a. O., S. 219; und Holzschuher: Theorie und Kasuistik des Civilrechtes, S. 597 (Ausgabe von 1863).

[96]) Kohl: Decl. accurata. Quaest. 7 Nr. 35—39.

[97]) Praesumit lex, omnia quae acquisivit uxor, esse ab ea acquisita ex bonis mariti, et huic praesumtioni tamdiu standum, donec probatum sit contrarium ab uxore. Stryk: Usus mod. XXIV. tit. I §. 15. (B. 2 S. 249).

und wird daher immer ausgeschlossen, sobald spezielle Umstände dargethan werden, die für ein anderes Verhältniß unter den Eheleuten sprechen. Die oben angeführten Fälle sind zu ungenügend gefaßt, um sie als allgemeine Ausnahmen anerkennen zu können. Hat ein armer Handwerksgeselle eine Meisterswittwe mit einer dürftig eingerichteten Werkstelle geheirathet, hat er es nachher in einer langen Ehe dahin gebracht, große Fabriken zu erwerben und das Geschäft in ganz anderem Umfange betreiben zu können, so kann man unmöglich die Präsumtion bei ihm ausschließen. Ebenso erscheint dies ganz unzutreffend, wenn ein Kaufmann eine Frau mit einem Hause heirathet und sein Geschäft in dieses verlegt. Von den Gegenständen, die zum ausschließlichen Gebrauche der Frau bestimmt sind, muß in einem anderen Zusammenhange gehandelt werden. Von den übrigen oben als Ausnahmen der mucianischen Präsumtion aufgestellten Fällen kann nur zugegeben werden, daß sie unter näher anzugebenden Umständen im Einzelnen die ihnen beigelegte Wirkung haben können, daß aber generell ihnen diese nicht beigelegt werden kann.

Die mucianische Präsumtion greift Platz, wenn es sich um Auseinandersetzung des Vermögens der Eheleute handelt, sei es, daß der Tod eines Gatten oder eine Ehescheidung oder der Verlust des maritalischen Nießbrauchsrechtes des Ehemannes diese herbeigeführt hat. In diesem Falle muß daher die Frau (oder deren Erbe) die Rolle des Klägers und die Beweislast für Alles, was sie als Eigenthum beansprucht, übernehmen. Dagegen wird die Präsumtion hier ausgeschlossen durch jede Art von Anerkenntniß, welches der Mann über das Eigenthum der Frau abgegeben hat, denn dieses muß der Mann oder sein Erbe gegen sich gelten lassen. Anerkenntnisse sind in dieser Beziehung im weitesten Sinne zu fassen, namentlich muß als genügend erachtet werden, wenn der Mann genehmigt hat, daß Grundstücke, Forderungen u. dergl. m. auf den Namen der

Frau geschrieben worden sind. Alleiniger Besitz der Frau an einzelnen Stücken kann dagegen nicht hinreichend erscheinen, um die Präsumtion zu entkräften, da der Mann die Sachen der Frau nur zum Gebrauche übergeben haben oder sie die Sachen eigenmächtig und ohne Vorwissen des Mannes an sich genommen haben kann. Die Frau muß daher außer dem Besitze mindestens noch darthun, daß sie ihn von einem Dritten erworben oder daß der Mann ihn ihr in der Absicht eingeräumt hat, ihr Eigenthum zu gewähren.

Die mucianische Präsumtion kommt ferner zur Anwendung, wenn es sich um Exekutionen handelt, welche die Gläubiger des Mannes zu ihrer Befriedigung in die Mobilien der Eheleute vollstrecken lassen. Die Befugniß des Mannes, Mobilien, welche zum eingebrachten Vermögen der Frau gehören, veräußern zu können, wird auch in der Mark als ein ausschließliches Recht des Mannes angesehen, so daß seine Gläubiger zu ihrer Befriedigung sich nicht an solche Mobilien halten können. Zum Beweise des Eigenthumes der Frau dienen aber Anerkenntnisse des Ehemannes gegen dessen Gläubiger nicht,[98]) so daß sie also in solchen Streitfragen die mucianische Präsumtion nicht ausschließen. Ebenso verhält es sich mit dem alleinigen Besitze der Frau an gewissen Stücken, denn sonst würde man dahin gelangen, daß ein überschuldeter Mann dadurch alle Exekutionen gegen sein Vermögen abwenden könnte, daß er seiner Frau das Beziehen einer eigenen Wohnung gestattete und die Ueberführung seiner Sachen in diese bewirkte.

---

[98]) In dem Gesetze v. 9. Mai 1855 §. 7 Nr. 5 und in der Konkursordnung v. 8. Mai 1855 §. 103 Nr. 5 war dies ausdrücklich ausgesprochen. Es muß aber auch jetzt noch als bestehendes Recht gelten, da es auf der Beweisregel beruht, daß Privaturkunden nur gegen den Aussteller derselben und seine Rechtsnachfolger, aber nicht gegen dritte Personen, welche eigene Rechte gegen ihn verfolgen, beweisende Kraft haben.

Bei dem Stadtgerichte zu Berlin wurde hiernach konstant verfahren und auch wegen der Ansprüche an Ehemännern die Exekution in Wohnungen ihrer Frauen, welche getrennt von ihnen leben, vollstreckt. Intervenirt die Frau und reklamirt sie das Eigenthum an den aus ihrem Besitze abgepfändeten Sachen, so muß sie auf den Grund ihres Besitzes zurückgehen und es trifft sie die volle Beweislast. Dernburg hält dies jetzt nicht mehr für gerechtfertigt und führt aus: Die Reichscivilprozeßordnung fordere in § 720 zur Pfändung körperlicher Sachen, daß sie im Gewahrsam des Schuldners befindlich seien; es sei daher, wenn die Frau thatsächlich separirt sei, nur nach § 745 a. a. O. der Anspruch auf Herausgabe der Sachen zu pfänden und dem Gläubiger des Mannes nur der Anspruch auf Einziehung nach § 736 a. a. O. zu überweisen.[99]) Allein es ist ihm hierin nicht beizutreten, denn die mucianische Präsumtion schließt eben aus, daß während des Bestehens der Ehe ein gesonderter Besitz der Frau anerkannt wird.

Sind Immobilien oder Forderungen auf den Namen der Frau geschrieben, so nimmt man an, daß dies auch in der Exekutionsinstanz die mucianische Präsumtion gegen den Gläubiger des Mannes ausschließt. In der Praxis ist man hierüber nicht zweifelhaft, obgleich es eine Forderung der Frau, welche sie auf ihren Namen erworben hatte, war, über die im Codex von Justinian bestimmt worden ist, daß die mucianische Präsumtion Platz greifen und angenommen werden solle, die Frau habe das Geld dazu von ihrem Manne erhalten.[100]) Man geht hierbei von dem Gedanken aus, daß die Umschreibung von Grundstücken und Forderungen im Grundbuche als vorbehaltenes Vermögen der Frau hinreicht, um sie gegen jeden Dritten als solches sicher zu stellen, und daß die einfache Ein-

---

[99]) Dernburg: Preuß. Privatrecht III. S. 82.

[100]) Lex. 6 Cod. V. 10. (De don. int. vir. et ux.)

tragung als Eigenthum der Frau im Grundbuche daher auch genüge, um sie als solches gegen Dritte zu deklariren.[1]) Die Gläubiger des Mannes müssen, wenn sie sich an solche Gegenstände halten wollen, die Vorschriften des Gesetzes über die Anfechtung von Rechtshandlungen eines Schuldners v. 21. Juli 1879 beobachten oder den Nachweis führen, daß nur ein Scheingeschäft zwischen dem Manne und der Frau der Umschreibung zu Grunde liegt.

Im Konkurse über das Vermögen des Mannes endlich steht die Frau wieder ungünstiger. Hier kommt die mucianische Präsumtion ausnahmsweise in dem Umfange gegen sie zur Geltung, daß sie auch bezüglich der auf ihren Namen geschriebenen Grundstücke und Kapitalien, welche sie während der Ehe erworben hat, den Nachweis führen muß, daß sie nicht mit Mitteln ihres Mannes erworben sind, wenn sie dieselben als ihr Eigenthum aus der Konkursmasse ausgesondert verlangt.[2])

VIII. Vorbehaltenes und eingebrachtes Vermögen der Frau.

Nach dem brandenburgischen Provinzialrechte zerfällt das Vermögen der Frau in eingebrachtes und vorbehaltenes Vermögen, welche nach dem Sprachgebrauche des usus modernus als bonum paraphernale sive dotale und bonum receptitium bezeichnet werden.[3])

---

[1]) Allgemeines Landrecht II. 1. §. 216. Bornemann: Systematische Darstellung V. S. 85 u. 86. — Unten Cap. VIII S. 58.

[2]) Konkursordnung v. 10. Febr. 1877 §. 37. Dernburg: Preuß. Privatrecht III. S. 82. — Unten Cap. XXII.

[3]) Responsum der Frankfurter Juristenfakultät bei: Stryk: De jure mariti in bonis uxoris. C. 3 §. 27 Op. T. 5 pag. 547 und Hofreskripte vom 21. Januar 1781 und 11. März 1781 bei: Stengel: Beiträge, II S. 59.

Es fragt sich zuerst, welche Befugnisse die Frau hat, um ihrem Vermögen diesen oder jenen Charakter zu geben. Nach dem allgem. Landrechte für die preuß. Staaten steht die Frau in dieser Beziehung sehr ungünstig. Ihr ganzes Vermögen wird mit ihrer Verheirathung Dotalgut. Sie kann aus eigener Macht sich nichts daraus vorbehalten, vielmehr bedarf es zur Constituirung eines vorbehaltenen Vermögens für sie der Einwilligung des Mannes. Beide Theile müssen darüber einig sein und kontraktlich festsetzen, was von dem maritalischen Nießbrauchsrechte des Mannes befreit sein soll. Es läuft also alles darauf hinaus, daß der Frau nur das vorbehalten bleibt, was ihr der Mann concedirt. Dies gilt namentlich nicht nur von dem, was die Frau bei Eingehung der Ehe besitzt, sondern auch von allem, was sie in stehender Ehe durch Erbschaft, Geschenke oder Glücksfälle erwirbt. Ja es ist auch nur eine richtige Consequenz, wenn Schmidt ausführt, daß alle Ersparnisse, welche die Frau aus ihrem vorbehaltenen Vermögen oder aus einer artificiellen Thätigkeit mache, von vornherein die Natur des Eingebrachten hätten und nur dann zu vorbehaltenem Vermögen würden, wenn der Mann dies gestatte.[4])

Anders liegt es nach dem römischen Rechte. Hier ist Alles extra dotem, also nach unserem Sprachgebrauche vorbehaltenes Vermögen, was die Frau nicht ausdrücklich als Dos bestellt hat. Nur an dieser hat der Mann ein Recht, während jenes ihm gänzlich fern steht und seiner rechtlichen Einwirkung entzogen ist. Die Frau hat dabei allein die Befugniß zu bestimmen, was Dos sein solle, und kann namentlich in stehender Ehe nicht gezwungen werden, die Dos zu vergrößern, wenn sie neues Vermögen erwirbt. Eines Anerkenntnisses des Mannes darüber, was von dem Vermögen der Frau ihrer freien Verfügung unterworfen ist, bedarf es nicht, da eben alles Ver-

[4]) Schmidt: Das preußische Familienrecht. S. 130.

mögen der Frau zu ihrer freien Disposition steht, der Mann im Gegentheil beweisen muß, was ihm aus demselben als Dos bestellt ist, sobald ein Streit hierüber entsteht.

Von den brandenburgischen Juristen ist Kohl in seinem Werke: Declaratio accurata constitutionis marchicae allein ausführlich auf das Güterrecht der Eheleute eingegangen. Er steht nach seiner ganzen Neigung auf dem Boden des römischen Rechtes und betrachtet dieses ohne weiteres als das bestehende Recht der Mark. Er scheidet daher zunächst aus dem Vermögen der Eheleute aus, was die Frau dem Manne als Dos gegeben hat. Im Uebrigen nimmt er an, es herrsche vollständige Trennung der Güter unter den Eheleuten und jeder könne über sein Vermögen frei verfügen. Eigenthümliches Vermögen eines jeden Ehegatten sei, was er durch Erbfall, Testament, Schenkung oder einen Glücksfall ohne besondere Arbeit oder Thätigkeit erwerbe, oder was er aus eigenen Mitteln (propria pecunia) anschaffe.[5]) Wenn die Frau aus den Zinsen ihrer nicht zur Dos bestellten Kapitalien oder aus den Einkünften eines ihr gehörigen Hauses Ersparnisse mache und diese Jemand als Darlehn gebe, so sei dies ihre Forderung.[6]) Habe der Mann die Früchte und Einkünfte von dem Vermögen der Frau gezogen, so müsse er, respective sein Erbe, sie der Frau restituiren, soweit sie noch vorhanden seien oder soweit er dadurch reicher sei, und mache es in diesem Falle keinen Unterschied, ob die Frau ihre Einwilligung dazu gegeben habe, daß er sie verbrauche. Seien die Früchte und Einkünfte von dem Manne verbraucht, so trete die Vermuthung ein, daß dies zum gemeinsamen Nutzen beider Eheleute geschehen sei und die Frau müsse diese Präsumtion widerlegen, wenn sie Ersatz verlange.

---

[5]) Kohl: Declaratio accurata. Quaest. VII. No. 20 u. 21 (Ausgabe von 1731 S. 180).

[6]) Kohl a. a. O. Nr. 22.

Auch könne sie Erstattung verbrauchter Früchte vom Manne nicht beanspruchen, falls sie ausdrücklich oder stillschweigend ihre Genehmigung dazu gegeben habe, daß der Mann sie erhebe und verbrauche.[7])

Es fragt sich, ob wir dies als noch bestehendes Provinzialrecht anzusehen haben. v. Scholtz-Hermensdorf kommt nicht auf die Frage, in welcher Weise vorbehaltenes Vermögen von der Frau zu constituiren sei und ob sie Anfälle, die während der Ehe ihr geschehen, ohne Genehmigung des Mannes seinem maritalischen Nießbrauchsrechte entziehen könne. Zieht man das magdeburgische Weichbildrecht in Betracht, so steht dies dem römischen Rechte weit näher als dem preußischen Landrechte, denn in ihm galt der Grundsatz, daß Alles Sondergut der Frau sei, was sie nicht in die Gewere des Mannes gegeben habe, und daß die Präsumtion für Sondergut der Frau gelte.[8]) Die beiden Rechtssysteme, aus denen sich das brandenburgische Provinzialrecht entwickelt hat, sprechen also gegen das preußische Landrecht. Dennoch können wir nicht anerkennen, daß das brandenburgische Provinzialrecht von dem Landrechte in diesem Punkte verschieden ist. In der Praxis sind wir nie einer anderen Anschauung begegnet. Bei allen Nachlaßregulirungen über Erbanfälle, die an Frauen in stehender Ehe geschehen, betrachtet man es als durchaus nothwendig, daß der Mann zugezogen wird, was nach römischem Rechte unnöthig ist, so lange die Frau nicht ausdrücklich erklärt, daß der Anfall Bestand der Dos sein solle. Aeltere Erkenntnisse fehlen, Kohl ist bei seiner Neigung, das Provinzialrecht mit dem römischen Rechte zu identifiziren, nicht als unbedingte Autorität anzusehen. — Die Erscheinung läßt sich nur so erklären, daß es

[7]) Kohl, a. a. O. Nr. 24 u. 25.

[8]) Die Ausnahme, welche bei Erbschaften der Frau galt, ist oben erwähnt.

von Alters her Gerichtsgebrauch war, daß Frauen, welche sich vorbehaltenes Vermögen constituirten, hierüber vertragsmäßig mit den Männern sich auseinandersetzten, daß man später nicht darüber schlüssig und klar geworden ist, ob diese Verträge nur des Beweises wegen beliebt seien, oder ob sie ein rechtlich nothwendiges Erforderniß zur Begründung des vorbehaltenen Vermögens bildeten. Nach Publikation des preußischen Landrechtes hat man dessen Grundsätze, daß die Verträge zur Constituirung des vorbehaltenen Vermögens nothwendig seien, ohne weiteres angenommen und jetzt müssen wir uns darin fügen, weil sich nicht mehr erweisen läßt, daß in der Mark vor der Publikation des Landrechtes in diesem Punkte ein festes und unstreitiges Provinzialrecht bestanden hat, welches von dem Landrechte abweicht.[9])

Frauen können daher auch in der Mark Brandenburg ohne Einwilligung ihrer Männer sich kein vorbehaltenes Vermögen constituiren. Alles, was sie bei Eingehung der Ehe besitzen, oder durch Erbgang, Testament, Geschenk oder einen Glücksfall während der Ehe erwerben, wird eingebrachtes Vermögen, es sei denn, daß die Eheleute durch förmlichen Ehevertrag die Rechte der Frau anders festgesetzt haben, oder daß der Dritte, welcher die Zuwendung an die Frau während der Ehe macht, ausdrücklich bestimmt hat, daß Dasjenige, was er der Frau zuwendet, ihr vorbehaltenes Vermögen sein solle und der Mann keine maritalischen Rechte daran habe. Wenn eine solche Bestimmung nicht vorliegt, gilt die Präsumtion, daß Alles Illatum sei, und die Frauen müssen im Streitfalle den Beweis führen, daß ihr Vermögen oder einzelne Theile desselben die Eigenschaft von vorbehaltenem Vermögen haben.

Die Bestimmung des preußischen allgemeinen Landrechtes, daß Grundstücke und Kapitalien als vorbehaltenes Vermögen

---

[9]) Einführungspatent vom 5. Februar 1794 §. VII.

der Frau im Hypothekenbuche eingetragen sein müssen, wenn sie diese Eigenschaft auch in Beziehung auf einen Dritten erlangen sollen, gilt dagegen in der Mark Brandenburg nicht.[10]) Sie enthält neues Recht, was bis zur Publikation des Landrechtes unbekannt war. Die Frau kann diese Eigenschaft im Grundbuche eintragen lassen, sie verliert ihr Recht aber nicht, wenn sie es unterlassen hat.

IX. Gesetzlich vorbehaltenes Vermögen der Frau.

Gelegentlich eines Berichtes über die Zulässigkeit einer Zwangsvollstreckung gegen eine Ehefrau hatte das Kammergericht am 22. Februar 1798 gegen den Justizminister auszuführen gesucht, es gäbe in der Mark kein freies Vermögen der Frauen, was nicht durch Vertrag von dem Nießbrauche und der Verwaltung des Mannes vorbehalten sei. Durch das darauf ergangene Reskript des Justizministers vom 5. März 1798 ist diese Ansicht aber verworfen worden und zwar mit vollem Rechte.[11]) Schon Scheplitz scheidet die Morgengabe aus und verlangt sogar, daß sie bei der Theilung nach dem Tode des Mannes als ein Präzipuum der Frau verbleibe.[12]) Kohl schließt sich dem an.[13]) Er stellt aber auch den Grundsatz auf, daß die Präsumtion, wonach Alles dem Manne gehöre, was

---

[10]) Allgemeines Landrecht Tit. 1 §. 216. Ueber die Kontroverse, die sich an diesen Paragraphen knüpft, vergl. Gesetzrev. Pensio XV., Mot. zu §. 163 des Entwurfes S. 149; und Bornemann: Preuß. Civilrecht V. S. 86. — Oben Cap. VII S. 54.

[11]) Stengel: Beiträge, B. VI. S. 106.

[12]) Ober die halbe Güter und Leibgedinge mag die Frau die Morgengabe, so ihr wie bräuchlich vermacht, haben und behalten. — Scheplitz: Consuetudines, pars II. tit. 2 §. 14 (Ausgabe von 1744, S. 167).

[13]) Kohl: Decl. acc. Quaestio 9 No. 32.

in seiner Wohnung gefunden werde, ausgeschlossen sei bei Gegenständen, die nach ihrer Beschaffenheit zum ausschließlichen Gebrauche der Frau bestimmt seien, z. B. bei weiblichen Kleidungsstücken und Schmucksachen.[14]) Hieraus hat sich denn in der Praxis, wie die Stände und v. Scholtz-Hermensdorf bei der Berathung eines Provinzialgesetzbuches anerkannt haben, der Satz gebildet, daß die Morgengabe, wo sie noch vorkommt, und alle zum alleinigen Gebrauche der Frau bestimmten Sachen von selbst ihr freies und vorbehaltenes Vermögen sind, worüber sie ohne Zuziehung ihres Mannes gültig verfügen kann.[15]) Hat die Frau diese Sachen schon vor der Ehe besessen, so greift die Präsumtion, daß sie eingebrachtes Vermögen und dem Manne zur Benutzung überlassen sein sollten, nicht Platz, weil dies der Natur dieser Gegenstände widerspricht. Sind sie erst in der Ehe angeschafft worden, so ist aus demselben Grunde gleichgültig, ob die Frau mit ihrem Gelde oder der Mann mit seinem Gelde sie erworben hat. Es ist dies eine erhebliche Aenderung, welche das römische Recht erfahren hat, denn nach diesem konnte ein Ehemann während der Ehe seiner Frau nicht einmal Zeug zu einem Kleide gültiger Weise schenken.[16]) Sie mußte aber mit Nothwendigkeit eintreten, nachdem der Grundsatz angenommen war, daß alles Vermögen der Frau Eingebrachtes und gleichsam Dos sei, ihr mithin nichts verblieb, wovon sie sich ihre Kleider, ihren Schmuck und die sonstigen zu ihrem standesgemäßen Leben erforderlichen Dinge selbst an-

---

[14]) Regulariter omnia, quae in domo vel habitatione mariti inveniuntur, praesumuntur ejus esse. — Quod tamen limitatur, quando ex qualitate rerum, oritur praesumtio pro muliere, quod ad ipsam pertineant, prout sunt ornatus muliebres et vestimenta muliebria ac similia uxoris causa parari solita. — Kohl: Decl. acc. Quaest. 7 No. 38 (Ausgabe von 1731, S. 185).

[15]) v. Scholtz-Hermensdorf II. S. 32, Ausg. von 1834.

[16]) Lex. 31 Dig. 24, 1. De donationibus int. vir. et uxorem.

schaffen konnte. Der Mann erfüllt jetzt nur eine Pflicht, wenn er seine Frau ihrem Stande gemäß mit Kleidern, Schmucksachen und dergl. versieht, und deshalb finden auf diese Gegenstände die Lehren des römischen Rechtes von Schenkungen unter Eheleuten nicht mehr Anwendung.

Die Vorschrift des allgemeinen Landrechtes,[17]) daß die Frau über Schmucksachen in allen Fällen, mögen sie zu ihrem vorbehaltenen Vermögen gehören oder nicht, ohne Zuziehung ihres Mannes nicht verfügen könne, gilt in der Mark nicht, da sie neues und früher unbekanntes Recht enthält. Aus demselben Grunde gilt in der Mark auch die Vermuthung des Allgemeinen Landrechtes nicht, wonach Juwelen, Gold, Silber und zur Pracht angeschaffte Sachen, welche die Frau von dem Manne erhalten hat, im Zweifel nur als geliehen angesehen werden sollen.[18]) Das römische Recht kennt ebenfalls den Begriff von Sachen, welche lediglich zum Gebrauche der Frau bestimmt sind. Sie gehörten zwar dem Manne, wenn er sie in der Ehe anschaffte, jedoch war es Sitte, sie den Frauen für den Todesfall durch Legat zuzuwenden, und deshalb haben die römischen Juristen sich vielfach damit beschäftigt, was unter den res uxoris causa paratae zu verstehen sei. Sie führen hierbei nun neben Kleidern gerade Gold-, Silber- und sonstige Schmucksachen auf, so daß auch jetzt noch diese ganz wie die Kleider der Frau und die anderen zu ihrem alleinigen Gebrauche bestimmten Gegenstände behandelt werden müssen.[19]) Ehefrauen in der Mark können daher ihre Schmucksachen ohne Zuziehung ihrer Männer gültig veräußern oder verpfänden, mögen sie dieselben vor der Ehe besessen, in der Ehe durch

---

[17]) Allgemeines Landrecht II. 1 §. 223.

[18]) Allgemeines Landrecht II. 1 §§. 316 u. 317.

[19]) Hoc legatum: uxoris causa parata, generale est, et continet tam vestem, quam argentum, aurum, ornamenta ceteraque, quae uxoris gratia parantur. Lex. 45 Dig. de legatis (32).

Erbgang, Glücksfall und Geschenk eines Dritten erworben oder während der Ehe von ihrem Manne erhalten haben.[20])

Das gesetzlich vorbehaltene Vermögen der Frau (ipso jure receptitium) muß in der Mark Brandenburg ebenso behandelt werden, wie das durch Vertrag vorbehaltene Vermögen der Frau. Der Unterschied, welchen das allgemeine Landrecht[21]) zwischen beiden macht, indem der Mann bei dem Ersteren ihr die Disposition schon nehmen kann, wenn sie unwirthschaftlich verfährt, bei den Letzteren nur, wenn sie sich einer wirklichen Verschwendung schuldig macht, ist dem älteren Rechte unbekannt. Der Frau in der Mark kann über ihr ipso jure freies Vermögen die Verfügung nur genommen werden, wenn der Fall eintritt, daß sie zu einer Verschwenderin erklärt wird.[22])

Im Ganzen gestaltet sich daher das Provinzialrecht folgendermaßen: Es giebt in der Mark Brandenburg ein gesetzlich vorbehaltenes Vermögen (ipso jure receptitium) der Frau, und dazu gehört Alles, was nach seiner Beschaffenheit zum ausschließlichen Gebrauche der Frau bestimmt ist, mag dies von der Frau oder dem Manne angeschafft sein. Die Aussonderung von Juwelen, Gold-, Silber- und Luxusgegenständen, welche das Landrecht macht, fällt im Provinzialrechte fort; vielmehr werden diese Stücke hier ebenso wie die anderen behandelt, wenn sie nach ihrer ganzen Beschaffenheit lediglich zum Gebrauche der Frau bestimmt sind. Der Mann hat an dem gesetzlich vorbehaltenen Vermögen der Frau wie an dem

---

20) Kohl stellt in der oben Note 14 S. 60 allegirten Stelle die Schmucksachen der Frauen ihren Kleidern gleich; und in dem Ministerialreskripte vom 5. November 1798 (Stengel, VI. S. 89) wird auch der Putz einer Frau als ihr gesetzlich vorbehaltenes Vermögen bezeichnet.

21) Allgemeines Landrecht II. 1. §§. 224 u. 225.

22) Wie es im Falle eines Prozesses jetzt zu halten ist, ist oben Cap. VI gezeigt.

vertragsmäßig vorbehaltenen Vermögen der Frau gar keine Rechte.

Dies gilt aber nur von dem Verhältnisse zwischen Mann und Frau selbst und zwischen den Gläubigern des Mannes und der Frau, so lange nicht ein Konkurs über den Mann ausbricht. Kommt es zu einem Konkurse über das Vermögen des Mannes, so ist auch bei solchen Sachen, die lediglich zum Gebrauche der Frau bestimmt sind, zu unterscheiden, welche die Frau aus ihren und welche der Mann aus seinen Mitteln angeschafft hat. Die Ersteren verbleiben ihr, von den Letzteren aber behält sie nur die von jeder Pfändung ausgeschlossenen Betten, Kleidungsstücke und ähnliche unentbehrliche Gegenstände, während sie an allen übrigen Stücken der Letzteren ihr vorbehaltenes, ja ihr einfaches Eigenthumsrecht verliert und sie zur Konkursmasse herausgeben muß.[23])

X. Schenkungen unter Eheleuten.

Nach dem allgemeinen Landrechte sind Schenkungen unter Eheleuten wie unter Fremden gültig, doch können sie von den Gläubigern des Geschenkgebers angefochten werden.[24]) Was der Mann der Frau zum standesgemäßen Unterhalte an Kleidern oder anderen Sachen giebt, wird ein freies Eigenthum der Frau und darf von den Gläubigern des Mannes unter dem Vorwande der Schenkung nicht widerrufen werden. Bei Juwelen, Gold, Silber und sonst zur Pracht dienenden Gegenständen, welche die Frau von dem Manne erhalten hat, gilt

[23]) Konkursordnung vom 10. Febr. 1877 §. 1 und §. 37 und Civilprozeßordnung §. 715. — Unten Cap. XXII.

[24]) Allgemeines Landrecht II. 1. §§. 310—313. Konkurs-Ordnung vom 8. Mai 1855. §. 103 Nr. 3 und Anfechtungsgesetz vom 9. Mai 1855. §. 7 Nr. 3 und §. 9.

die Vermuthung, daß sie ihr nur geliehen sind. Kann aber eine Schenkung bei diesen Sachen bewiesen werden, so gilt von ihnen alles, was von Schenkungen unter Eheleuten überhaupt verordnet ist.[25])

Anders liegt das römische Recht.[26]) Es geht von dem Grundsatze aus, daß Schenkungen unter Eheleuten ungültig seien, und rechnet selbst Sachen, wie Stoffe zu Kleidungsstücken zu denjenigen Gegenständen, welche Eheleute sich nicht gültig schenken dürfen.[27]) Es macht aber hiervon so viele Ausnahmen, daß diese Materie zu den zweifelhaftesten der ehelichen Rechtsverhältnisse zu zählen ist. Die Ungültigkeit der Schenkung unter Eheleuten ist nicht absolut, vielmehr hat der Schenker nur ein persönliches Recht des Widerrufes und die Schenkung convalescirt, wenn er in der Ehe stirbt, ohne die Schenkung widerrufen zu haben.[28]) Das Verbot bezieht sich nur auf Schenkungen, die im strengsten Sinne während des Bestehens einer gültigen Ehe vorgenommen werden. Was vor Eingehung der Ehe und nach Auflösung der Ehe, ja was in Erwartung und mit Rücksicht auf eine Scheidung der Ehe von einem Ehegatten dem anderen geschenkt wird, ist gültig geschenkt.[29]) Ebenso können Schenkungen, welche in einer ungültigen Ehe gemacht werden, nicht widerrufen werden.[30]) Der Begriff der Schenkung ist im engsten Sinne zu nehmen. Als eine Schenkung wird nicht angesehen, wenn der Schenker nicht ärmer und der Beschenkte nicht reicher geworden ist, wenn

---

[25]) Allgemeine Landrecht II. 1. §§. 314—317.

[26]) Arndts. §. 414. — Glück. XXV. §. 1253 und XXVI. §§. 1253 bis 1258. — Göschen. §. 700. — Mühlenbruch. §§. 543—545. — Keller. §. 405. — Vangerow. §. 225.

[27]) Lex. 31. Dig. De donationibus (XXIV. 1).

[28]) Lex. 32. D. h. t.

[29]) Lex. 27, 35, 11, 12, 60, 61 und 62. D. h. t.

[30]) Lex. 3 u. 32. §. ult. D. h. t. — Lex. 7. Cod. eod. (5, 16.)

also z. B. ein Ehegatte einen Erwerb dem andern zu Liebe unterläßt,[31]) oder wenn einem Ehegatten durch das Verhalten des andern nur eine Ausgabe erspart wird, welche er sonst aus seinen Mitteln hätte bestreiten müssen.[32]) Ausgaben zum gemeinen Besten beider Eheleute werden nicht als Schenkungen angesehen, welche ein Ehegatte dem andern macht, und wenn es zweifelhaft ist, ob eine Aufwendung zum Vortheile beider Eheleute oder nur zum Nutzen des einen von ihnen gemacht ist, so wird keine Schenkung angenommen.[33]) Folgende Schenkungen unter Eheleuten sind positiv im römischen Rechte für gültig erklärt: 1) Schenkungen, welche mit der Auflösung der Ehe im Zusammenhange stehen, daher sind donationes mortis causa und Schenkungen mit Rücksicht auf eine bevorstehende Scheidung gültig,[34]) 2) Schenkungen der Frau an den Mann zur Prozeßführung, zur Ergänzung des census senatorius oder equestris und zur Haltung öffentlicher Spiele,[35]) 3) die Schenkung des zur Deportation verurtheilten Ehegatten,[36]) 4) Schenkungen zum Wiederaufbau eines Hauses,[37]) und 5) Schenkungen zwischen Kaiser und Kaiserin.[38])

Alles dies muß noch jetzt als bestehendes Recht in der Mark Brandenburg angesehen werden,[39]) nur fallen die Ausnahmen von Geschenken zur Ergänzung des census senatorius aut equestris und zur Haltung von Spielen und die Schenkungen des zur Deportation Verurtheilten fort, weil die staats-

[31]) Lex. 5. §. 8 u. §§. 12—16 und Lex. 25. D. De donationibus (24. 1).

[32]) Lex. 5. §. 8. §. 12 und Lex. 31. §. 9. D. h. t.

[33]) Lex. 21. pr. D. h. t.

[34]) Lex. 9. D. h. t.

[35]) Lex. 40—42. D. h. t.

[36]) Lex. 13. §. 1 und Lex. 43. D. h. t.

[37]) Lex. 14. D. h. t.

[38]) Lex. 26. Cod. De donat. (5. 16.)

[39]) Crome: Das märk. Ehe-, Familien- u. Erbrecht. S. 11.

rechtlichen resp. strafrechtlichen Voraussetzungen für diese Ausnahmen bei uns fehlen.

Es tritt aber hinzu, daß in der Praxis der Grundsatz des römischen Rechtes, wonach es nicht als eine anfechtbare Schenkung angesehen werden kann, wenn ein Ehegatte eine eigene Pflicht erfüllt und dadurch den andern von einer Ausgabe befreit, eine Ausdehnung erfahren hat. Der Mann erhält jetzt das ganze Vermögen seiner Frau an Stelle der Dos und dafür bekommt er die Pflicht, die Kosten nicht nur des gemeinsamen Hausstandes, sondern auch eines standesgemäßen Lebens und Auftretens seiner Frau zu bestreiten. Es liegen eine große Anzahl von Erkenntnissen des Stadtgerichtes zu Berlin und der höheren Gerichte vor, in denen dieser Grundsatz auf Alimentenklagen der Frauen gegen ihre Männer stets zur Anwendung gebracht ist. Der Mann erfüllt nur eine Pflicht, wenn er seiner Frau Kleider, Leinenzeug und sonstige Gegenstände, welche zu ihrem standesgemäßen Leben und Auftreten erforderlich sind, besorgt und solche res uxoris causa paratae sind daher nicht Geschenke, welche er widerrufen kann.[40]) Sie verbleiben der Frau unter allen Umständen und werden sogar ihr freies und vorbehaltenes Vermögen.[40a]) Luxusgegenstände, Schmuck und Putzsachen, welche der Mann der Frau giebt, machen hiervon an sich keine Ausnahme, wenn sie nach ihrer Beschaffenheit lediglich zum Gebrauche der Frau bestimmt sind. Der Mann kann Schenkungen von ihnen, die er seiner Frau gemacht hat, nur widerrufen, wenn er den Beweis führt, daß die Voraussetzungen einer condictio indebiti vorliegen, also gar kein Bedürfniß auf Seiten der Frau obgewaltet und er sich in einem Irrthum hierüber befunden hat. Die Ver-

---

[40]) Zuwendungen von Kleidern und ähnlichen Sachen von Seiten des Mannes an die Frau fallen unter den Gesichtspunkt der Ehelasten, Crome a. a. O. S. 11 und Dernburg III. §. 28. S. 80.

[40a]) Oben Cap. IX S. 60 u. 62.

muthung, daß Juwelen, Gold und Silbersachen, die der Mann der Frau giebt, im Zweifel nur als geliehen angesehen werden sollen, gilt im brandenburgischen Provinzialrechte nicht. Sind diese Gegenstände nicht zum ausschließlichen Gebrauche der Frau bestimmt, so ist im Zweifel anzunehmen, daß der Mann sie ihr nicht einmal geliehen, sondern nur zur Benutzung in der gemeinsamen Wirthschaft übergeben hat. Sind sie aber zur ausschließlichen Benutzung der Frau nach ihrer ganzen Eigenschaft bestimmt, und giebt sie der Mann der Frau ohne Vorbehalt, so sind sie als gültige Geschenke zu betrachten, welche der Mann nicht widerrufen kann.[40b])

v. Scholtz-Hermensdorf ist über alles dies anderer Ansicht.[41]) Er behauptet, daß das römische Recht über Schenkungen unter Eheleuten überhaupt in der Mark nicht mehr zur Anwendung kommen könne, weil es in diesem Punkte durchaus controvers sei. Allein das Prinzip des römischen Rechtes, daß Schenkungen unter Eheleuten ungültig seien, ist niemals controvers gewesen, und wenn dieses Prinzip angenommen wird, so wird jede Heranziehung des allgemeinen Landrechtes unmöglich, da dieses von dem entgegengesetzten Grundsatze ausgeht und deshalb immer zu unrichtigen Entscheidungen der einzelnen entstehenden Streitfragen führen muß. Nicht ganze Materien des älteren Rechtes sollten durch §. VII. des Einführungs-Patentes vom 5. Februar 1794 beseitigt werden, wenn in demselben einzelne Fragen controvers waren. Nur die vorhandenen Controversen des gemeinen Rechtes sollten nach der in dem Landrechte getroffenen Wahl entschieden werden. Es ist aber schon oben[42]) gezeigt worden, daß dies unmöglich ist, wenn das Landrecht

---

[40b]) Oben Cap. IX S. 61.

[41]) v. Scholtz-Hermensdorf: Provinzial-Recht. II. S. 50. Ausgabe von 1834.

[42]) Vergl. oben Cap. III S. 30 u. 33.

von neuen Prinzipien ausgeht, die in dem älteren Rechte nicht bestehen. Dieser Grund von Scholtz=Hermensdorf trifft also nicht zu.

Er behauptet aber auch, daß das römische Recht in dieser Materie gar nicht recipirt sei und beruft sich hierüber auf Cothmann, Kohl und Schartow, sowie auf die Bestimmungen in § 8. II. des Erbschaftsedictes vom 30. April 1765. Allein es verhält sich hiermit anders und gerade die angeführten Rechtslehrer und das Erbschaftsedict sprechen gegen ihn. — Die Constitution des Kurfürst Joachim I. von 1527 kennt kein Testament im Sinne des römischen Rechtes. Das Wort Testament kommt allerdings in ihr vor, doch ist darunter nur eine Zuwendung oder ein Legat an eine Kirche oder milde Stiftung verstanden. Jede andere Disposition von Todeswegen ist nach der Joachimica noch die altsächsische Vergabung vor gehegtem Dinge. In Betreff von Eheleuten bestimmt sie wörtlich: So zwey eheleut bey einander in der ehe sein und keinen leiblichen ehelichen erben haben, mag eins dem andern vor gericht obergeben und vermachen zuvoraus den vierdten pfenning aller güter, liegender gründe, reitschafft und farender habe, welches geschen sol vor gehegtem ding. Und solchs sol krafft haben, dieweil sie nicht leibliche eheliche erben gewinnen. Sobald aber sie eheliche leibserben bekommen, sol solche obergabe und vermechtnus kein krafft haben. Gleich nach der Joachimica fand das römische Testament in der Mark allgemeine Aufnahme und die Vergabung des vierten Pfennigs vor gehegtem Ding kam in der Praxis fast gänzlich außer Brauch und gerieth in Vergessenheit. Für die Interpreten der Joachimica entstand hierdurch die Verlegenheit, daß sie ihrer veralteten Bestimmung gegenüber standen und ihr doch irgend einen Sinn beilegen mußten, da sie nicht aufgehoben war. Cothmann lag nun der Fall vor, daß ein Ehemann seine Frau in einem römischen

Testamente bedacht hatte, und er entschied sich, daß dies Testament ungültig sei, weil Geschenke unter Eheleuten nach der Joachimica unzulässig seien und dies auch auf Zuwendungen durch Testamente angewendet werden müsse.[43]) Allein er läßt zunächst dahingestellt, ob diese Auffassung der Joachimica richtig sei, und spricht nur für den Fall, daß dieser Sinn ihr beizulegen sei. Sodann aber ist seine Ansicht doch nur die, daß die Joachimica in diesem Falle eine Verschärfung des römischen Verbotes über Schenkungen unter Eheleuten enthielte, indem sie sich auf Zuwendungen von Todes wegen erstrecke, die im römischen Rechte durchaus zulässig waren. Daß das römische Recht überhaupt nicht recipirt sei, sagt er nicht. Eine andere Stellung nimmt Kohl ein, dem dann Schartow gefolgt ist.[44]) Kohl faßt die Vergabung des vierten Pfennigs vor gehegtem Dinge, wie sie die Joachimica enthält, zunächst als eine donatio inter vivos auf und bekämpft die Annahme, daß sie eine Zuwendung von Todes wegen sei. Seine Gründe sind daher nirgends zutreffend und ergeben nur, daß ihm das Verständniß der Vergabung vor gehegtem Dinge gänzlich verloren gegangen war. Er stellt nun aber die Schenkung des vierten Theiles des Vermögens von kinderlosen Eheleuten als eine neue spezielle Ausnahme des gültigen römischen Rechtes hin, untersucht, ob der Kurfürst Joachim befugt gewesen sei, in seiner Constitution von 1527 eine solche Ausnahme zu statuiren, und bekennt unzweifelhaft, daß es im Uebrigen bei dem

---

[43]) Constitutio marchica inhibere dicitur, omnem largitionem a marito suae conjugi supra quartam bonorum partem factam, — quod si ita est, et ordinatio illa localis largitionem quoque, quae testamento fit, includit et comprehendit. Consequiter certe testamentum nostrum esse invalidum. Cothmann Respons. Vol. IV. Resp. 23. No. 60.

[44]) Kohl: Declaratio accurata. Quaest. XII. — Schartow: De differentiis juris. 28. §§. 2, 4 u. 6.

römischen Rechte in Betreff der Schenkungen unter Eheleuten sein Bewenden behalten müsse.[45]) Kohl und Schartow limitiren die neue Ausnahme denn auch dahin, 1) daß sie nur kinderlosen Eheleuten gestattet sei, 2) daß sie gerichtlich verlautbart sein müsse und 3) daß sie modica sei und nicht den vierten Theil von dem Vermögen des Geschenkgebers übersteige.[46]) Es ist daher nicht abzusehen, wie v. Scholtz-Hermensdorf hieraus hat ableiten können, daß das römische Recht nicht recipirt sei. — Ebenso verhält es sich mit § 8. II. des Erbschaftsedictes vom 30. April 1765, welchen er heranzieht, weil hier der Geschenke unter Eheleuten Erwähnung geschieht. An dieser Stelle des Erbschaftsedictes von 1765 wird aber nur verordnet, daß der überlebende Gatte die Geschenke, die er von dem Verstorbenen erhalten hat, bei einer Erbtheilung mit Kindern zu conferiren habe, wenn er Erbe nach der Joachimica werden will. Es ist unbestrittenes römisches Recht, daß durch den Tod des Schenkers sein Geschenk convalescirt, und deshalb bewegt sich das Edict durchaus auf dem Boden dieses Rechtes, wenn es solche Geschenke anerkennt. Will man aus dieser Bestimmung überhaupt einen Schluß ziehen, so kann es nur der sein, daß das Edict dem landrechtlichen Grundsatze, wonach Geschenke zwischen Eheleuten gültig sein sollen, entgegensteht und den Kindern gegenüber das Verbot des römischen Rechtes noch in der Weise verschärft, daß die Ausnahme, wonach das Geschenk durch das Ableben des Schenkenden gültig wird, aufgehoben und der Empfänger zur Collation und An=

---

[45]) Etsi inter conjuges jure communi donatio sit prohibita, tamen donatio quartae, de qua hic agitur, licita est atque permissa, et protinus ab initio valet. Nec ambigitur electorem potuisse juri communi hac in parte derogare, cum in ditionibus suis tantum possit, quantum imperator in imperio. Kohl: Decl. acc. XII. No. 38. S. 233. Ausgabe von 1731.

[46]) Kohl a. a. O. Quaest. XII. Nr. 1 und Schartow a. a. O. §. 6.

rechnung des Geschenkes gezwungen wird. — Den Ansichten von Scholtz-Hermensdorf ist daher nicht beizutreten. Seit Steyer[47]) die Irrthümer von Kohl über den oben erwähnten Punkt aufgedeckt hat, ist es nicht zweifelhaft gewesen, daß das römische Recht in Betreff der Schenkungen unter Eheleuten in der Mark gilt, und daß auch die Ausnahme von der Quarta kinderloser Eheleute, welche Kohl sich künstlich construirt hat, von der Praxis nicht adoptirt ist. Es gilt deshalb auch noch gegenwärtig, mag immerhin das Prinzip des allgemeinen Landrechtes einfacher und zweckmäßiger erscheinen.

Alles dies bezieht sich jedoch nur auf die materielle Seite der Frage. Was die Form der Schenkungen betrifft, so handelt darüber der Titel 11 Theil I. des allgemeinen Landrechtes, welcher nicht suspendirt ist. Es kommt daher in Beziehung auf die Form der Schenkungen und auf die Frage, ob nicht schon wegen Versäumniß dieser eine Schenkung ungültig ist, lediglich auf die Bestimmungen des Landrechtes und nicht auf das römische Recht an.

Was endlich die Anfechtung einer Schenkung unter Eheleuten durch die Gläubiger des Geschenkgebers angeht, so scheidet hier der Fall eines Konkurses aus, da über diesen in einem andern Zusammenhange gehandelt werden soll. Außerhalb des Konkurses kommt das Reichsgesetz betreffend die Anfechtung von Rechtshandlungen eines Schuldners vom 21. Juli 1879 zur Anwendung. Nach ihm sind anfechtbar die im letzten Jahre vor der Rechtshängigkeit des Anfechtungsanspruchs von dem Schuldner vorgenommenen unentgeltlichen Verfügungen, sofern sie nicht gebräuchliche Gelegenheitsgeschenke zum Gegenstande hatten, und die in den letzten zwei Jahren vor der Rechtshängigkeit des Anfechtungsanspruchs von dem Schuldner vorgenommenen unentgeltlichen Verfügungen zu Gunsten seines

---

[47]) Dissertatio inauguralis. S. 85. Ausgabe von 1761.

Ehegatten, sowie eine innerhalb dieses Zeitraums von ihm bewirkte Sicherstellung oder Rückgewähr eines Heiratsguts oder des gesetzlich in seine Verwaltung gekommenen Vermögens seiner Ehefrau, sofern er nicht zu der Sicherstellung oder Rückgewähr durch das Gesetz oder durch einen vor diesem Zeitraume geschlossenen Vertrag verpflichtet war. Vorausgesetzt ist dabei, daß der Gläubiger einen vollstreckbaren Schuldtitel erlangt hat, seine Forderung fällig ist, und die Zwangsvollstreckung in das Vermögen des Schuldners zu seiner vollständigen Befriedigung nicht geführt hat oder anzunehmen ist, daß sie zu einer solchen nicht führen würde.[48]) Es fragt sich aber, ob die Rechte eines Gläubigers gegen brandenburgische Eheleute noch weiter gehen, und er zur Deckung für seinen Anspruch das Recht seines Schuldners, eine von demselben seinem Ehegatten gemachte Schenkung zu widerrufen, im Wege des Zwangsverfahrens zur Einziehung oder an Zahlungsstatt zum Nennwerthe sich überweisen lassen kann.[49]) Auf die oben angegebene Zeit und die sonstigen Voraussetzungen für die Anfechtungen kommt es hierbei nicht an, da es sich nicht um eine solche, sondern um einen Widerruf handelt. In der Civilprozeßordnung ist nicht angegeben, welche Forderungen im Wege des Zwangsverfahrens überweisbar sind, so daß diese Frage nach dem materiellen Rechte zu entscheiden und anzunehmen ist, es können nur cessibele Forderungen des Schuldners Gegenstand einer Ueberweisung durch den Richter im Wege des Zwangsverfahrens sein. Das Recht, eine Schenkung zu widerrufen, ist nun aber ein ganz persönliches Recht des schenkenden Ehegatten, welches nicht auf seine Erben übergeht und deshalb auch nicht cessibel ist.[50])

---

[48]) Reichsgesetz v. 21. Juni 1879 §. 2 u. §. 3 Nr. 3 u. Nr. 4.

[49]) Civilprozeßordnung §§. 730 ff. u. §§. 746 ff.

[50]) Lex. 32. Dig. 24. 1 (De donat. int. vir. et ux.). Ait oratio:

Nur wenn der Ehegatte, der das Geschenk gemacht hat, die Schenkung bereits widerrufen hat und dadurch eine Forderung auf Rückgabe der geschenkten Gegenstände begründet hat, liegt ein Anspruch vor, welcher cedirt werden kann. In diesem Falle steht aber auch nichts entgegen, daß ein Gläubiger des Ehegatten, welcher die Schenkung widerrufen hat, zu seiner Befriedigung den Anspruch seines Schuldners im Wege der Zwangsvollstreckung sich überweisen läßt, mag die Schenkung oder der Widerruf immerhin vor länger als zwei Jahren stattgefunden haben.

XI. Rechte des Mannes an dem eingebrachten Vermögen der Frau im Allgemeinen und seine vermuthete Vollmacht.

Bei Beurtheilung der Rechte des Mannes an dem eingebrachten Vermögen der Frau muß als oberster Grundsatz gelten, daß die Frau Eigenthümerin ihres Vermögens verbleibt, daß dem Manne nur die Früchte und Einkünfte gebühren, um die Kosten des gemeinsamen Hausstandes zu bestreiten, und daß er ihr das eingebrachte Vermögen zurückgewähren muß, wenn die Ehe aufgelöst wird oder er aus einem andern Grunde seiner Rechte an dem Eingebrachten verlustig geht. Dennoch sind die Rechte des Mannes niemals so aufgefaßt worden, als ob er ein einfacher Usufructuar sei und sich nur in den Befugnissen eines Solchen bewegen dürfe. Die Ableitung seiner Rechte aus den Lehren des römischen Rechtes von der Dos und die Erinnerung an die altsächsischen Rechtsverhältnisse hat dahin geführt, ihm größere Rechte beizulegen und ihm ein

---

Fas esse eum quidem, qui donavit, poenitare; heredem vero eripere forsitan adversus voluntatem supremam ejus, qui donaverit, durum et avarum esse.

Verwaltungsrecht einzuräumen, wonach er auch über die Substanz des eingebrachten Vermögens der Frau in gewissen Grenzen verfügen kann. Ihr Eigenthumsrecht wird also weiter eingeschränkt und aufgehoben, als dies durch die Concurrenz eines einfachen Nießbrauches geschieht.

Jeder Ehemann hat auch eine vermuthete Vollmacht von seiner Ehefrau zur Vertretung derselben in ihren Rechtsangelegenheiten. In dieser Beziehung stimmt das römische Recht mit dem allgemeinen Landrechte für die preußischen Staaten überein.[61]) Allein dieser Umstand darf nicht herangezogen werden, um die Rechte des Mannes an den Illaten der Frau zu bestimmen, denn er bezieht sich nur auf solche Angelegenheiten der Frau, welche außerhalb seiner maritalischen Nießbrauchs- und Verwaltungsbefugnisse liegen, in welchen die Frau selbst handeln muß und bei welchen sie nur durch irgend einen Umstand nicht sogleich einschreiten kann. Das Recht des Mannes auf die Früchte und Einkünfte, und zur Verwaltung des eingebrachten Vermögens der Frau ist sein eigenes Recht. Er handelt in dieser Beziehung nicht als Mandatar der Frau und diese kann nicht nach ihrem Belieben eingreifen und nicht das Verhältniß wie eine Vollmacht kündigen oder einschränken. Sein Recht collidirt mit ihrem Rechte und geht ihm vor, so lange nicht ein gesetzlicher Grund eintritt, wonach er desselben verlustig wird. Er kann stets interveniren, wenn die Frau Anstalten trifft oder Rechtsgeschäfte abschließt, durch welche ihre eingebrachten Vermögensstücke seinem Nießbrauchs- und Verwaltungsrechte entzogen werden sollen, und dies hat die Wirkung, daß ihm gegenüber die ganzen thatsächlichen und rechtlichen Verhältnisse unverändert bleiben.

Schmidt faßt das Verhältniß nach dem preußischen Land-

[61]) L. 21. C. De procuratoribus (II. 13) und allgemeines Landrecht §. 119. Tit. 13. Theil I.

rechte so auf, daß der Mann nur der Frau gegenüber als Nießbraucher zu betrachten ist, dritten Personen gegenüber aber als Verwalter der Substanz dastehe. Er sagt:[52]) „Im Verhältniß zur Frau ist der Mann verbunden, seine Verwaltung nur nießbrauchlich zu führen, und jede Disposition, welche über diese Grenze hinausgeht, künftig ihr zu verantworten. Im Verhältniß nach Außen findet dagegen eine Zweiung der Gatten, des Einen als Nießbrauchers und des Andern als Eigenthümers keineswegs statt.“ Es kann dahingestellt bleiben, ob dies in dieser Allgemeinheit die richtige Auffassung des preußischen Landrechtes ist. Jedenfalls trifft es für das brandenburgische Provinzialrecht nicht zu. Vor der Publikation des Landrechtes hat man das Recht des Mannes nur in der Weise betrachtet, daß man ihm ein Nießbrauchs- und ein Verwaltungs-Recht gab und seine Verhältnisse zu Dritten auch hiernach beurtheilte. Man muß daher auch noch jetzt diesen Standpunkt einnehmen und diese beiden Seiten seiner Befugnisse neben einander halten, um sowohl seiner Frau als Dritten gegenüber die Grenzen zu finden, in denen seine Rechte sich bewegen.

Als Nießbraucher hat der Mann in der Mark Brandenburg alle Befugnisse, welche einem Solchen in dem nicht suspendirten Titel 21. Theil I des allgemeinen Landrechtes überhaupt beigelegt sind, und welche auch wesentlich mit den Vorschriften des römischen Rechtes übereinstimmen. Werden Schätze während der Ehe auf den Illaten-Grundstücken der Frau gefunden, so kommen sie ihm jedoch nur in der Weise zu Gute, daß er nur den Nießbrauch daran erhält und sie selbst Bestandtheile des Illaten-Vermögens werden, soweit er oder ein Dritter nicht einen Anspruch auf Finderlohn aus ihnen zu fordern hat.[53])

---

[52]) Familienrecht. S. 166.

[53]) Glück: Kommentar §. 1232. (B. 23. S. 118.)

Schließt er Verträge ab, um die Früchte des Illaten-Vermögens zu verwerthen oder um Vorkehrungen zur wirthschaftlichen Erhaltung desselben zu treffen, so geschieht dies in seinem Namen. Er für seine Person erwirbt dadurch allein Rechte und Pflichten, mag er immerhin den Zweck und die Veranlassung bei dem Abschlusse des betreffenden Rechtsgeschäftes angegeben haben. Es folgt hieraus auch, daß alle Verträge, die er in Bezug auf die Benutzung der Illaten schließt, betreffs der Frau ihre Wirkung verlieren, sobald seine eigenen Rechte erlöschen. Hat er z. B. ein Grundstück der Frau verpachtet oder vermiethet, und stirbt er (ohne daß die Frau seine Erbin wird), so erlöschen diese Pacht- und Miethsverträge, denn die Frau ist nicht Contrahentin. Sie kann ihr Grundstück frei zurückverlangen. Pächter und Miether müssen es räumen, und haben nur einen Regreßanspruch an den Mann und dessen Erben, wenn der Inhalt des Vertrages, den sie mit dem Manne abgeschlossen haben, dies gestattet.

Er haftet dagegen seiner Frau für Dolus und Culpa und muß ihr den dadurch verursachten Schaden ersetzen.[54]) Was den Grad seines Versehens betrifft, welchen er zu vertreten hat, so bestimmt ihn das Landrecht als grobes und mäßiges Versehen und in Betreff von Mobilien als grobes Versehen, während er nach dem römischen Rechte Sorgfalt wie in seinen eigenen Angelegenheiten anzuwenden hat. Da aber die Lehre von der diligentia quam in suis rebus erst in neuerer Zeit und nach der Publikation des Landrechtes aufgeklärt worden ist und das preußische Landrecht in diesem Punkte der älteren Auffassung des römischen Rechtes entspricht, muß angenommen werden, daß das Landrecht in diesem Punkte mit dem Pro-

---

[54]) Allgemeines Landrecht §. 595. Tit. 1. Th. II und §. 132 Tit. 21. Th. I. — Glück: Kommentar §. 1233. (B. 23. S. 118.) — Holzschuher: §. 60. Nr. 11. (B. I. S. 648.)

vinzialrechte übereinstimmt und auch auf die brandenburgischen Eheleute Anwendung findet.

Zweifelhafter kann es erscheinen, ob die Bestimmung des römischen Rechtes noch gilt, wonach der Ehemann durch einen Vertrag mit der Frau im voraus von der Haftung für Culpa sich nicht befreien kann.[55]) Es muß dies aber bejaht werden. Sie ist eine ganz positive und nicht kontroverse Rechtsregel des römischen Rechtes, welche lediglich das Familienrecht betrifft und direkt von den Vorschriften des allgemeinen Landrechtes abweicht.[56])

Im Uebrigen richten sich die Rechte des Mannes, welche er während der Ehe an den Illaten der Frau hat, nach den Bestandtheilen des eingebrachten Vermögens der Frau, da ihm von jeher an den einzelnen Stücken, aus denen die Dos oder die Illaten der Frau bestehen können, verschiedene Rechte eingeräumt worden sind.

XII. Rechte des Mannes an beweglichen, nicht fungibeln körperlichen Sachen, welche zum eingebrachten Vermögen der Frau gehören.

Bewegliche, nicht fungibele körperliche Sachen z. B. Möbel, Haus- und Wirthschaftsgeräthschaften, Betten, Leinenzeug und dergl. mehr, welche zum eingebrachten Vermögen der Frau gehören, kann der Mann nach dem allgemeinen Landrechte frei veräußern und die Frau hat kein Widerspruchsrecht, um ihn daran zu hindern.[57]) Er erhält also nach dem Landrechte während der Ehe alle Befugnisse eines Eigenthümers und daneben besteht nur die Verpflichtung für ihn, daß er für den

---

[55]) L. 6. D. De pactis dotalibus (XXXIII. 4).

[56]) Allgemeines Landrecht §. 595. Tit. 1. Th. II.

[57]) Allgemeines Landrecht §. 247. Tit. 1. Th. II.

Fall der Auflösung der Ehe die vorhandenen Stücke zurückgiebt und für die veräußerten oder verdorbenen Mobilien Ersatz leistet, soweit ihm Vorsatz oder grobes Vergehen nachgewiesen wird.[58]) Schmidt hat deshalb angenommen, daß der Mann hiernach wirklich als Eigenthümer zu betrachten ist. Eine unbefangene Betrachtung des Landrechtes und seiner Vorschrift, daß der Mann über diese Vermögensstücke die freie Verfügung habe, kann auch keinen Zweifel hierüber aufkommen lassen, und die Redaktoren des Landrechtes sind sich hierüber auch durchaus klar gewesen. Suarez sagt: Es ist die Frage aufgeworfen, ob auch Exekutionen in die inferirten Mobilien wegen Schulden des Mannes stattfinden, oder ob die Frau solche vindiciren könne? M. v. muß man ersteres annehmen, weil man sich sonst in inextrikable Weitläufigkeiten und Prozesse verwickelt.[59]) Jetzt kommt aber die Cabinetsordre vom 7. April 1838 in Betracht.[60]) In dieser ist bestimmt, daß die dem Ehemanne beigelegte freie Verfügung über die von der Frau eingebrachten Mobilien nur als eine Erweiterung der ihm ertheilten Verwaltungsrechte anzusehen und lediglich an seine Person gebunden ist, und daß die Frau ihre Eigenthumsrechte an den eingebrachten Mobilien, wenn diese im Wege einer gegen den Mann verhängten Exekution in Beschlag genommen werden, durch eine Interventionsklage zu verfolgen befugt ist, falls nur nicht die Gläubiger durch Handlungen freier Verfügungen des Mannes ein dingliches Recht an den eingebrachten Mobilien erworben haben. Man kann daher der Ansicht von Schmidt nur beitreten, daß durch diese Declaration die Grundsätze des Landrechtes wesentlich durchbrochen sind. Nach dem Landrechte besteht während der Ehe kein Unterschied

[58]) Allgemeines Landrecht §§. 559—561, a. a. O.
[59]) Bornemann. V. §. 319. (S. 94.)
[60]) Ges.-Samml. 1838. S. 255.

in den Rechten des Mannes über seine Mobilien und über die eingebrachten Mobilien seiner Frau. In Betreff dieser liegt nach dem Landrechte ungezweites Gut vor, welches zur alleinigen Verfügung des Mannes steht und seinen Gläubigern gegenüber sich nicht dahin unterscheidet, wo es herstammt.[61]) Jedenfalls ist der Grund, welchen die Cabinetsordre vom 7. April 1838 aufstellt, daß es sich um ein persönliches Recht des Mannes handle, hinfällig, denn wo ein reines Vermögensrecht in der Mitte ist, kann von einem höchst persönlichen Rechte nicht die Rede sein. Bornemann und die Praktiker, welche schon vor der Declaration vom 7. April 1838 der Frau eine Interventionsklage gegen den Gläubiger ihres Mannes wegen ihrer Illaten beilegen wollten und schließlich den Erlaß der Declaration von 1838 durchgesetzt haben, legten denn auch allein Gewicht darauf, daß die eingebrachten Mobilien auch nach den Bestimmungen des Landrechtes noch als Eigenthum der Frau angesehen werden müßten, weil nicht ausdrücklich im Gesetze gesagt sei, die Frau verliere dies, und daß die Frau eine Klage zum Schutze ihres Eigenthumsrechtes haben müsse.

Im brandenburgischen Provinzialrechte ist ein solches Interventionsrecht der Frau zum Schutze ihrer Mobilien gegen die andringenden Gläubiger des Mannes stets anerkannt worden und mit der oben erwähnten Kabinetsordre vom 7. April 1838 ist man zu dessen Grundsätzen eingelenkt. Schon aus dem Jahre 1626 ist uns ein kammergerichtliches Erkenntniß erhalten, wonach die Klage einer Ehefrau gegen den Gläubiger ihres Mannes, der ein Vermögensstück von ihr in Anspruch nahm, für begründet erklärt worden ist,[62]) und seitdem ist stets

---

[61]) Schmidt: Familienrecht. S. 170, 179. §. 27.

[62]) Scheplitz: Consuetudines II. Tit. 120. S. 62. Judicatum den 20. Juni 1626. In Sachen Dorotheen von Hoben, Baltzer von Wil-

so verfahren. Der Grund ist der, daß die Rechte des Mannes an der Dos aufhören und die Frau die Dos zurückfordern kann, wenn der Mann in Vermögensverfall geräth und sein Vermögensfall durch die Verhängung der Exekution in die Dos dargethan wird.[63])

Im übrigen kommt römisches Recht, wie es sich im modernen Gebrauch entwickelt hat, in der Mark zur Anwendung, sodaß der Mann im Prinzipe zwar nicht als Eigenthümer der eingebrachten Stücke anzusehen ist, seine Dispositionsbefugniß über die Sachen jedoch nur beschränkt wird durch die Sicherheit der Frau in Betreff ihres Rückforderungsrechtes. (Capitel II.) Er kann also, wie nach dem preußischen Landrechte, über die eingebrachten Mobilien der Frau während der Dauer der Ehe frei verfügen, und die Frau hat kein Widerspruchsrecht, wenn nicht der Fall vorliegt, daß sie ihre Dos überhaupt zurückfordern kann. Veräußert er die Mobilien, so kann die Frau sie später nicht vindiciren, vielmehr nur Schadensersatz von ihrem Manne verlangen. Verpfändet der Mann die Mobilien nur, so weicht das Provinzialrecht von dem Landrechte ab, denn es kommt nun die Bestimmung Justinians zur Anwendung, wonach das Recht des Pfandinhabers schwächer ist als das der Frau, sobald der Fall eintritt, daß sie ihre Dos zurückverlangen kann.[64]) Jedoch muß dieser Grundsatz dahin einge-

---

merstorffe ehelichen Hausfrawen, eines, und Carl Zandern Beklagten, andern Theils, ist der Bescheidt: daß an die Kette, welche Klägerin Schuld halber hat in Berlin versetzet, der Beclagte sich nicht halten könne, weil dieselbe nicht Wilmerstorffen, sondern Klägerin zustendig. Uxor enim non tenetur pro marito.

[63]) Lex. 24. pr. D. Soluto matrimonio (24. 3.) u. Lex. 29. C. De jure dotium (5. 12.)

[64]) Lex. 30. C. De jure dotium (5. 12). Einem an landrechtliche Anschauungen gewöhnten Juristen kann dies befremdlich erscheinen, da es gegen den Satz verstößt, daß demjenigen, welchem eine Veräußerung freisteht, eine Verpfändung ebenso gestattet ist. Allein die Vorschrift des

schränkt werden, daß ihr Recht nur dann dem des Pfandinhabers vorgeht, wenn dieser bei Erwerbung des Pfandbesitzes gewußt hat, daß die verpfändeten Gegenstände zu dem Vermögen der Frau gehört haben. Hat er die Sachen im guten Glauben als freies Eigenthum des Mannes betrachtet, so kann die Frau sie nur zurückfordern, wenn sie den Pfandschilling erlegt, weil ihm dies als redlichen Besitzer zukommt.

Hiernach ist auch zu erfahren, wenn ein Vermiether wegen rückständiger Miethe Mobilien retinirt, welche der Mann in die Wohnung gebracht hat, welche aber zum eingebrachten Vermögen der Frau gehören. Hat der Vermiether in diesem Falle bei Einbringung der Sachen in die Wohnung gewußt, daß sie nicht dem Manne gehören, so kann er sie wegen der Miethe nicht zurückbehalten und nicht aus ihnen seine Befriedigung suchen. Der Ehemann hat eben nach dem römischen, in der Mark gültigen Rechte nur eine begrenzte Befugniß zur Verpfändung der eingebrachten Mobilien seiner Frau, und die Declaration vom 21. Juli 1846 bestimmt ausdrücklich, daß das Retentions- und Pfandrecht des Vermiethers nur so weit geht, als die Befugniß des Ehemannes zur Verpfändung der eingebrachten Mobilien.[65]) Vorausgesetzt ist dabei, daß die Frau selbst in der Lage ist, ihre Illaten zurückzufordern, denn so lange dies nicht zutrifft, kann der Mann auch nach römischem Rechte die eingebrachten Mobilien der Frau gültig verpfänden.

Veräußert der Mann die eingebrachten Mobilien, so muß er oder sein Erbe dafür Ersatz leisten, wenn der Fall eintritt, daß die Illaten zurückgefordert werden können, denn er haftet

---

römischen Rechtes hierüber ist ganz positiv. Allerdings spricht es nur von Hypotheken, aber es bedarf wohl kaum der Erinnerung, daß Faustpfand vor der Hypothek nach dem römischen Rechte keinen Vorzug gewährt und Ersteres ebenso wie Letztere behandelt werden muß.

[65]) Gesetz-Sammlung pro 1846. S. 326 zu §. 395 Tit. 21. Th. 1 allgemeines Landrecht. — Oben Cap. II S. 17.

für Dolus und grobes Versehen. Er hat aber nicht den Werth, welchen die Sachen zur Zeit der Einbringung, sondern nur den, welchen sie zur Zeit der Veräußerung hatten, zu ersetzen, da er für Verschlechterungen, die durch den Gebrauch ohne sein Verschulden entstehen, nicht haftet. Das Recht die Sachen zu benutzen ist sein Aequivalent für die Kosten des Hausstandes, welche er zu tragen hat. Zinsen von dem Erlöse braucht er aus diesem Grunde auch nicht zu gewähren, es sei denn, daß er mit Erstattung des Erlöses sich im Verzuge befindet.[66])

Die Bestimmung des Landrechtes, daß die Frau statt der fortgekommenen Mobilien diejenigen Stücke wählen könne, die an die Stelle derselben von dem Manne angeschafft sind, ist dem römischen Rechte unbekannt und gilt nicht in der Mark Brandenburg.[67])

Sind die eingebrachten Mobilien dem Manne mit einer Taxe übergeben, so unterscheidet das Landrecht und das römische Recht zunächst, ob diese Taxe zum Zwecke eines Verkaufes an den Mann aufgestellt ist. In diesem Falle kann die Frau nur die Taxe fordern und der Mann auch der Frau wider ihren Willen die Mobilien selbst nicht aufdringen.[68]) Ist dieser Zweck nicht klar ausgesprochen, so streitet man im römischen Rechte, ob aus der Aufnahme einer Taxe eine Vermuthung hergeleitet werden könne, daß venditionis causa ästimirt sei.[69]) Das Landrecht für die preußischen Staaten kennt solche Vermuthung nicht, und ist es wohl auch nach römischem Rechte richtiger, daß die Taxe, wenn nicht der Zweck

---

[66]) Lex. 25 u. 26. D. Soluto matr. (24. 3.)

[67]) §. 560 Tit. 1 Th. II Allgemeines Landrecht.

[68]) Lex. 5 u. 10. C. De jure dotium (5. 12) und §. 563 Tit. 1 Th. II Allgemeines Landrecht.

[69]) Holzschuher: Theorie I. S. 650 (Nr. 17). — Glück 25 S. 30 Note 83.

eines Verkaufes bestimmt ausgesprochen ist, nur zur Information der Frau dienen soll, um ihr für alle Fälle den Beweis des Werthes der eingebrachten Sachen zu erleichtern und zu sichern. Jedenfalls ist dies als bestehendes Provinzialrecht anzusehen, da das Landrecht zur Entscheidung der gemeinrechtlichen Controverse in diesem Punkte herangezogen werden muß.

Ist festgestellt, daß die Taxe der eingebrachten Mobilien nicht zum Zwecke des Verkaufes der Sachen an den Mann erfolgt ist, so hat nach dem preußischen Landrechte die Frau, wenn der Fall einer Rückforderung der Dos eintritt, die Wahl zwischen den Mobilien selbst und deren angeschlagenem Werthe. Nach römischem Rechte ist jedoch nicht streitig, daß in diesem Falle dem Manne, wie jedem Verpflichteten bei einer alternativen Obligation diese Wahl zusteht.[70]) Auch wird er hierin nicht durch den Umstand beschränkt, daß die Sachen inzwischen schlechter geworden sind, wofern dies nur ohne seine vertretbare Schuld geschehen ist, denn die Taxe tritt nur ein, wenn er die Sachen in Natur nicht zurückgeben will oder wegen eigenen Verschuldens nicht zurückgeben kann. Es ist dies daher als bestehendes Provinzialrecht anzusehen.

Wenn die Frau ihre Mobilien, welche die Eigenschaften von Illaten haben, ohne Genehmigung des Mannes veräußert, so hat dies bezüglich der maritalischen Rechte des Mannes nur eine Wirkung, als ob eine dritte, ganz unbetheiligte Person die Veräußerung bewirkt hätte, denn sie kann den Rechten ihres Mannes nichts vergeben. Der Mann kann deshalb von ihr Rückgewähr oder Schadensersatz verlangen. Er kann sich aber auch an den Erwerber halten und Rückgabe der Mobilien von ihm fordern. Ist dieser als ein redlicher Besitzer zu be-

---

[70]) Glück: Pandekten B. 25 S. 18 u. Bd. 27 S. 331. — Holzschuher I S. 650 Nr. 18.

trachten, hat er also nicht gewußt, daß die Frau verheirathet war und die Mobilien zu ihren Illaten gehört haben, so muß der Mann die Sachen allerdings lösen und ihm alles erstatten, was er selbst dafür gegeben hat.[71])

XIII. Rechte des Mannes an baaren Geldern und vertretbaren Sachen, welche zum eingebrachten Vermögen der Frau gehören.

Der juristische Grundsatz, daß ein Nießbraucher von verzehrlichen und fungibeln Sachen mit dem Beginne des Nießbrauches Eigenthum an diesen Sachen erwirbt und nur die Verpflichtung überkommt, bei Beendigung seines Rechtes das Empfangene nicht in specie, sondern nur in gleicher Art, Güte und Quantität zurückzugeben, beruht auf der ökonomischen Nothwendigkeit, daß eine Verwerthung dieser Sachen nicht anders als durch Verbrauch oder Verzehrung ausführbar ist.[72]) Dieselbe wirthschaftliche Nothwendigkeit tritt auch bei der Dos ein, soweit sie aus fungibeln Sachen besteht, da bei ihr der letzte Zweck auch dahin geht, dem Manne eine wirthschaftlich verwerthbare Zuwendung für die Kosten des Hausstandes zu gewähren.

Baares Geld oder fungibele Sachen, welche die Frau dem Manne in die Ehe bringt oder welche sonst als Illaten in den Besitz des Mannes gelangen, werden Eigenthum des Mannes.[73])

---

[71]) Allgemeines Landrecht §. 188 Tit. 7 Th. I und §§. 25 u. 26 Tit. 15 Th. I.

[72]) Si vini, olei, frumenti ususfructus legatus erit, proprietas ad legatarium transferri debet. L. 7. D. De usufructu earum rerum (VII. 5).

[73]) Res in dotem datae, quae pondere, numero, mensura constant, mariti periculo sunt, quia in hoc dantur, ut eas maritus ad arbitrium suum distrahat et quandoque soluto matrimonio

Die Frau kann einzelne Stücke davon niemals vindiciren, vielmehr nur Gewährung gleicher Art, Güte und Menge fordern, wenn der Fall einer Rückgewähr ihres Vermögens eintritt, es sei denn, daß die Gegenstände abgesondert aufbewahrt würden. Inzwischen kann der Mann frei über das Empfangene verfügen, das Geld nach seinem Belieben ausgeben oder zinsbar auf seinen Namen anlegen. Leiht er das Geld auf den Namen seiner Frau aus, sei es mit oder ohne Sicherheit in Pfand oder Hypothek, so präjudicirt dies ihn aber nicht die Frau. Es wird ein auf den Namen der Frau geschriebenes Capital, über welches der Mann, wie unten[74]) gezeigt werden soll, ohne ihre Einwilligung nicht ferner verfügen kann. Dagegen verliert die Frau ihren Anspruch auf Rückzahlung des Geldes an den Mann nur in dem Falle, daß sie ihre Einwilligung zur Anlage des Geldes in der geschehenen Weise gegeben hat. Sie braucht die Forderung statt des Geldes nicht anzunehmen, wenn sie nicht mit der Anlage von vornherein einverstanden gewesen ist. In welcher Form sie ihre Einwilligung zu geben hat, wenn die Summe funfzig Thaler übersteigt, kann zweifelhaft erscheinen.[75]) Die landrechtlichen Juristen, für welche die Frage ebenso liegt, erachten die mündliche Form für genügend, und gehen dabei von folgenden Gesichtspunkten aus. Als ein Vertrag zwischen Mann und Frau könne eine solche Abrede nicht aufgefaßt werden. Das Ganze falle nur unter den Begriff einer Verwaltungsmaßregel, die der Mann mit einem Vermögensstücke der Frau vornehme, welches eben dadurch als das Ihrige bezeichnet werden solle. Die Frau sei Vollmachtgeberin und der Einwand des Dolus stehe ihr entgegen, wenn sie die mündlich ertheilte Genehmigung zur Anlage des Geldes

---

ejusdem generis et qualitatis alias restituat vel ipse, vel heres ejus. L. 42. D. De jure dotium (XXIII. 3).

[74]) Capit. XIV S. 91 u. 94.

[75]) Allgemeines Landrecht §. 131 Tit. 5 Th. 1.

später widerrufen wolle.[76]) Allein dies trifft nicht genau zu. Der Mann wird Eigenthümer der eingebrachten Gelder und fungibeln Sachen, und deshalb kann die Frau darüber nicht als Mandantin verfügen und er nicht die Stelle eines Mandatars übernehmen. Die Sache ist vielmehr so aufzufassen, daß die Anlage der baaren Illaten in einer auf den Namen der Frau geschriebenen Forderung, wenn die Frau hiermit sich einverstanden erklärt, als eine Art Rückerstattung der Dos zu betrachten ist, und daß die Frau hiervon später nicht wieder abgehen kann, weil sie sonst doppelte Befriedigung verlangen würde. Es muß daher eine mündliche Form der Genehmigung der Frau als genügend angesehen werden.

In einem scheinbaren Widerspruch hiermit steht der Rechtsgrundsatz, daß Gegenstände, welche mit Dotalgeldern angeschafft worden sind, dotal werden.[77]) Daß derselbe als bestehendes Provinzialrecht anzuerkennen ist, kann keinem Bedenken unterliegen, da er auf einer klaren Vorschrift des römischen Rechtes beruht.[78]) Gegen die Frau gilt dieser Satz nur in dem Falle, daß sie das Geld selbst verausgabt oder ihre Genehmigung zur Verausgabung des Geldes und zum Ankaufe der erworbenen Sachen ertheilt hat.[79]) Im Uebrigen enthält er ein besonderes

[76]) Conclusum der Gesetzcommission vom 3. Dezember 1793. (Raabe II. S. 542.) Koch: Recht der Forderungen II. S. 43 und Kommentar zum Landrecht §. 7 Tit. 13 Th. I.

[77]) Res, quae ex dotali pecunia comparatae sunt, dotales esse videntur. Lex. 54. D. De jure dot. (23. 3).

[78]) v. Scholtz-Hermensdorf II. 2. S. 31 will dies gegen die Ansicht der Stände nicht gelten lassen, weil es im römischen Recht controvers sei, allein er übersieht, daß das allgemeine Landrecht keine Entscheidung dieser Controverse enthält.

[79]) Constat posse inter uxorem et virum conveniri, ut dos, quae in pecunia numerata esset, permutaretur et transferatur in corpora, quum mulieri prodest. Lex. 21. D. De pact. dot. (23. 4).

Beneficium der Frau gegen den Mann, sodaß sie für den Fall der Auflösung der Ehe solche Gegenstände von dem Manne oder dessen Erben herauszugeben verlangen kann, welche er ausschließlich mit ihren Illatengeldern erworben hat. Sie hat dann die Wahl, ob sie ihre Gelder oder die davon angekauften Sachen nehmen will, und der Mann oder dessen Erben können ihr die Letzteren nicht aufdrängen. Sind es Forderungen, die der Mann mit ihren Geldern für sich erworben hat, so muß sie deren Cession von dem Manne oder dessen Erbe verlangen und kann vor dieser den Schuldner nicht in Anspruch nehmen, denn da der Mann in seinem eigenen Namen gehandelt hat, besteht das Rechtsverhältniß der Forderung zunächst nur zwischen ihm und dem Debenten.[80]) Auch gegen die Gläubiger des Mannes kommt dieser Grundsatz der Frau zu gut. Sie kann zum Zwecke der Freigabe interveniren, wenn Gegenstände, welche der Mann ausschließlich mit ihren eingebrachten Geldern angeschafft hat, von dessen Gläubigern zu ihrer Befriedigung im Zwangsverfahren in Anspruch genommen werden, da die Rechte der Gläubiger nicht weiter als die des Mannes gehen.[81]) In der Konkursordnung vom 8. Mai 1855 war dieser Grundsatz insofern eingeschränkt, als sich darin die Bestimmung befand: die Ehefrau des Gemeinschuldners könne die

---

[80]) Windscheid §. 500 Note 1: Es ist schwer zu begreifen, wie man zwischen lex. 54 c. u. lex. 12 C. §. 12 einen Widerspruch hat finden können. Die letzte Stelle sagt nichts, als daß die Frau an dem mit Dotalgeld Angeschafften durch die Anschaffung nicht Eigenthum erwerbe, aber sie behält der Frau ausdrücklich die dotis actio vor.

[81]) Hymen: Beiträge II. S. 121. Einer Ehefrau in der Kurmark steht wegen der geständlich oder erweislich von ihrem Vermögen angeschafften Sachen, wenn der Mann insolvent geworden, mithin sie sonst wegen ihres Eingebrachten nicht befriedigt werden kann, vindicatio utilis z. B. gegen einen Gutsverpächter, dem die invecta ihres Mannes als Pächters für Pachtreste haften, zu.

während der Ehe angekauften beweglichen und unbeweglichen Sachen, einschließlich der ausstehenden Forderungen und der auf den Inhaber lautenden Papiere nicht als Vindikantin ausgesondert verlangen, wenn diese Sachen aus ihren baar eingebrachten Geldern angeschafft seien, sondern nur dann wenn sie unmittelbar gegen andere Illaten eingetauscht oder mit Geldern erworben seien, welche aus der Veräußerung oder Einziehung von Illatengegenständen der Frau herrührten.[82]) In der Reichskonkursordnung vom 10. Februar 1877 ist diese subtile Unterscheidung nicht aufrecht erhalten, und ganz allgemein vorgeschrieben: die Ehefrau des Gemeinschuldners kann Gegenstände, welche sie während der Ehe erworben hat, nur in Anspruch nehmen, wenn sie beweist, daß dieselben nicht mit Mitteln des Gemeinschuldners erworben sind.[83]) Es kommt also jetzt nicht mehr darauf an, ob die Gegenstände eingetauscht und aus dem oben erwähnten Erlöse angekauft sind, oder ob dazu andere Gelder der Frau verwendet worden sind. Dagegen entsteht jetzt die Frage, ob ein Erwerb der Frau während der Ehe schon angenommen werden kann, wenn der Mann den Ankauf ohne ihre Zuziehung besorgt hat und sie sich vor der Konkurseröffnung über die Genehmigung des Erwerbs noch nicht geäußert hat. Wir möchten dies bejahen, vorausgesetzt, daß die Frau den schwierigen Beweis, daß die Effecten ausschließlich mit ihren Illaten angeschafft sind, zu führen vermag, weil diese Frage lediglich nach dem materiellen, ehelichen Güterrechte zu entscheiden ist.[84])

---

[82]) Konkursordnung v. 8. Mai 1855. §. 88 Nr. 2.

[83]) Reichskonkursordnung v. 10. Febr. 1877. §. 37.

[84]) Vergl. unten Cap. XXII.

XIV. Rechte des Mannes an Forderungen, welche zum eingebrachten Vermögen der Frau gehören.

Sollen nach dem römischen Rechte ausstehende Forderungen zur Dos bestellt werden, so bedarf es dazu einer Delegation oder einer Cession der Forderungen an den Mann. Der Mann erwirbt dadurch die Forderungen mit der Wirkung, daß er sie wie seine Eigenen für sich einziehen kann. Streitig ist hierbei aber, was als Gegenstand der Dos zu betrachten ist, ob der Nominal-Werth der Forderungen oder nur dasjenige, was der Mann als Erfüllung wirklich erhält. Die neueren Juristen[85]) wollen unterscheiden, ob eine Delegation oder eine Cession zur Uebertragung der Forderung auf den Mann gewählt worden ist. Bei der ersteren soll der Mann die Gefahr tragen, also den Nominalwerth sich als Dos anrechnen müssen und hiervon sollen nur die zwei Ausnahmen gelten: 1) daß eine bedingte Forderung delegirt ist und der Schuldner pendente conditione zahlungsunfähig wird, oder 2) daß eine Forderung auf Lieferung einer individuellen Sache delegirt ist und diese untergeht oder verschlechtert wird, bevor der Mann sich im Verzuge mit Beitreibung dieser Sache befunden hat. Bei der Cession der Forderung soll die Frau die Gefahr, daß der Schuldner insolvent wird, tragen und der Mann den vollen Nominal-Werth sich nur anrechnen müssen, wenn er mit der Einziehung der Schuld in Verzug gerathen ist. In beiden Fällen, mag also Delegation oder Cession vorliegen, soll der Mann für den Verlust haften, wenn er eine Novation abschließt, einen Nachlaßvertrag eingeht oder Zinsen von dem Schuldner eintreibt.

---

[85]) Vangerow: Pandekten I. §. 217 Anm. 1 (S. 314 der 2. Ausgabe) und Holzschuher: Theorie und Praxis. §. 60 Nr. 36 u. 37 (I. S. 657 Ausgabe von 1863).

Die älteren Juristen[86]) machen diesen Unterschied zwischen Delegation und Cession nicht und übertragen der Frau in beiden Fällen das Perikulum der Forderung, so daß in der Regel nur dasjenige als Dos gilt, was auf die Forderung wirklich eingetrieben wird. Der Mann hat nach ihnen nur ausnahmsweise sich den Nominal-Werth der Forderung anzurechnen, und zwar wenn er eine Novation abschließt,[87]) einen Stundungsvertrag eingeht,[88]) Zinsen vom Schuldner eingetrieben hat,[89]) oder in einen vertretbaren Verzug bei Einziehung der Schuld verfallen ist.[90]) Er wird jedoch wiederum frei, und haftet nicht für nachsichtige Zögerung bei Beitreibung der Forderung, wenn es sich um eine Schuld des Vaters der Frau oder eines Dritten, welcher die Schuld der Frau geschenkt hat, handelt, weil es als etwas unerhörtes anzusehen sei, wenn die Frau sich darüber beschweren wolle, daß ihr Vater oder ihr Geschenkgeber nicht mit Strenge behandelt worden sei.

Im preußischen Landrechte ist dies anders. Der Unterschied beruht aber nicht sowohl auf dem Wegfall der Delegation oder Cession der Forderung an den Mann, welche zu der Einbringung des Vermögens der Frau in die Ehe nicht mehr erforderlich sind, als auf einer veränderten Anschauung von der Natur einer Obligation. Im römischen Rechte ist diese lediglich eine Klage und es ist eine nahe liegende Consequenz, daß der Mann für die ungesäumte Anstellung und Verfolgung derselben verantwortlich ist, und daß es ihm namentlich nicht gestattet werden kann, für Entgelt, das heißt gegen den Empfang von

---

[86]) Glück: Pandekten §. 1230c. (B. 25 S. 33 ff.)
[87]) Lex. 35. D. De jure dotium (23. 3).
[88]) Lex. 49. cod. und Lex. 66. §. 6. D. Soluto matrim. (24. 3.)
[89]) Lex. 71. D. De jure dotium. (23. 3.)
[90]) Lex. 33. eodem.

Zinsen, ihre Erhebung zu verzögern.[91]) Im preußischen Rechte gelten ausstehende Forderungen dagegen in erster Reihe als bleibende Capitalsanlagen, die zu dem Zwecke geschehen sind, fortlaufende Zinsen für sie zu beziehen. Es erkennt dem entsprechend einen Nießbrauch an Forderungen an und zwar mit der Wirkung, daß der Nießbraucher nicht befugt ist, das Capital der Forderung einzuziehen.[92]) Diese Grundsätze sind auch auf das eingebrachte Vermögen der Frau angewendet und demgemäß ist bestimmt: Capitalien, welche auf den Namen der Frau, ihres Erblassers oder Geschenkgebers geschrieben sind, kann der Mann ohne Bewilligung der Frau nicht einziehen, verpfänden, veräußern oder sonst abhänden bringen. Die Frau ist nur verpflichtet ihre Einwilligung zu geben, 1) wenn nothwendige, die Substanz des Eingebrachten betreffende Ausgaben, welche aus dem Nießbrauche nicht getragen werden können, dergleichen Verfügungen erforderlich machen, 2) wenn der Mann die Einziehung des Capitales wegen besorgter Unsicherheit nöthig findet, 3) wenn das Capital von dem Schuldner selbst gekündigt wird, und 4) wenn der Mann das Capital auf eine andere Art zu nutzen Gelegenheit findet. Verweigert die Frau ihre Einwilligung in Fällen, wo sie dieselbe zu ertheilen schuldig ist, so kann ihre Einwilligung von dem vormundschaftlichen Gerichte nach vorgängiger Untersuchung der Umstände jedoch ohne einen förmlichen Prozeß zwischen Mann und Frau ergänzt werden. In den Fällen zu 2 bis 4 muß der Mann ein solches Capital anderweit auf den Namen der Frau entweder bei sich oder bei einem Dritten gegen hinlängliche Sicherheit wieder anlegen.[93]) Hierzu treten noch die Bestimmungen der Prozeßordnung, daß der Mann wegen der be-

[91]) Si maritus nomen secutus usuras exegerit, periculum ejus futurum. Lex. 71. D. De jure dotium. (23. 3.)

[92]) §§. 101—107. Tit. 21. Th. I Allgemeines Landrecht.

[93]) §§. 233—239. Tit. 1. Th. II Allgemeine Gerichtsordnung.

zeichneten Capitalien nicht allein klagen kann, daß er, wie das Obertribunal zutreffend erkannt hat, ohne Einwilligung der Frau sie nicht kündigen darf, und daß die Frau, wenn sie nur eine Caution oder eine justa causa nachweisen kann, eine Klage wegen solcher Außenstände ihres eingebrachten Vermögens selbstständig und im Widerspruche gegen ihren Mann anstrengen kann.[94]) Wegen dieses letzterwähnten Umstandes haftet der Mann auch niemals für eine unterlassene oder verspätete Klage. Dagegen haftet der Mann in erster Reihe und der Schuldner der Frau in subsidium für alles, was ohne Genehmigung der Frau eingezogen wird.[95]) Das preußische Recht weicht also sehr erheblich vom römischen Rechte ab. Unter Capitalien, welche auf den Namen der Frau oder ihres Autors geschrieben sind, sind nun aber nicht alle Forderungen der Frau zu verstehen, denn es ist nicht abzusehen, weshalb sonst im Gesetze nicht einfach die Bezeichnung: Forderungen oder Außenstände der Frau gewählt wäre. Daß nicht Geldansprüche allein darunter zu begreifen sind, hat das Tribunal schon ausgesprochen, indem es Altentheile der Frau solchen Capitalien gleichgesetzt hat.[96]) Ebenso wäre der Begriff zu eng, wenn man nur Forderungen darunter verstehen wollte, die auf Grundstücken eingetragen, also hypothekarisch versichert sind. Aus dem Worte Capital folgt, daß jede Anlage einer Summe Geldes, die zum Zwecke dauernder Zinsgewinne oder fortlaufender Nutzungen erfolgt ist, darunter zu begreifen ist. Es fällt daher auch die Einlage eines Kommanditisten in eine Kommanditgesellschaft unter den Begriff der auf den Namen der Frau geschriebenen Capitalien.[97])

Ueber die Forderungen der Frau, welche nicht zu den auf

---

[94]) §§. 19—22. Tit. 1. Th. I Allgemeines Landrecht.

[95]) §. 243 u. §. 244. 1. II Allgemeines Landrecht.

[96]) Erk. vom 11. September 1847. Entsch. B. 2 S. 192.

[97]) Art. 161. Deutsches Handelsgesetzbuch.

ihren oder ihres Autors Namen geschriebenen Capitalien gehören, z. B. Ansprüche aus der Gewährleistung, auf Schadensersatz, auf eine Unterlassung u. dgl. mehr, enthält das allgemeine Landrecht in den Titeln vom Familienrechte keine speziellen Bestimmungen. Sie einfach unter die §. 247 II. 1 bezeichneten Mobilien zu begreifen, ist unzulässig, da das Landrecht unter Mobilien nur Möbel, Hausrath und Geräthschaften versteht und diese Legal-Definition für die Auslegung des Landrechtes unbedingt maßgebend ist.[98]) Ebenso findet sich bei den Vorschriften über den Nießbrauch keine Bestimmung über solche Forderungen, denn es wird hier auch nur von Capitalien gehandelt, und deshalb führt die generelle Bestimmung, daß der Mann alle Rechte eines Nießbrauches am eingebrachten Vermögen der Frau habe, auch zu keinem Aufschlusse.[99])

Das Einzige, was auf diese Forderungen zutrifft, ist die Vorschrift des Landrechtes, daß der Mann gerichtliche Angelegenheiten, welche die Substanz des Eingebrachten betreffen, nur mit Hinzuziehung der Frau betreiben kann.[1]) Denn zur Substanz des Eingebrachten gehören alle Forderungen der Frau, welche sie vor der Ehe erworben hat oder die ihr während der Ehe von einem Dritten zufallen, mögen sie auch nur in Ansprüchen auf Zinsrückstände oder andere Nutzungen bestehen. Dieser Vorschrift des Landrechtes steht aber wieder die Bestimmung der Gerichtsordnung, daß der Mann mit Ausnahme gewisser, hier nicht zutreffender Fälle alle gerichtlichen Verhandlungen, welche das Eingebrachte der Frau angehen, auch ohne deren Zuziehung besorgen kann, direkt entgegen.[2]) — In der Praxis hilft man sich deshalb von Fall zu Fall, zieht in der Regel bei Vergleichen und Quittungen über solche Ansprüche

---

[98]) §. 18. Tit. 2. Th. I Allgemeines Landrecht.

[99]) §. 231. 1. II und §. 101. 21. I Allgemeines Landrecht.

[1]) §. 245. 1. II Allgemeines Landrecht.

[2]) §. 22. 1. I Allgemeine Gerichtsordnung.

beide Eheleute zu, läßt aber wieder den Mann als Kläger allein zu, wenn die Frau nicht freiwillig einem deshalb angestellten Prozesse beitritt. Daß aber der Mann für Säumigkeit in Betreibung solcher zum Eingebrachten gehörigen Forderungen der Frau haftbar sei, ist wohl noch nie von einem landrechtlichen Juristen ausgesprochen worden und läßt sich auch nicht rechtfertigen, da der §. 22. 1. I allgemeine Gerichtsordnung dem Manne nur eine Befugniß, aber keine Verpflichtung auferlegt.

Es fragt sich nun, was als bestehendes Provinzial-Recht anzusehen ist, ob das römische Recht oder das preußische Landrecht? Das Richtige ist, daß man hier unterscheiden muß zwischen Capitalien, die auf den Namen der Frau oder ihres Autors geschrieben sind, und anderen Obligationen.

Die rechtliche Natur solcher Capitalien, welche auf Zins ausgethan sind, ist eine andere als die der römischen Obligationen. Ihr Zweck ist, wie schon oben gezeigt worden ist, eine dauernde Anlage und nicht eine Klage. Daß der Mann für jeden künftigen Ausfall des Capitales haften muß, wenn er sich darauf einläßt, die Zinsen zu erheben, statt das Capital einzuklagen, ist ganz unverträglich mit dieser Art von Forderungen. Sind sie, wie wohl die Regel sein wird, auf Hypothek ausgethan — mag dabei eine persönliche Haftbarkeit bestehen oder nicht —, so haben sie mehr von einem Immobiliarrechte als von einer einfachen Obligation. Diese veränderte Rechtsanschauung entspringt nicht aus dem Familienrechte und hat ihre Quelle nicht in den suspendirten Titeln des Landrechtes. Sie beruht auf dem modernen Obligationen- und Hypothekenrechte. Capitalien, welche auf den Namen der Frau, ihres Erblassers oder Geschenkgebers geschrieben sind, müssen als Rechtsobjekte betrachtet werden, welche das römische Recht in dieser Weise nicht kennt. Da nun die Suspension der drei Titel des Landrechtes, welche vom Familienrechte handelt, nur mit der Einschränkung erfolgt ist, daß ein bestehendes römisches Recht sich nachweisen lasse, so kann in Betreff dieser Art von Obligationen der Frau nur das preußische Landrecht in der Mark zur Anwendung kommen.

Bei allen übrigen Forderungsrechten kann dagegen eine solche veränderte Rechtsanschauung nicht behauptet werden. Sie haben noch jetzt wesentlich die Natur der römischen Obligationen. Abgesehen davon, daß die Bestimmungen des preußischen Landrechtes über die Befugnisse des Mannes und der Frau in Betreff dieser Forderungen unklar sind, liegt keine Veranlassung vor, das römische Recht für beseitigt zu erachten. Die Controverse, welche im römischen Rechte bei ihnen obwaltet, dreht sich nur um die Frage, ob der Mann bei einer Delegation solcher Forderungen dieselbe Stellung einnehmen soll, wie bei einer Cession. Sie ist für den usus modernus gegenstandslos, da bei dem eingebrachten Vermögen der Frau eine förmliche und ausdrückliche Ueberweisung ihrer Forderungen an den Mann zum Zwecke ihrer Constituirung als Dos fortgefallen ist und nur die Rede davon sein kann, daß der Mann die Stellung eines Cessionars einnimmt. In Betreff dieser Art von Forderungen der Frau hat der Ehemann in der Mark Brandenburg daher nicht nur die ihm durch die allgemeine Gerichtsordnung beigelegte Befugniß sie allein einzuklagen, sondern auch die Verpflichtung hierzu, und der Frau geht das Recht ab, sie zu verfolgen, sich über sie zu vergleichen und Quittung über sie zu leisten. Was der Mann von ihnen eintreibt, gilt als baar eingebracht. Was ausfällt, büßt die Frau ein, wenn der Mann nicht eine Novation abgeschlossen[3]) einen Stundungsvertrag eingegangen[4]), Zinsen

[3]) Lex. 35. D. De jure dotium. (23. 3.)

[4]) Lex. 49. eodem. und Lex. 66. §. 6. D. Soluto matrimonio. (24. 3.)

statt des Kapitales angenommen[5]) oder ein vertretbares Versehen oder eine vertretbare Zögerung bei ihrer Einklagung begangen hat.[6]) Da aber eine ausdrückliche Art der Uebertragung der Forderungen an den Mann, wie er bei der römischen Dos nothwendig ist, im modernen Rechte fehlt, muß seine Haftbarkeit auf den Fall eingeschränkt werden, daß die Frau ihm rechtzeitige Mittheilung von ihrer Forderung gemacht und ihm vollständige Information zur Begründung des Anspruches gegeben hat. Auch muß noch jetzt als bestehendes Recht angesehen werden, daß der Mann von dem Ersatze des Ausfalles frei bleibt und für nachsichtige Zögerung bei Beitreibung der Forderung nicht haftet, wenn es sich um eine Schuld des Vaters der Frau oder eines Dritten, welcher sie der Frau geschenkt hat, handelt.[7])

XV. Rechte des Mannes an den eingebrachten Immobilien der Frau.

Durch eine Lex Julia de adulteriis ist verordnet, daß der Ehemann ein praedium dotale ohne Einwilligung der Frau weder veräußern noch verpfänden dürfe.[8]) Veräußerungen faßte man im weitesten Sinne.[9]) Justinian bestimmte aber noch, daß die Veräußerung auch ungültig sei, wenn die Frau ihre Einwilligung dazu gegeben habe.[10]) Als Ausnahme gelten,

[5]) Lex. 71. D. De jure dotium. (23. 3.)

[6]) Lex. 33. D. eodem.

[7]) Lex. 33. D. De jure dotium. (23. 3.) — Glück: Pandekten. §. 1230. (25. S. 37.) — Vangerow: Pandekten. I. §. 217 Anm. 1. (S. 314. 2. Ausgabe von 1845.) — Holzschuher: Theorie §. 60 Nr. 35. (I. S. 656. Ausgabe von 1863.)

[8]) L. 4. D. De fundo dotali. (23. 5.) — Oben Cap. II S. 16 u. 17.

[9]) L. 1. C. De fundo dotali. (5. 23.)

[10]) Lex. unica. C. De rei uxoriae act. (5. 13.)

wenn das Grundstück dem Manne venditionis causa zugeschätzt war, wenn der Verkauf vermöge rechtlicher Nothwendigkeit (damni infecti causa) geschah, oder wenn er zum offenbaren Nutzen der Frau erfolgte.[11]) Das canonische Recht hat dann noch den vierten Fall hinzugefügt, wenn die Frau ihre Einwilligung zur Veräußerung mit einem Eide bekräftigt hatte.[12])

Die Frau kann nach dem römischen Rechte die Veräußerung auch während des Bestandes der Ehe anfechten, sobald der Fall eintritt, daß sie die Dos zurückfordern kann.[13]) Streitig ist aber, ob auch dem Manne ein Anfechtungsrecht seines eigenen Geschäftes zustehe. Die älteren Juristen verneinen dies meist, weil ihm der Einwand des Dolus entgegen stehe.[14]) Die neueren Juristen bejahen es dagegen und machen nur die eine Ausnahme, daß der Mann das Recht der Vindication des von ihm verkauften Grundstückes verliere, wenn er nach Auflösung der Ehe die Dos lucrirt habe.[15])

Im usus modernus knüpfte man an diese Grundsätze an, verband aber damit den Gedanken, daß die Frau Eigenthümerin des Grundstückes während der Ehe bleibe und der Mann nur den Nießbrauch oder ein Untereigenthumsrecht daran habe, oder daß es nicht Dotal-, sondern nur Paraphernal-Gut sei. Man gelangte deshalb dahin, die durch Justinian eingeführte absolute Unveräußerlichkeit der Grundstücke der Frau fallen zu lassen und verlangte zu einer gültigen Veräußerung nur, daß beide Eheleute einig sein müßten. Einzelne Juristen

---

[11]) Glück: Pandekten. B. 25 S. 404. §. 1252.

[12]) C. 28. X. De jure jurando. (2. 24.)

[13]) Glück: 25. S. 400. Holzschuher: II. cap. III. §. 60 Nr. 6. (I. S. 646.)

[14]) Stryk: Usus modernus (De fundo dotali) §. 7. — Noodt: Comm. ad pand. de fundo dotali. — Leyser: Medit. 6 u. 7. — Thibaut: System I. §. 448. — Hellfeldt: §. 1251.

[15]) Vangerow: I. §. 217 Anm. 3. (S. 317.) — Glück: §. 1251. (B. 25 S. 402.) — Holzschuher: II. 3. §. 60 Nr. 7. (B. I. S. 646.)

stellten noch als Erforderniß auf, daß der Richter der Frau nach Untersuchung der Sache den Verkauf bestätigen müsse.[16]) Weiter ging kein Rechtslehrer und die Praxis hat dies letzte Erforderniß nicht einmal allgemein anerkannt. Zum Theile aber entschloß man sich nicht, dem Eigenthume der Frau die Wirkung beizulegen, daß sie als Verkäuferin anzusehen sei, und der Mann nur die Rolle eines controlirenden Beistandes einnehme. Man verblieb vielmehr bei der Anschauung des römischen Rechtes, daß der Mann der Disponent über die Dos sei, daß er als Verkäufer zu betrachten sei, und daß die Frau nur als Nebenperson auftrete, welche zwar ihre Genehmigung zur Gültigkeit des Vertrages zu ertheilen habe, aber direkte Rechte und Pflichten gegen den Käufer nicht erlange.

Das preußische Landrecht steht im Allgemeinen auf demselben Standpunkte. Der Ehemann ist der Verkäufer bei der Veräußerung eines Grundstückes der Frau, welches zu ihrem Illatenvermögen gehört. Er erwirbt dadurch den Anspruch gegen den Käufer auf Berichtigung des Kaufgeldes. Er ist es auch, welcher dem Käufer für rechtzeitige und vollständige Erfüllung des Vertrages, also für die Uebergabe, Gewährsmängel u. s. w. haftet. Die Frau hat zwar zu der Gültigkeit des Geschäftes ihre Genehmigung zu geben. Sie tritt aber dadurch nicht in das Geschäft mit ein und wird nicht Mitcontrahentin. Ihre Genehmigung ist nur eine Bestätigung des Geschäftes ihres Mannes, wodurch dieses confirmirt wird, ohne sie gegen den Dritten zu verpflichten oder zu berechtigen.[17]) Das schließt aber nicht aus, daß Alles, was der Mann durch den Verkauf gewinnt, dotal wird und zur Substanz des eingebrachten Vermögens der Frau hinzutritt. Bekommt er einen baaren Kaufpreis, so gilt dieser als ein Illatum in baarem Gelde.

[16]) Struwe: Syntagma. I. Exercit. 30. th. 22. — Claproth: Freiwillig. Gerichtsbarkeit. §. 180.

[17]) Schmidt: Preuß. Familienrecht. §. 24 S. 152.

Wird der Kaufpreis kreditirt, so wird dies so angesehen, als ob der Mann das Geld der Frau ausgethan hätte. Bei Rückerstattung der Illaten muß die Frau aber die Forderung annehmen, da sie die Genehmigung dazu ertheilt hat, wenn der Mann sie ihr nicht baar auszahlen will. Der Mann kann deshalb auch gleich die kreditirten Kaufgelderrückstände auf den Namen der Frau schreiben lassen, wenn ihm dies zweckmäßig erscheint, und die Frau muß sich dies gefallen lassen.

Als bestehendes Provinzialrecht der Mark kann dies jedoch nicht angesehen werden. Es waren nur einzelne Juristen, welche den Mann als Verkäufer des Grundstücks betrachteten. Im Ganzen herrschte die Ansicht vor, daß die Frau als Eigenthümerin des eingebrachten Grundstücks auch die Verkäuferin desselben sei, für die Erfüllung des Vertrages hafte und für Gewährsmängel verbindlich sei, daß der Mann aber den Klagen gegen sie aus seinem Rechte nicht entgegentreten könne und wegen der aus solchen Verträgen herzuleitenden Ansprüche die Exekution in das gesammte Vermögen der Frau sich gefallen lassen müsse, weil er seine Genehmigung zu dem Vertrage ertheilt habe. In der Praxis ist daher hiernach zu verfahren und die Frau als Verkäuferin zu behandeln, welche aus dem Vertrage unmittelbar Rechte und Pflichten überkommt.[17a]) Dagegen stimmt das Provinzialrecht mit dem allgemeinen Landrechte darin überein, daß der erzielte Kaufpreis für das veräußerte Grundstück ein Theil des Illatenvermögens wird, so daß in dieser Beziehung die oben entwickelten Grundsätze auch in der Mark Geltung haben.

Die Frau ist nach dem Landrechte verpflichtet, in die Veräußerung oder Verpfändung ihrer Grundstücke zu willigen, wenn nothwendige, die Substanz betreffende Ausgaben, welche

[17a]) Alle Verträge über Grundstücke der Frauen in der Mark, welche ich einsehen konnte, sind so gefaßt, daß die Frau als Verkäuferin und der Mann als ihr Beistand, der das Geschäft genehmigt, aufgeführt sind.

aus dem Nießbrauche nicht getragen werden können, dergleichen Verfügungen erfordern.[18]) Im römischen Rechte geht man in dieser Beziehung etwas weiter, indem dem Manne die Erlaubniß zur Veräußerung schon beigelegt wird, wenn sie der Frau zum Nutzen gereicht.[19]) In der Praxis wird Beides aber wohl ziemlich zusammenfallen, denn jede beliebige Spekulation des Mannes, die er in der Absicht, das Vermögen der Frau zu vergrößern, vornimmt, kann nimmer mehr als eine Verfügung zu ihrem Nutzen angesehen werden. Die Rechtslehrer des römischen Rechtes fügen deshalb auch häufig das Wort „offenbar" ein, und schränken die allgemeine Regel dahin ein, daß die Frau ihre Genehmigung nur dann ertheilen müsse, wenn ihr Nutzen offenbar und ganz klar dadurch befördert werde. Verweigert die Frau ihre Genehmigung zur Veräußerung oder Verpfändung ihrer Grundstücke in den Fällen, in welchen sie dazu verpflichtet ist, so kann ihre Einwilligung nach dem preußischen Landrechte von dem obervormundschaftlichen Gerichte nach vorhergegangener Untersuchung ergänzt werden.[20]) Im römischen Rechte und im usus modernus ist dies unbekannt. Die oben erwähnte, von einzelnen Rechtslehrern aufgestellte Concurrenz des Richters der Frau zur Bestätigung ihrer Einwilligung hat den Zweck des Schutzes der Frauen, ist aber niemals dahin ausgedehnt worden, daß sie zum Zwange der Frauen benutzt werden kann. Mag der Mann wegen besonderer Uebereinkommen, die er mit der Frau getroffen, oder wegen wirthschaftlicher Nothwendigkeit und Nützlichkeit die Einwilligung der Frau zur Veräußerung oder Verpfändung ihrer Grundstücke fordern, so muß nach dem in der Mark gültigen römischen Rechte in allen Fällen, wo die Frau ihre Geneh-

---

[18]) §. 234. II. 1 Allgemeines Landrecht.

[19]) Ita constante matrimonio permutari dotem posse dicimus, si hoc mulieri utile sit. Lex. 26. D. De jure dot. (23. 3.)

[20]) §. 239. II. 1 Allgemeines Landrecht.

migung verweigert, im ordentlichen Prozesse durch förmliches Urtheil entschieden werden, ob sie schuldig ist, die Einwilligung zur Veräußerung und Verpfändung zu geben.

Veräußert oder verpfändet der Mann ein Illaten-Grundstück ohne die Einwilligung der Frau, so fehlt es im Landrechte an einer Bestimmung, was dann für die Frau Rechtens sei, da dieses nur vorschreibt, wie es gehalten werden soll, wenn der Mann Illaten-Capitalien ohne ihre Einwilligung einzieht. Nach dem römischen Rechte kann die Frau in einem solchen Falle erst, wenn die ganze Dos wieder an sie fällt, das Grundstück vindiciren, doch läuft inzwischen keine Verjährung gegen sie. Es muß dies daher auch als bestehendes Provinzialrecht der Mark angesehen werden, doch kommt der Frau bei Grundstücken, die im Grundbuche eingetragen sind, noch zu statten, daß die Auflassung und Verpfändung ohne ihren Beitritt nicht eingetragen werden kann, bis zu diesem also unausgeführt bleibt. Dagegen kann der Mann sein eigenes Geschäft nicht anfechten, denn für die Praxis ist wohl immer bei der obigen Controverse entscheidend gewesen, daß der Mann seinem Käufer Eviction zu leisten hat und ihm deshalb der Einwand des Dolus wirksam entgegengestellt werden kann. Jedenfalls liegt die Sache so nach dem Landrechte und muß dieses eventuell zur Entscheidung der gemeinrechtlichen Controverse herangezogen werden.

Veräußert die Frau ohne Zuziehung ihres Mannes Grundstücke, welche zu ihrem Illaten-Vermögen gehören, so ist ein solches Rechtsgeschäft für den Mann sowohl nach dem römischen Rechte, als nach dem preußischen Landrechte unverbindlich. Er kann die Grundstücke von dem Käufer zurückfordern. Dagegen fragt es sich, ob die Frau selbst das Geschäft als ungültig aufrufen kann. Nach dem preußischen Landrechte ist dies zu bejahen, weil den Ehefrauen nach ihm die Handlungsfähigkeit fehlt und alle Rechtsgeschäfte, die sie ohne Beitritt ihrer

Männer abschließen, in Betreff ihres Illaten=Vermögens nicht blos relativ, sondern absolut nichtig sind. Nach dem römischen Rechte ist dies dagegen zu verneinen, weil die Frauen durchaus handlungsfähig sind und die rei uxoriae actio, d. h. das Recht, die Dos nach Trennung der Ehe zurück zu bekommen, nicht ein Bestandtheil der Dos, sondern ein außerhalb der Dos liegendes Recht der Frau ist, über welches die Frau ohne Zuziehung ihres Mannes frei verfügen darf. Sie kann die actio rei uxoriae, welche keine rein persönliche Klage mehr ist,[21]) während der Ehe cediren, und wenn sie ein zur Dos gehöriges Grundstück ohne Genehmigung ihres Mannes verkauft, so ist dies unter denselben Gesichtspunkt zu bringen. Es bleiben dann zwar die Rechte des Mannes an dem Dotal=Grundstücke unberührt, die Frau selbst aber ist gebunden und der Käufer kann das Grundstück von ihr verlangen, sobald durch Auflösung der Ehe die Dos an sie fällt. Das Ober=Tribunal hat nun unter dem 29. Mai 1854 erkannt[22]): Eine märkische Ehefrau kann zwar, auch ohne Zuziehung und Einwilligung ihres Ehemannes, persönliche Verbindlichkeiten, namentlich Schuldverbindlichkeiten, mit der rechtlichen Wirkung gültig eingehen, daß diese nach getrennter Ehe gegen sie und ihr Vermögen geltend gemacht werden dürfen, keineswegs aber ist sie befugt, in stehender Ehe ohne Einwilligung ihres Ehemannes Veräußerungsverträge über das eingebrachte Vermögen mit jener Wirkung zu schließen, vielmehr sind solche einseitig eingegangenen Verträge ungültig. Als Grund ist angenommen: dem Güterrecht der Eheleute in der Mark liege das alte Sachsenrecht zu Grunde, nach dem Sachsenspiegel I. Art. 31 und Art. 45 § 2[23]) habe die Frau

[21]) Codex V. 13. De rei uxoriae actione.

[22]) Entsch. B. 29 S. 137.

[23]) En wif ne mach ok ane irs mannes gelof nicht ires gudes vergeven, noch egen verkopen, durch dat he mit ir in den geweren sit.

über Grundstücke nicht ohne ihren Mann verfügen können; dieses Mundium des Mannes über sie sei erhalten; nur der auch dem sächsischen Rechte nicht widersprechende Grundsatz, daß eine Frau persönliche Verpflichtungen einseitig eingehen könne, soweit nur die maritalischen Rechte dadurch nicht geschmälert würden, habe aus dem römischen Rechte in der Mark Eingang gefunden. Allein diese Gründe sind nicht überzeugend. Es ist schon oben im Capitel I. dargethan, daß bereits im Sachsenspiegel und im magdeburgischen Weichbildrechte der Begriff eines solchen Mundiums des Mannes über die Person seiner Frau verschwunden war, und für die Mark sind dies die ältesten Rechtsquellen des sächsischen Rechtes, welche in Betracht kommen können. Jedenfalls fehlt es an einem Anhalte, daß in diesem einzelnen Punkte das altsächsische Recht im Gegensatze zum römischen Rechte sich erhalten und den usus modernus desselben mehr beeinflußt hat, als oben angegeben ist.

Es muß daher als bestehendes Provinzialrecht der Mark angesehen werden, daß eine Frau, welche in stehender Ehe ein Illaten-Grundstück ohne Zuziehung ihres Mannes verkauft oder verpfändet, hierdurch verpflichtet wird, und nur der Ehemann seines Nießbrauches und Verwaltungsrechtes an dem Grundstücke nicht verlustig geht. Ist das eingebrachte Grundstück der Frau im Grundbuche eingetragen, so stellt sich der Ausführung des von der Ehefrau ohne Zuziehung ihres Ehemannes mit einem Dritten über das Grundstück errichteten Rechtsgeschäfts jedoch die bestehende Grundbuchverfassung entgegen, da der Grundbuchrichter von der Frau allein ohne Beitritt ihres Ehemannes weder eine Auflassung ihres Grundstücks zum Zwecke der Eigenthumsübertragung entgegennehmen, noch eine bewilligte Hypothek oder Grundschuld eintragen kann. Der Dritte muß daher mit der Ausführung des mit der Frau über ein solches Grundstück allein abgeschlossenen Geschäfts im Ganzen warten, bis die Ehe durch den Tod eines der Ehegatten oder durch ein rechtskräftiges Scheidungsurtheil aufgelöst wird. Den Kaufpreis oder die Valuta für die Hypothek kann der Dritte gültig an die Frau allein zahlen, denn der Mann gewährt ihm nichts und die Frau ist an sich vertragsfähig, so daß sie der Zuziehung des Mannes nicht bedarf. Sie kann auch gültig verabreden, daß ein Theil des Kaufpreises kreditirt werde und vielleicht hypothekarisch für sie eingetragen werde. Der Mann kann nicht interveniren und Aenderungen verlangen, denn es handelt sich nicht um seine Rechte. Will er kreditirtes Kaufgeld aus einem solchen Kaufvertrage einziehen, so muß er sich von der Frau deren Rechte cediren lassen. Will er das Kaufgeld, das seiner Frau baar ausgezahlt ist, heben, so muß er sich deshalb an die Frau wenden. Es ein zweites Mal von dem Käufer zu fordern, ist er nicht befugt. Giebt ihm die Frau den Erlös ohne Vorbehalt, so wird er Theil des eingebrachten Vermögens. Verweigert sie die Herausgabe, so kann sie dazu nicht verurtheilt werden, denn was sie im Gegensatze zu dem Rechte des Mannes und unter Wahrung seines maritalischen Nießbrauchs und Verwaltungsrechtes erwirbt, wird ihr vorbehaltenes Vermögen, ebenso wie die actio rei uxoriae von Anfang an zu ihrem vorhaltenen Vermögen gehörte, und alles, was sie erhält, nur als ein Aequivalent für die Abtretung derselben erscheint.

XVI. Erwerb der Frau durch ihre Thätigkeit.

Nach dem römischen Rechte ist die Frau verpflichtet in der Wirthschaft und in dem Geschäfte des Mannes nach ihren Kräften thätig zu sein. Was sie in diesen erwirbt, erwirbt sie dem Manne, jedoch versteht man dies nicht von Kunst- und Handwerksarbeiten der Frau, die sie für sich allein betreibt. Der Gewinn aus letzteren gehört der Frau und wächst auch nicht der Dos zu, falls nur die operae domesticae et obsequiales nicht darunter leiden und die Frau die Mehrausgaben, welche dem Manne dadurch entstehen, ihm vergütet.[24])

Im preußischen Landrechte ist dies anders. Hier fällt aller Erwerb der Frau aus ihrer Thätigkeit dem Manne zu und gilt nur dann als eine Vermehrung ihres Illaten-Vermögens, wenn der Mann ihn ihr läßt und ihn zugleich in Grundstücken und Capitalien auf ihren Namen anlegt.[25]) Bornemann nimmt allerdings an, daß der Erwerb der Frau durch operae artificiales, soweit die Frau ihn nicht in der Wirthschaft verwende, eingebrachtes Gut der Frau werde, daß sie die Belegung desselben auf Grundstücke oder Capitalien in stehender Ehe fordern könne, und daß es, wenn solche Belegung einmal geschehen sei, nicht mehr darauf ankomme, ob der Erwerb bei stattfindender Absonderung noch in gleicher Art belegt sei.[26]) Er gelangt hierzu durch eine Betrachtung der Materialien des Landrechtes. Auf ein gezogenes Monitum hatte Suarez gesagt: „In der Natur der Sache ist kein Grund, warum nicht eine Frau, die mit Einwilligung ihres Mannes ein besonderes Gewerbe treibt, ebenso gut wie ein Kind, das

---

[24]) Glück: Pandekten. §. 1223. B. 24 S. 388. — Struben: Rechtliche Bedenken. B. IV. 25. — Thibaut: System I. §. 438. — Holzschuher: Theorie und Casuistik II cap. III. §. 55 Nr. 6. B. I S. 585.

[25]) §§. 211, 219, 220 Tit. 1 Th. II Allgemeines Landrecht. Was die Frau in stehender Ehe erwirbt, erwirbt sie der Regel nach dem Manne. — Grundstücke und Capitalien, die von den Einkünften eines besonderen Gewerbes der Frau angeschafft und zur Zeit der Vermögensabsonderung auf ihren Namen geschrieben sind, gehören zum Vermögen der Frau. — Sie haben aber, wenn das Gewerbe nicht bloß mit dem vorbehaltenen Vermögen der Frau betrieben, oder sonst ein anderes ausdrücklich verabredet worden ist, nur die Eigenschaft des Eingebrachten.

[26]) Bornemann: Preuß. Civilrecht. B. 5 S. 81.

in patria potestate ist, etwas für sich solle erwerben können. Nur würde ich dergleichen Erwerb als ein Illatum betrachten, wovon dem Manne administratio et ususfructus gebührt, insofern sich nicht die Frau beides vorbehalten hat." Auch wollte Suarez, daß die Frau, wenn sie eine Sache oder ein Capital aus diesem Grunde beanspruchte, jedesmal den Beweis führen müsse, daß diese aus ihrem artificiellen Erwerbe angeschafft oder belegt seien. Es wurde aber in der Schlußberathung concludirt: „Soll nur auf Grundstücke und Capitalien eingeschränkt werden, die auf den Namen der Frau stehen;" und in Folge dessen wurden in § 211 Tit. I Th. II A. L.=R. die Worte: „der Regel nach" eingeschoben und die §§ 219 und 220 a. a. O., wie sie jetzt vorliegen, redigirt. Bornemann schließt nun aus diesem Hergange, daß die Redactoren des Landrechtes keineswegs die Absicht gehabt haben, von der Regel des gemeinen und brandenburgischen Rechtes, wonach der Erwerb der Frau durch operae artificiales ihr gehöre, abzuweichen, daß in dem Conclusum, mit welchem die Debatten über den Erwerb der Frau aus einem besonderen Geschäfte schließen, die Meinung des Suarez im Ganzen stillschweigend gebilligt und ihr nur in Ansehung des Beweises eine Modifikation hinzugefügt sei. Allein Bornemann legt dem Schluß=Conclusum eine zu geringe Bedeutung bei. Die Ansicht von Suarez ist durch dasselbe nicht gebilligt, sondern wesentlich verworfen. Die Gesetzrevisoren haben aus dem Zusammenhange der Materialien des Landrechtes nachgewiesen, daß die Redactoren die weitläufigen Processe über die Frage, was Frauengut sei, bei Auseinandersetzungen des Vermögens der Eheleute haben verhindern wollen, und deshalb in § 217 und § 218 a. a. O. bestimmt haben, daß Ersparnisse aus dem Receptitium nur dann der Frau verbleiben sollten, wenn sie auf den Namen der Frau geschrieben seien, sonst aber daran nicht nur die Eigenschaft des Vorbehaltenen, sondern auch das

Eigenthum der Frau für verloren erachtet werden solle.[27]) Dieselbe Absicht hat offenbar bei dem Conclusum für die unmittelbar darauf folgenden §§ 219 und 220 a. a. O. obgewaltet. Nach dem Landrechte gilt daher der Erwerb einer Frau aus ihrer artificiellen Thätigkeit nur dann als ihr eigenes Vermögen, wenn er in Grundstücken und Capitalien belegt ist, und wird immer als Theil des eingebrachten Vermögens betrachtet, wenn das eigene Gewerbe der Frau nicht blos mit ihrem vorbehaltenen Vermögen betrieben wird oder nicht etwas anderes ausdrücklich verabredet ist.[28])

In der Mark Brandenburg gilt dies nicht, da es eine Aenderung des früheren römischen Rechtes enthält. Hier fällt nur der Erwerb, den die Frau in der Wirthschaft und in dem Geschäfte des Mannes macht, dem Manne zu. Ihr anderer Erwerb gehört ihr, und es kommt auch nicht darauf an, ob die Frau diesen mit oder ohne Genehmigung ihres Mannes erlangt hat. Glaubt der Mann, daß sie dadurch ihre Pflichten in seiner Wirthschaft und in seinem Geschäfte versäumt hat, so mag er seinen Schaden liquidiren und von ihr fordern. Der Erwerb der Frau fällt nicht ohne weiteres mit diesem zusammen, kann vielmehr größer oder kleiner sein, je nachdem die Verhältnisse liegen. — Betreibt die Frau nicht blos als Gehülfin, sondern als wirkliche Gesellschafterin des Mannes das gemeinschaftliche Geschäft mit ihm, hat sie ihn z. B. in eine ihr gehörige Handlung als Compagnon aufgenommen, so

[27]) Pensio XV. Mot. z. §§. 164—166 des Entwurfes S. 149. — Bornemann: Pr. Civilrecht 5 S. 85.

[28]) Schmidt: Familienrecht S. 128 trifft hier das Richtige, geht aber zu weit, wenn er annimmt, daß der Mann auch einmal auf den Namen der Frau aus deren artifiziellem Erwerbe angelegte Capitalien wieder einziehen und sich aneignen könne, und daß nur das der Frau verbleibe, was bei Absonderung ihres Vermögens noch wirklich auf ihren Namen geschrieben stehe.

gilt ihr Antheil an dem Geschäft als ihr besonderes Gewerbe und der Gewinn daraus wächst ihrem Vermögen zu.[29])

Eine andere Frage ist es, ob der Erwerb der Frau aus ihrem besonderen Gewerbe nach dem Provinzialrechte der Mark ihr vorbehaltenes oder ihr eingebrachtes Vermögen wird. Scholtz-Hermensdorf entscheidet sich für das Eingebrachte,[30]) allein seine Gründe sind nicht zutreffend. Schon aus der eigenen Motivirung des Suarez geht nicht undeutlich hervor, daß die Redactoren des Landrechtes es als eine Neuerung betrachteten, daß der Erwerb der Frau aus ihrer artificiellen Thätigkeit ein Theil ihres eingebrachten Vermögens werden solle. Scholtz-Hermensdorf beruft sich lediglich auf Kohl, der allerdings nicht sagt, solcher Erwerb werde Receptitium, ihn vielmehr nur für eigenes Vermögen der Frau erklärt, was sie mit ihren anderen Gütern für sich behalte. Aber Kohl versteht überhaupt unter eigenem Vermögen der Frau (extradotale) ihr vorbehaltenes, freies Vermögen im Gegensatze zur Dos, woran er dem Manne allein Rechte einräumt. Das Wort receptitium kommt bei ihm nicht vor.[31]) Ebenso wenig spricht das Erkenntniß des Kammergerichts vom 6. August 1755, welches Scholtz-Hermensdorf anführt, für seine Ansicht, denn in demselben wird nicht darüber geurtheilt, ob dergleichen Erwerb der Frau Receptitium oder dotal sei, sondern nur, ob er der Frau oder dem Manne

---

[29]) Nec dubium, quando ambo conjuges communem negotiationem pariter exercent, quin uxori non minus quam viro lucrum inde quaeratur, nam uxorem cum viro societatem inire et habere posse constat. Kohl: Declaratio accur. Qu. VII. Nr. 31 S. 183. — Bornemann: Preuß. Civilrecht V. S. 83.

[30]) v. Scholtz-Hermensdorf: Provinzialrecht II. 2. S. 33. (Ausg. v. 1834.)

[31]) Si constet, uxorem industria, laborowe suo (puta negotiando vel artificium quoddam exercendo) quaedam durante conjugio acquisivisse, retinebit ea cum caeteris bonis suis. Kohl: Decl. accur. Qu. VII. Nr. 25 S. 181.

zukomme.[32]) Es erscheint als die einfachste Consequenz, daß der Mann keinen Anspruch auf dergleichen Erwerb der Frau hat, weil er außerhalb der Befugnisse entsteht, die dem Manne gegen seine Frau zustehen, er sogar Ersatz des Schadens verlangen kann, den die Frau dadurch in seiner Wirthschaft verursacht. Der Grundsatz, daß dem Manne der Nießbrauch an dem ganzen Vermögen der Frau zusteht, ändert hieran nichts. Er ist durch die Idee bedingt, daß das Vermögen der Frau die Stelle der Dos vertritt und zur Erhaltung der gemeinsamen Wirthschaft heranzuziehen ist. Er trifft nicht zu, wenn die Frau ihre Pflichten gegen die gemeinsame Wirthschaft erfüllt und außerdem einen eigenen Erwerb hat. Die Stände der Mark hatten daher recht, als sie bei den Verhandlungen über die Abfassung eines Provinzial-Gesetzbuches die Aufnahme einer Bestimmung verlangten, wonach in Uebereinstimmung mit dem römischen Rechte alles, was die Frau durch ihre Geschicklichkeit außer der Wirthschaft und dem Gewerbe ihres Mannes erwerbe oder erspare, zu ihrem vorbehaltenen Vermögen gerechnet werde.[33]) In der Praxis wird hiernach stets verfahren, denn Wäscherinnen, Nähterinnen, Fabrikarbeiterinnen, Sängerinnen u. s. w. erhalten ihren Lohn stets ausgezahlt, ohne daß deren Ehemänner zur Quittung zugezogen würden, und es hat sich nicht eine einzige Klage ermitteln lassen, worin die Männer nochmalige Zahlung gefordert hätten, weil sie bei der Zahlung oder Quittungsleistung nicht zugezogen seien.

---

[32]) Erkennen für Recht, daß die Klägerin mit ihrem Gesuche wegen des von ihrem Manne erkauften Hauses abzuweisen, der Klägerin aber unbenommen bleibt, ihr Vorgeben, daß sie nicht nur bei Ankauf des Hauses die zum Angelde bezahlten 300 Thlr., sondern auch die darin verwandten Baukosten, ingleichen sämmtliche während der Ehe acquirirte Mobilien ex separato negotio der Nätherei ohne des Mannes Zuthun angeschaffet, darzuthun. Steyer-Hoffmann'sche Dissertation: Supplement XIII. S. 170.

[33]) v. Scholtz-Hermensdorf: II. 2. S. 33. (Ausgabe von 1834.)

Eine Aenderung tritt hierin aber ein, wenn die Frau selbst ihren Erwerb aus einer artificiellen Thätigkeit dem Manne übergiebt oder in der gemeinsamen Wirthschaft verwendet. Kohl sagt hierüber: „Wenn solcher Erwerb nicht mehr vorhanden ist, so ist zu präsumiren, daß er in dem gemeinsamen Nutzen beider Eheleute verbraucht ist, und der Mann muß nur das, um was er reicher geworden ist, restituiren.“[34]) Es ist dies ganz zutreffend, denn aus der Pflicht der Frau, ihre Thätigkeit in erster Reihe der gemeinsamen Wirthschaft zu widmen, folgt, daß sie allen Erwerb, den sie auf diese verwendet hat, niemals erstattet verlangen kann. Im Uebrigen kommt es darauf an, was unter den Eheleuten bei Ablieferung des Geldes an den Mann verabredet ist. Giebt die Frau ihren Erwerb dem Manne ohne Vorbehalt, so ist anzunehmen, daß er ihn zu dem Zwecke der Verwendung in der gemeinsamen Wirthschaft erhalten hat, und sie kann ihn niemals zurückfordern, soweit der Mann nicht etwa bei Auflösung der Ehe dadurch noch reicher ist. Macht sie bei der Hingabe den Vorbehalt, daß er ihr erhalten bleibe, so gilt er als Illatum, welches ihrem ganzen eingebrachten Vermögen zuwächst und zurückgefordert werden kann, wenn dieses selbst zu restituiren ist. Bedingt sie sich aus, daß sie das Geld jederzeit wieder verlangen könne, so bleibt es ihr vorbehaltenes Vermögen, welches dem Manne nur als Darlehen oder Depositum, wie nun das Nähere verabredet ist, übergeben ist und von der Frau auch in stehender Ehe zurückgefordert werden kann.

---

[34]) Si non existent sed erogati sint, videtur praesumendum, in communem utriusque conjugis usum consumtos esse; eoque non erunt restituendi. At si maritus esset inde locupletior factus, restituere debebit, quatenus est factus locupletior. Kohl: Decl. accur. Qu. VII. Nr. 24 S. 181.

XVII. Erwerb der Frau durch Kauf, Tausch und ähnliche lästige Verträge.

Es kann zweifelhaft erscheinen, ob die Redactoren des allgemeinen Landrechtes den Ankauf von körperlichen Sachen durch die Frau in Betracht gezogen haben, als sie in §. 211 Titel 1 Theil II bestimmten, was die Frau in stehender Ehe erwerbe, erwerbe sie der Regel nach dem Manne. Die Praxis der landrechtlichen Juristen hat aber auch die Frage nach dem Eigenthume von körperlichen Sachen, welche die Frau während der Ehe durch Kauf, Tausch oder ähnliche lästige Verträge angeschafft hat, an diese Bestimmung geknüpft und ist dabei zu folgenden Grundsätzen gelangt: 1) Nicht jede von der Frau bewirkte Anschaffung kann ihr als eine Erwerbung für ihr Vermögen angerechnet werden, wenn sie auch den Preis dafür gezahlt hat, vielmehr müssen noch andere Umstände dafür vorliegen, daß die Anschaffung zu ihrem Eigenthume geschehen sei.[35]) 2) Der Grundsatz des §. 211 a. a. O. findet dann keine Anwendung, wenn die Ehefrau etwas mit Einwilligung ihres Mannes für sich selbst gekauft hat, denn in diesem Falle erwirbt sie das Gekaufte als ihr Eigenthum und es macht für die Frage der Eigenthumserwerbung auch rechtlich keinen Unterschied ob die Frau ihr eigenes Geld oder mit Bewilligung des Mannes dessen Geld zu dem Erwerbe verwendet hat, da hierüber dem übereinstimmenden Willen der Eheleute freier Spielraum gestattet ist.[36])

Für das brandenburgische Provinzialrecht passen diese Entscheidungen nicht, denn die Redactoren des Landrechts sind aus

---

[35]) Erk. d. Obertrib. v. 30. Januar 1874. Striethorst 91 S. 69.

[36]) Erk. d. Obertrib. v. 26. Sept. 1864. Striethorst S. 56, S. 188. Dernburg B. 3 S. 78.

dem Grunde, inextricable Prozesse zu vermeiden, bei Abfassung des §. 211 a. a. O. dahin gelangt, neues Recht zu bilden, welchem in der Mark keine Gültigkeit eingeräumt werden kann.[37]) In der Mark kommt lediglich in Betracht, daß die Frau handlungsfähig ist und ohne Genehmigung ihres Mannes, ja gegen dessen Einspruch durch Verträge in gültiger Weise sich verpflichten und Rechte erwerben kann. Es kommt daher nur darauf an, ob die Frau bei dem Abschlusse des Kaufs, Tausches oder anderer lästiger Verträge, wodurch Eigenthum an körperlichen Sachen erworben wird, im eigenen Namen gehandelt hat, um ihr das Eigenthum der erworbenen Gegenstände zuzusprechen. Am Schlusse seiner Betrachtungen über die mucianische Präsumtion wirft Stryk zwei Fragen auf: Ob der Ehemann das Eigenthum derjenigen Sachen für sich in Anspruch nehmen könne, welche die Frau während der Ehe angekauft habe, und ob der Mann und dessen Erben auf Erstattung des Preises gegen die Frau klagen können, wenn die Frau nicht den Nachweis führe, daß sie aus eigenen Mitteln den Preis berichtigt habe. Er verneint dann die Erste und bejaht die Zweite, indem er ausführt, eine angekaufte Sache trete nicht an die Stelle des bezahlten Preises, es sei nicht darauf zu sehen, mit wessen Gelde eine Sache angekauft werde, sondern wer der Käufer sei, und wer etwas kaufe, von dem müsse angenommen werden, er kaufe nicht für einen Andern, sondern kaufe für sich.[38])

Ob die Frau den Kaufpreis schuldig geblieben ist oder bezahlt hat, und woher sie das Geld zur Bezahlung oder die

---

[37]) Oben Capit. XVI S. 106 und Ges.-Revisoren: Pensio XV. Mot. zu §§. 164—166 des Entwurfs S. 149.

[38]) Pretium non succedit in locum rei, nec respiciendum, cujus pecunia res sit comparata, sed quis comparaverit. Emens rem non censetur eam pro alio quam pro se ipso emere. Stryk: Usus modern. XXIV tit. 1 §. 22 (B. 2 S. 260). Vergl. oben Cap. VII S. 49.

Sachen zum Eintausch genommen hat, hat auf ihren Eigenthumserwerb keinen Einfluß, kann nur dem Manne andere Rechte geben. Sind es Illatengelder, welche die Frau verausgabt hat, so sind die dadurch angeschafften Sachen als Illaten anzusehen, denn die Vorschrift, daß aller Erwerb aus der Dos dotal werde, gilt gegen jeden der Eheleute, der diese Gelder verausgabt.[39]) Sind es andere Stücke des eingebrachten Vermögens, welche sie als Entgeld für die angeschafften Sachen fortgegeben hat, so gilt dasselbe und daneben hat der Mann das Recht, die fortgegebenen Gegenstände vom Erwerber zurückzufordern, da sie seinem Nießbrauche nicht entzogen werden dürfen, wobei aber selbstverständlich auf den guten Glauben des Dritten Rücksicht zu nehmen ist. Hat die Frau den Ankauf oder den Tausch aus dem vorbehaltenen Vermögen bewirkt, so wird der Erwerb auch vorbehaltenes Vermögen. Dabei kommt für alle diese Fragen dem Manne die mucianische Präsumtion zu statten, nach welcher die Frau zu beweisen hat, daß es ihre eigenen und nicht ihres Mannes Gelder und Sachen gewesen sind, welche sie verausgabt hat.

Nur eine Ausnahme kann von der Regel, daß die Frau Alles, was sie in stehender Ehe anschafft, für sich eigenthümlich erwirbt, zugestanden werden, wenn die Frau im Auftrage ihres Mannes gehandelt hat, was namentlich vorliegt, wenn er ihr das Geld zu dem angegebenen Zwecke gegeben hat. Eine rechtliche Vermuthung waltet aber in dieser Beziehung nicht ob, namentlich kann die mucianische Präsumtion auf das Vorhandensein dieses Umstandes nicht ausgedehnt werden, sodaß den Mann die Beweislast trifft. Hat sie aber den Auftrag dem dritten Contrahenten bei Abschluß des Vertrages nicht mitgetheilt, und nur im eigenen Namen gehandelt, so muß

---

[39]) Res, quae ex dotali pecunia comparatae sunt, dotales esse videntur. Lex. 54. D. De jure dotium. XXIII. 3.

auch in diesem Falle der Mann zuvor die Uebergabe der angeschafften Sachen verlangen, bevor er Eigenthümer derselben werden kann.

XVIII. Erwerb der Frau durch Glücksfall.

Nach dem allgemeinen Landrechte wird der Gewinn, welchen eine Frau durch einen Glücksfall, z. B. in der Lotterie macht, Eingebrachtes der Frau, und zwar auch dann, wenn sie das Geld zum Einsatze aus den ihr von dem Ehemanne zur Bestreitung der Wirthschaftskosten gegebenen Geldern entnommen hat.[40]) Das Tribunal hat so erkannt und alle Rechtslehrer sind hierüber einig, indem sie in diesem Falle dem Manne nur das Recht beilegen, Erstattung des Einsatzgeldes für sich zu fordern.

In der Mark gilt dies ebenfalls, da es mit dem römischen Rechte übereinstimmt.[41]) Fraglich ist nur, ob der Gewinn vorbehaltenes Vermögen der Frau wird, wenn sie den Einsatz aus ihrem vorbehaltenen Vermögen entnommen hat. Nach dem Landrechte ist dies wohl zu verneinen, da die Bestimmung, daß Glücksgewinn der Frau dem Eingebrachten hinzutrete, ganz absolut hingestellt ist, die Gesetzrevisoren auch aus den Materialien des Landrechtes festgestellt haben, daß die Redactoren die Spielsucht der Frauen haben einschränken wollen und nach ihrer Absicht der Gewinn der Frau in der Lotterie, auch wenn sie den Einsatz aus dem Vorbehaltenen entnommen habe, Eingebrachtes sein solle.[42]) Dem römischen Rechte ist

[40]) Allgemeines Landrecht II. Tit. 1 §. 212.

[41]) Erk. des Ober-Tribunals vom 7. Dezember 1809 in Simons R. B. I S. 303. — Holzschuher: Theorie und Praxis. Th. II. Cap. III. §. 56 Nr. 10. Ausgabe von 1863 I. S. 599.

[42]) Gesetzrev. Pens. XV. Mot. zu §§. 160—162 des Entw. S. 147. Anders Dernburg B. 3 S. 87.

eine Spielsucht der Frauen und eine Absicht, sie zu beschränken, ganz unbekannt. Es kommt hier vielmehr der Grundsatz zur Geltung, daß das Receptitium der Frau außerhalb der Rechtssphäre des Mannes steht und Gewinn und Verlust desselben ihn nicht berührt. Da dies nicht controvers ist, muß als bestehendes Provinzialrecht der Mark angesehen werden, daß Glücksgewinn der Frau aus einem Einsatze, den sie aus ihrem vorbehaltenen Vermögen entnommen hat, ihr vorbehaltenes Vermögen wird.

XIX. Sicherheit der Frau wegen ihres eingebrachten Vermögens.

Das allgemeine Landrecht und die ältere in der Gerichtsordnung enthaltene Konkursordnung hat in Betreff der Sicherheit, welche der Frau wegen ihres Eingebrachten gewährt wird, ziemlich genau an das römische Recht sich angeschlossen. Im römischen Rechte ging man von dem Grundsatze aus, daß die Substanz der Dos möglichst den Frauen erhalten bleiben müsse und sie deshalb mit Privilegien auszustatten seien.[43]) Unter Justinian gelangte dieser Punkt aber erst zum Abschlusse, und zwar bot sich ihm dazu in erster Reihe die Hypothek im Sinne des römischen Rechtes dar, weil das ganze Recht der Frau an der Dos lediglich in einer Rückforderungsklage bestand und zum Schutze eines Klageanspruches eben nur eine Hypothek möglich war. Sodann schrieb er den Grundsatz vor, daß an vorhandenen Stücken der Dos die Frau als Eigenthümerin betrachtet werden solle, wenn der Fall der Rückforderung ihrer Dos eintrete. Er privilegirte die Frauen also in zwiefacher Richtung.

---

[43]) Reipublicae interest, mulieres dotes suas salvas habere. Lex. 2. D. De jure dot. (23. 3) und Dotis causa perpetua est. Lex. 1. D. eod.

Erstens gab er ihnen ein unmittelbares Recht an der Dos selbst, wonach sie alle Stücke derselben, welche zu der Zeit, wenn die Rückforderung gestattet war, noch in Natur bei dem Manne vorhanden waren, als ihr Eigenthum vindiciren konnten, und wonach dann alle Hypotheken oder Pfandrechte, welche der Mann während der Ehe darauf gelegt hatte, erloschen.[44]) Dieses Recht hat die Frau nach dem allgemeinen Landrechte und nach dem Provinzial-Rechte noch gegenwärtig, da ihr Eigenthum an den Illaten, abgesehen von den baaren Geldern und fungibeln Sachen, die zum Eingebrachten gehören, nach beiden Rechten niemals aufhört. Die Frau kann also die vorhandenen Stücke vindiciren. Sind es Mobilien, so fällt die Bestimmung von selbst fort, daß alle Hypotheken daran erlöschen sollen, weil es in der Mark überhaupt keine Hypotheken an Mobilien giebt. Hat der Mann die Mobilien der Frau zu Faustpfand versetzt, so kann die Frau dagegen sie einlösen und den Pfandschilling gegen ihren Mann liquidiren, wenn sie nicht vorzieht, den Werth der zu Faustpfand weggegebenen Mobilien von dem Manne zu fordern, indem sie ihm überläßt, ob er den Werth erstatten oder durch Einlösung und Rückgabe der Pfandstücke sich davon befreien will. Hat der Faustpfandgläubiger gewußt, daß die ihm verpfändeten Mobilien nicht Eigenthum des Mannes seien, vielmehr zum eingebrachten Vermögen der Frau gehörten, so muß er sie nach unserer oben ausgeführten und auf das römische Recht gestützten Ansicht der Frau ohne Lösung herausgeben und kann sich wegen seines Schadens nur an den Mann halten.[44a]) Sind es Immobilien, so braucht die Frau nur die Hypotheken anzuerkennen, welche sie freiwillig oder durch rechtskräftiges Erkenntniß gezwungen genehmigt hat.

---

[44]) Lex. 30. C. De jure dot. (5. 12.) Oben Cap. II S. 17.
[44a]) Oben Cap. XII S. 80.

Zweitens hat Justinian der Frau wegen ihrer Dos eine Hypothek im gesammten Vermögen des Mannes verliehen, welche allen anderen Hypotheken vorgeht und ihr namentlich ein Vorzugsrecht im Konkurse ihres Mannes gewährt.[45]) Privilegirte Hypothek und bevorzugte Klasse im Konkurse berührten sich eng im römischen Rechte, da die Hypothek sich auf die Mobilien und das ganze Vermögen des Ehemannes erstreckte, also gerade bei der Vertheilung seines gesammten Vermögens unter die Gläubiger zur Geltung kam. Das allgemeine Landrecht hat auf diese Bestimmungen des römischen Rechtes im Prinzipe adoptirt, sie aber insoweit wesentlich geändert, als sein besonderes Hypothekenrecht dies nothwendig machte.[46]) Da das allgemeine Landrecht und das Gesetz vom 5. Mai 1872 über den Eigenthumserwerb und die dingliche Belastung der Grundstücke keine Hypothek an Mobilien und an einem gesammten Vermögen kennen und für jede Hypothek an Grundstücken eine spezielle Eintragung im Grundbuche vorschreiben, ist die Einschränkung eingetreten, daß die Hypothek der Frau wegen ihres Eingebrachten nur für Grundstücke des Mannes gilt und bei diesen auch nur dann eine rechtliche Berücksichtigung findet, wenn sie im Grundbuche eingetragen ist. Die Vorschrift des römischen Rechtes ist daher jetzt zu einem bloßen Titel zu einer Hypothek für die Frau geworden und hat im Landrechte die Form angenommen, daß die Frau, wenn der Mann Grundstücke besitzt, auch ohne seine Einwilligung die ihr wegen ihres Eingebrachten zukommenden Rechte im Grundbuche vermerken lassen kann.[47]) Dazu tritt die Bestimmung des Einführungsgesetzes zur Konkursordnung vom 8. Mai 1855, daß ihr diese Befugniß nur innerhalb eines Jahres nach dem Beginne der Verwaltung des Mannes von ihrem Vermögen oder,

[45]) Lex. 12. Cod. Qui potior in pignore. (8. 18.)

[46]) Schmidt: Familienrecht §. 30. (S. 196.)

[47]) Allgemeines Landrecht II. 1. §. 254.

wenn er die Grundstücke erst nach dem Beginne der maritalischen Verwaltung erwirbt, nur binnen Jahresfrist seit dem Erwerbe der Grundstücke zusteht.[48]) In der Mark Brandenburg gilt dies auch, da es eine nothwendige Consequenz des landrechtlichen Hypothekenrechtes und der Gesetze vom 8. Mai 1855 und 5. Mai 1872 ist und diese für die Mark nicht suspendirt sind.[49]) Es entstehen hierdurch aber zwei neue Bedenken.

Es fragt sich, ob der Grundbuchrichter die Rechte der Frau eintragen muß, wenn sie eine spezielle Genehmigung ihres Mannes hierzu und eine Urkunde, worin der Mann die Höhe der Illaten anerkennt, nicht vorzulegen vermag. Nach dem Gesetze vom 5. Mai 1872, betreffend den Erwerb und die dingliche Belastung von Grundstücken, ist dies zu verneinen, obgleich die Worte des Landrechtes dem anscheinend entgegenstehen, denn nach demselben erfolgen ohne Ausnahme alle Eintragungen von Hypotheken, Grundschulden, Cautionen und Vormerkungen für Privatpersonen nur dann im Grundbuche, wenn der Eigenthümer sie speziell bewilligt oder der Prozeßrichter darum requirirt, oder der Eigenthümer rechtskräftig dazu verurtheilt ist.[50]) Das Recht der Frau beschränkt sich also darauf, daß sie in der oben angegebenen Frist von einem Jahre ihren Mann, wenn er nicht freiwillig eine Hypothek für sie eintragen lassen will, im Wege des Prozesses dazu zwingen kann, und daß der Grundbuchrichter die Eintragung für sie erst ausführen darf, wenn der Mann seine Einwilligung dazu in gehöriger Form gegeben hat, oder wenn er rechtskräftig dazu verurtheilt ist, es sei denn, daß der Prozeßrichter eine Vormerkung schon früher verlangt.

---

[48]) Gesetz vom 8. Mai 1855. Art. XII.

[49]) Durch die Reichskonkursordnung v. 10. Februar 1877 ist hieran nichts geändert.

[50]) Gesetz vom 5. Mai 1872. §§. 8, 19 u. 24.

Eine andere Frage ist die, ob eine zur Sicherheit der Frau wegen ihrer Illaten eingetragene Hypothek oder Caution erlischt, oder ob der Mann einen Löschungsconsens über sie von der Frau verlangen kann, wenn er sein Grundstück, auf welchem die Caution zur Sicherung des eingebrachten Vermögens der Frau eingetragen steht, in stehender Ehe verkauft. Nach dem römischen Rechte würde dies zu bejahen sein, weil die Frau nach diesem nur eine Universal-Hypothek an dem ganzen Vermögen des Mannes hat und diese ihn bis zum Momente der Liquidation nicht hindert, einzelne Stücke daraus zu veräußern. Für die Mark gilt es aber nicht, da gerade durch den Verkauf des Grundstückes die Sicherheit, welche die Frau bei Beginn der maritalischen Verwaltung fand, gefährdet wird und das Recht der Hypothek ihr nur zu dem Zwecke gegeben ist, damit die einmal vorhandene Sicherheit wegen ihrer Illaten durch spätere Handlungen des Mannes nicht geschmälert werde.

Endlich kann die Frau nach dem allgemeinen Landrechte Caution für ihre Illaten von ihrem Manne, wenn er keine Grundstücke besitzt oder die oben erwähnte Frist des einen Jahres abgelaufen ist, noch in dem Falle verlangen, daß sich Umstände ereignen, welche die wahrscheinliche Besorgniß eines bevorstehenden Verlustes begründen.[51]) In der Mark gilt dies auch, da es nur als eine spezielle Anwendung der allgemeinen Grundsätze von den Arresten erscheint.[52])

XX. Schulden der Frau.

Die Bestellung einer Dos für eine Frau schließt nach dem römischen Rechte nicht eine Universal-Succession an den Ehemann in sich. Auch wenn ein Inbegriff von Sachen, ja, wenn

[51]) Allgemeines Landrecht II. 1. §. 255.

[52]) Schmidt: Familienrecht S. 198.

das ganze Vermögen der Frau zur Dos bestellt wird, erhält der Mann nur Rechte an den Gegenständen und Forderungen, woraus sie sich zusammensetzen, ohne daß die rechtliche Persönlichkeit der Frau erlischt und auf ihn übertragen wird. Hat die Frau bei Eingehung der Ehe Schulden, so gehen diese auf den Mann für dessen Person nicht über. Dagegen können die Gläubiger der Frau gegen diese nach wie vor Eingehung der Ehe klagen und wegen ihrer Befriedigung auch ihr zur Dos bestelltes Vermögen in Anspruch nehmen, denn dieses darf sie ihnen nicht entziehen.[53]) Es gilt daher noch jetzt in der Mark, daß wegen aller Schulden der Frau, welche sie vor der Ehe gemacht hat, ihr ganzes in die maritalische Verwaltung des Mannes gelangtes Vermögen haftet und die Substanz desselben von den Gläubigern deshalb in Anspruch genommen werden kann, ohne daß der Mann interveniren und die Erhaltung seines Nießbrauches daran verlangen dürfte. Die Lage der Gläubiger wird durch die Verheirathung ihrer Schuldnerin nicht verändert. Besitzt die Frau kontraktlich vorbehaltenes Vermögen, so kann der Mann, wenn ihm Illatenstücke wegen solcher vor der Ehe entstandenen Schulden der Fran entzogen werden, die Frau anhalten, daß sie diese aus dem vorbehaltenen Vermögen ersetze, die Gläubiger aber kann er nicht zunächst an dieses Vermögen verweisen, vielmehr haben diese die Wahl, an welche Stücke sie sich halten wollen.[54])

Schulden, welche die Frau während der Ehe ohne Zuziehung

[53]) Mulier bona sua omnia in dotem dedit; quaero an maritus quasi heres oneribus respondere cogatur? Paulus respondit, eum quidem, qui tota ex repromissione dotis bona mulieris retinuit, a creditoribus conveniri ejus non posse, sed non plus esse in promissione bonorum, quam quod superest deducto aere alieno. Lex. 72. D. De jure dot. (XXIII. 3.) — Holzschuher I S. 621. — Glück §. 1230. XXV. S. 12. — Oben Cap. I S. 15.

[54]) Das Landrecht stimmt in diesem Punkte mit dem Provinzialrechte überein. Schmidt: Familienrecht S. 143.

ihres Mannes macht, berühren den Mann nicht. Da sein Consens zur Gültigkeit dieser Obligationen nicht erforderlich ist, sind sie Handlungen, welche unter dritten Personen abgeschlossen werden und daher an seinen bestehenden Rechten nichts ändern. Sie geschehen unbeschadet seiner maritalischen Rechte der Verwaltung und des Nießbrauches am eingebrachten Vermögen der Frau.[65]) Die Gläubiger der Frau, deren Ansprüche erst während der Ehe entstanden sind, können dagegen das vorbehaltene Vermögen der Frau sofort zu ihrer Befriedigung in Anspruch nehmen, und der Mann hat kein Recht, hiergegen Einspruch zu erheben. Sie müssen aber den Nachweis führen, daß es wirklich Stücke des vorbehaltenen Vermögens der Frau sind, in welche sie die Vollstreckung des Zwangsverfahrens verlangen, denn eine Vermuthung für receptitium der Frau giebt es nicht.[65a]) Außerdem ist es zu berücksichtigen, daß Ehefrauen in der Mark das Recht der künftigen Rückgewähr ihres Eingebrachten (rei uxoriae actio) jeder Zeit ohne Zuziehung ihrer Männer an dritte Personen cediren, und ebenso Grundstücke und Capitalien, welche zu ihrem eingebrachten Vermögen gehören, mit der Wirkung veräußern können, daß die maritalischen Verwaltungs- und Nießbrauchsrechte ihrer Männer zwar gewahrt bleiben, die veräußerten Objekte aber nach Beendigung des Rechtes der Ehemänner Eigenthum der Contrahenten ohne diese Belastung werden. Es steht daher auch nichts entgegen, daß die Gläubiger einer Frau wegen deren Schulden, welche sie während der Ehe ohne Zuziehung ihres Mannes gemacht hat, zu ihrer Sicherheit schon während der Ehe einen Arrest bei den eingebrachten Grundstücken und Capitalien der Frau dahin eintragen lassen können, daß sie ihnen

[65]) Gutachten des Tribunals vom 9. Januar 1781 und Hofreskripte vom 21. Januar und 11. März 1781. Stengel: Beiträge II S. 65. — Oben Cap. IV S. 39 u. Cap. XI S. 74.

[65a]) Oben Cap. II S. 22 u. Cap. VIII S. 58.

wegen ihrer Ansprüche für den Fall der Beendigung des maritalischen Nießbrauchs- und Verwaltungsrechtes des Mannes verhaftet sind.

Es besteht also ein prinzipieller Unterschied, je nachdem die Schuld der Frau vor oder nach Eingehung der Ehe entstanden ist. Dagegen ist es unerheblich, zu welcher Zeit der Frau ihr eingebrachtes Vermögen zugefallen ist, namentlich ob sie es erst nach Entstehung der Schuld in stehender Ehe durch Erbgang, Geschenk u. s. w. erhalten hat. Mit dem Augenblicke, in welchem es der Frau während der Ehe zufällt, erlangt es die Eigenschaft des Illaten-Vermögens und beginnen die Rechte des Mannes daran. Wegen Schulden der Frau, welche sie während der Ehe ohne Zuziehung des Mannes eingegangen ist, kann auch solches Illaten-Vermögen der Frau, welches ihr erst später durch Erbgang, Geschenk, Legat u. s. w. zufällt, nur wie ihre älteren Illaten in Anspruch genommen werden. Andererseits können wegen ihrer Schulden, die bereits vor Eingehung der Ehe bestanden, auch diejenigen Illaten von den Gläubigern zu ihrer Befriedigung herangezogen werden, welche ihr erst während der Ehe anfallen, denn es kann gerade mit Rücksicht auf diesen Anfall der Credit bewilligt sein, und der Mann muß gestatten, daß alles aus den Illaten gedeckt wird, was die Frau vor Eingehung der Ehe schuldig geworden ist.[56])

Ob die Schulden der Frau durch Kontrakte oder durch Delicte der Frau entstanden sind, ist gleichgültig, denn die Dos haftet nicht besonders für die Delicte der Frau. Dagegen scheidet eine andere Art von Verbindlichkeiten aus.

Das allgemeine Landrecht macht von der Regel, daß der Ehemann für Schulden seiner Frau nicht hafte, folgende vier Ausnahmen, in welchen der Mann durch die Frau persönlich verpflichtet

---

[56]) Oben Note 53 S. 120.

wird: 1. wenn die Frau zu gewöhnlichen Haushaltungsgeschäften oder Nothdurften Waaren oder Sachen auf Borg nimmt; 2. wenn sie Sachen oder Gelder erborgt und zum gemeinschaftlichen Besten beider Eheleute nützlich verwendet; 3. wenn ihr ein Theil des Gewerbes des Mannes überlassen ist und sie in Abwesenheit des Mannes zum Betriebe dieses Gewerbes Schulden macht, mag weder die Verwendung geschehen, noch der gehoffte Nutzen eingetreten sein; 4. wenn der Mann sich entfernt, ohne wegen des Unterhaltes seiner Familie oder wegen des Betriebes seines Gewerbes hinreichende Verfügungen zu treffen, oder wenn er durch Krankheit außer Stand gesetzt wird, wegen Unterhaltung der Hauswirthschaft oder zum Betriebe seines Gewerbes die erforderlichen Anordnungen zu treffen, und die Frau zu diesem Zwecke nothwendige Schulden macht.[57]) In allen diesen Fällen kann der Contrahent der Frau direkt an den Mann sich halten und von ihm und aus seinem Vermögen Befriedigung verlangen. Er muß aber beweisen, daß alle Voraussetzungen vorliegen. In den Fällen zu 1, 2 und 3 darf der Mann dem Dritten, welcher der Frau den Credit gegeben hat, nicht den Einwand entgegensetzen, daß er der Frau hinreichende Gelder zur Besorgung der betreffenden Angelegenheit gewährt habe. Er hat deshalb nur einen Regreß an seine Frau.[58]) Im vierten Falle dagegen muß der Gläubiger, welcher mit der Frau das Geschäft abgeschlossen hat, den Nachweis führen, daß die Frau ohne hinreichende Mittel vom Manne gelassen war, doch wird man ihm auch bei Geschäftsschulden den Beweis freilassen müssen, daß das in Rede stehende einzelne Geschäft nach der Art des Gewerbes des Mannes auf Credit abgeschlossen werden konnte. — Zweifelhaft ist es, ob der dritte Contrahent in den angegebenen vier Fällen sich auch an die

---

[57]) Allgemeines Landrecht II. 1. §§. 321, 324—327.

[58]) Allgemeines Landrecht II. 1. §. 322.

Frau halten kann, so daß er die Wahl hat, ob er sie oder den Mann in Anspruch nehmen will. Nach dem preußischen Landrechte ist dies zu verneinen, weil hier die allgemeine Regel nicht zu beseitigen ist, daß alle ohne spezielle Bewilligung des Mannes gemachten Schulden der Frau in Ansehung ihrer Illaten und ihrer Person nichtig sind, und der Fall nicht vorliegt, daß sie ihr vorbehaltenes Vermögen habe belasten wollen.[59])

Im brandenburgischen Provinzialrechte gelangt man ebenfalls dahin, daß der Mann für die eingegangenen Verbindlichkeiten seiner Frau in den oben erwähnten vier Fällen haften muß, da hier als Grundsatz gilt, daß der Mann die Kosten des Haushaltes und eines standesgemäßen Lebens seiner Frau ohne Ausnahme tragen muß und daß die Frau eine vermuthete Vollmacht in allen seinen Angelegenheiten hat.[60]) Es fallen hier unzweifelhaft auch Schulden für standesgemäße Bekleidung, welche die Frau macht, unter den Begriff der Nothdurften, für welche der Mann persönlich haftet. Daneben bleibt aber das Prinzip im Provinzialrechte stehen, daß die Frau handlungsfähig ist und ohne Consens ihres Mannes sich gültig verpflichten kann.[61]) Es kommt deshalb in der Mark bei der Frage, ob die Frau mitverpflichtet ist, darauf an, was die Frau bei Contrahirung der Schulden verabredet hat. Hat sie ausdrücklich hervorgehoben, daß sie nur im Namen ihres Mannes handle, oder muß bei Gewerbe- oder Geschäftsangelegenheiten

---

59) Schmidt: Familienrecht S. 157. — Bornemann V. §. 323 S. 108.

60) Quando uxor absente marito pro familia sustentanda frumentum vel pecunia mutua sumit, maritus id pro suo debito agnoscere tenetur, quum ipsius sit, uxorem et familiam sustentare. Kohl: Declar. accur. Qu. 5 Nr. 13. (S. 170.)

61) Holzschuher Th. II Cap. II. §. 56 Nr. 12. (Ausgabe 1863. S. 601.)

des Mannes angenommen werden, daß der dritte Contrahent wußte, es handle sich nur um eine Angelegenheit des Mannes, so kann er auch nur an diesen sich halten. Hat die Frau dagegen in eigenem Namen gehandelt, so hat er die Wahl, ob er an sie oder an den Mann sich halten will, und der Frau bleibt nur überlassen, sich mit ihrem Manne auseinanderzusetzen, respective sich an ihn zu regressiren, wenn sie in solchen Fällen in Anspruch genommen wird. Auch kann sie auf Befreiung von der Schuld gegen ihren Mann klagen, wenn sie deshalb von ihrem Contrahenten belangt wird. In der Praxis der brandenburgischen Gerichte wird hiernach verfahren, und es gereicht dies den Frauen nicht zum Nachtheile, denn wie soll eine Frau, deren mittelloser Mann flüchtig geworden ist oder sie sonst verlassen hat, den nothwendigen Credit finden, wenn sie gerade für die unentbehrlichsten Dinge den Dritten auf ihren abwesenden Mann verweisen muß und mit ihrer eigenen Person nicht eintreten kann. Das Provinzialrecht weicht also in diesem Punkte von dem allgemeinen Landrechte ab.

Die Vorschrift des allgemeinen Landrechtes, daß der Mann mit seiner Person und seinem Vermögen den Gläubigern seiner Frau für solche Schulden der letzteren verhaftet sei, in welche er eingewilligt hat,[62]) ist in der Mark Brandenburg vor der Publikation des Landrechtes unbekannt gewesen.[63]) Sie fällt auch aus dem übrigen Systeme des Landrechtes heraus und muß als eine ganz singuläre Bestimmung desselben aufgefaßt werden, denn wenn im Landrechte der Grundsatz, daß Frauen ohne Einwilligung des Mannes sich nicht verpflichten können, einfach verfolgt wäre, so würde dem Consens des Mannes nur die Bedeutung haben beigelegt werden können, daß durch ihn die Verpflichtung der Frau hergestellt, aber eine eigene Schuld

---

[62]) Allgemeines Landrecht II. 1. §. 329.

[63]) Bornemann V. §. 323 S. 109. — Striethorst: Archiv 21 S. 168.

des Mannes nicht begründet werde. Bornemann[64]) und Scholtz-Hermensdorf[65]) haben daher mit Recht ausgeführt, daß diese ganze Vorschrift in der Mark nicht gilt. Nach dem brandenburgischen Provinzialrechte hat die Einwilligung des Mannes zu einer von der Frau contrahirten Schuld nur die Wirkung, daß er später bei einer Zwangsvollstreckung nicht den Einwand machen kann, die dafür in Beschlag genommenen Gegenstände seiner Frau gehörten zu deren Illaten und dürften seinem Nießbrauche und seiner Verwaltung nicht entzogen werden. Sie enthält nur einen Verzicht des Mannes auf seine Rechte an dem Vermögen der Frau in Betreff der genehmigten Schuld, ohne weiter eine Verpflichtung für die Person und das eigene Vermögen des Mannes zu begründen.

In Betreff der Handelsfrauen kommt in der Mark das deutsche Handelsgesetzbuch jetzt auch zur Anwendung.[66]) Es kann daher auch in der Mark keine Frau ohne Einwilligung ihres Mannes Handelsfrau im vollen Sinne des Gesetzes werden. Dagegen gilt jetzt auch in der Mark, daß es als Einwilligung des Mannes anzusehen ist, wenn die Frau mit Wissen und ohne Einspruch desselben Handel treibt, und daß für Handelsschulden einer solchen Handelsfrau ihr ganzes eingebrachtes Vermögen ohne Rücksicht auf die Rechte des Mannes verhaftet ist. Beginnt die Frau gewerbsmäßig Handelsgeschäfte zu treiben und sich als Handelsfrau zu etabliren, und erhebt ihr Mann hiergegen Einspruch, so hat dies in der Mark nicht die Wirkung, daß ihre deshalb unternommenen Geschäfte und Verpflichtungen ungültig oder nichtig werden, oder daß sie gezwungen wird, ihr Unternehmen wieder aufzugeben. Der Einspruch des Mannes hat nur die Wirkung, daß die Handels-

---

[64]) Bornemann V. §. 324 S. 110.

[65]) v. Scholtz-Hermensdorf II. S. 46. Ausg. v. 1834.

[66]) Artikel 7, 8 u. 9.

schulden der Frau nur ihr vorbehaltenes Vermögen, wozu aber aller Erwerb aus dem Geschäfte der Frau gehört, ohne Einschränkung berühren, daß die Rechte des Mannes auf Nießbrauch und Verwaltung an den Illaten der Frau gewahrt bleiben, daß die Handelsgläubiger der Frau an die Illaten sich nur halten können, wenn die Rechte des Mannes aus anderen Gründen fortfallen, und daß der Mann Schadenersatz von der Frau verlangen kann, wenn sie durch Besorgung ihres Handelsgeschäftes die Dienste und Hülfsleistungen versäumt, welche sie in seiner Wirthschaft und in seinem Geschäfte zu verrichten hat.[67])

XXI. Rückforderung des eingebrachten Vermögens der Frau während der Ehe.

Regelmäßig kann das in den Nießbrauch und die gesetzliche Verwaltung des Mannes gekommene Illatenvermögen der Frau von ihr nicht eher zurückgefordert werden, als die Ehe gelöst wird. Nur eine Ausnahme giebt es hiervon, wenn der Ehemann während der Ehe verarmt, und namentlich nicht mehr im Stande ist, der Frau einen standesgemäßen Unterhalt zu gewähren.[68]) Auch dauert die Entziehung seiner Rechte nur so lange, als seine Armuth dauert, und der Mann kann die Rückgabe der Illaten von der Frau zu seiner Verwaltung und zu seinem Nießbrauche wieder fordern, wenn er zu besseren Vermögensverhältnissen gelangt. Verweigert der Mann aus einem andern Grunde der Frau die Gewährung des ihr gebührenden standesgemäßen Unterhalts, so kann sie nicht auf

---

[67]) Vergl. oben Capitel IV S. 40 u. 41.

[68]) Lex. 24 pr. D. Sol. matr. (23. 3.) L. 29 et 30 C. De jur. dot. (5. 12.) Nov. 97 c. 3. Et hoc jure quoque nos hodie uti satis expeditum est, modo paupertas probata fuerit. Stryk: Usus modernus XXIV. 3. §. 8. (B. 2 S. 349.) Glück B. 27 S. 244.

Herausgabe ihres eingebrachten Vermögens, sondern nur auf Zahlung angemessener Alimente klagen und diese im Wege der Zwangsvollstreckung von ihm betreiben lassen.[69]) In das allgemeine Landrecht ist dies unverändert aufgenommen worden, sodaß es mit dem Provinzialrechte der Mark Brandenburg übereinstimmt.[70]) Wenn nach der Entziehung der Verwaltung und des Nießbrauchs neues Vermögen von der Frau erworben wird, welches die Natur des Eingebrachten hat, so behält sie auch dieses in ihrer Verwaltung.[71]) Die Gläubiger des Mannes, welche sich während des Nießbrauches des Mannes an denselben zu ihrer Befriedigung halten können, verlieren dies Recht, wenn und so lange dem Manne sein Nießbrauchs- und Verwaltungsrecht entzogen wird.[72])

XXII. Rechte der Frau im Konkurse über das Vermögen ihres Mannes.

Wird über das Vermögen des Mannes der Konkurs eröffnet, so erlangt die Frau das Recht die Herausgabe ihres eingebrachten Vermögens und aller ihrer Sachen, die sonst in den Besitz des Mannes gelangt sind, zu fordern. Dabei kann sie in dreifacher Weise auftreten: als Vindicantin, als Pfandgläubigerin oder als Liquidantin.

1. Tritt eine Ehefrau mit einem Eigenthumsanspruche auf, so findet die Vorschrift des § 35 der Konkursordnung vom

---

69) Entsch. d. Obertrib. B. 68 S. 29 u. Striethorst: Archiv B. 86 S. 162. Dernburg B. 3 S. 93.

70) §. 256, §. 258 u. §. 712 II 1. Förster §. 208 B. 3 S. 533. v. Scholtz-Hermensdorf, Abth. II. Th. 2 S. 31.

71) Erk. d. Obertrib. bei Strieth. B. 18 S. 104. Förster §. 208. B. 3 S. 534 u. Dernburg B. 3. §. 32 S. 94.

72) Förster §. 208. B. 3 S. 533 u. Dernburg B. 3. §. 32 S. 94.

10. Februar 1877 auf sie Anwendung, nach welcher Ansprüche auf Aussonderung eines dem Gemeinschuldner nicht gehörigen Gegenstandes aus der Konkursmasse auf Grund eines dinglichen oder persönlichen Rechts sich nach den außerhalb des Konkursverfahrens geltenden Gesetzen bestimmen. Es ist daher der Frau alles zuzusprechen, was nach dem bestehenden ehelichen Güterrechte als ihr Eigenthum anzusehen ist, d. h. alle Gegenstände sowohl ihres eingebrachten als vorbehaltenen Vermögens, welche thatsächlich im Besitze des Mannes und der Konkursverwaltung vorhanden sind. Ein Unterschied, ob die beanspruchten Sachen als Dos oder als Receptitium zu betrachten sind, kann hier nicht gemacht werden, da beide zum Eigenthume der Frau gehören. Auch vorhandenes baares Geld, welches unterscheidbar vom Gelde des Mannes geblieben ist, kann sie vindiciren.[73]) Dabei kommt aber die mucianische Präsumtion in der weitesten Ausdehnung zur Anwendung, denn in §. 37 der Konkursordnung ist bestimmt: die Ehefrau des Gemeinschuldners könne Gegenstände, welche sie während der Ehe erworben habe, nur dann in Anspruch nehmen, wenn sie beweise, daß dieselben nicht mit Mitteln des Gemeinschuldners erworben seien. Eine Ehefrau, welche körperliche Sachen, ausstehende Forderungen oder auf den Inhaber lautende Papiere aus der Konkursmasse ausgesondert verlangt, muß daher den Nachweis führen, daß sie dieselben entweder schon vor Eingehung der Ehe eigenthümlich besessen oder daß sie dieselben mit andern Mitteln als denen ihres Mannes erworben hat. Das Erstere ist eine einfache Beweisfrage, das Letztere aber berührt in sofern das materielle Recht, als festzustellen ist, was unter den Mitteln des Mannes zu begreifen ist. Was eine Frau durch Schenkung eines Dritten oder durch eine ihr angefallene Erbschaft erlangt

[73]) Erk. d. Obertrib. in Striethorst: Archiv B. 57 S. 61. Förster B. 3 S. 536. §. 208.

hat, fällt nicht hierunter. Ebenso verhält es sich mit dem Erwerbe einer Frau aus ihrer artificiellen Thätigkeit. Zweifelhafter erscheint es, ob jeder Erwerb der Frau durch Glücksfall von ihr vindicirt werden kann, wie dies in der Konkursordnung vom 8. Mai 1855 §. 88 bestimmt war. Es ist dies aber zu bejahen und ihr ohne Unterschied, ob sie zur Herbeiführung des Glücksfalls einen Einsatz gemacht z. B. ein Lotterieloos gekauft und hierzu die Mittel aus dem Vermögen ihres Mannes entnommen hat, oder nicht, jeder Gewinn zuzusprechen, da der rechtliche Grund desselben nur der glückliche Zufall, aber nicht der gemachte Einsatz ist, und dem Manne resp. dessen Gläubigern nur das Recht zusteht, Ersatz für die zum Einsatze von ihr entnommenen Gelder zu fordern.[74]) Was die Frau durch Kauf, Tausch oder ähnliche lästige Verträge während der Ehe erworben hat, kann sie als ihr Eigenthum nur dann in Anspruch nehmen, wenn sie beweist, daß das dafür gezahlte Geld oder die dafür hingegebenen Sachen zu ihrem eingebrachten oder vorbehaltenen Vermögen gehört haben oder ihr zu diesem Zwecke von Dritten überlassen worden sind, oder daß ihr der Kaufpreis creditirt worden ist. Jedoch kommt hierbei der Grundsatz zur Anwendung, daß alles, was mit Dotalgeldern angeschafft wird, Illatenvermögen wird, sodaß es der Frau keinen Abbruch thut, wenn ein mehrmaliger Umsatz ihrer Illaten während der Ehe stattgefunden hat.[75]) Am bedenklichsten ist die Frage, ob dieser Grundsatz, daß alles dotal werde, was mit Dotalgeldern angeschafft wird, im Konkurse auch dann Platz greifen kann, wenn der Mann den Ankauf oder Umtausch der neu erworbenen Sachen allein besorgt und die Frau bisher noch nicht erklärt hat, daß sie die Sachen statt ihres veraus-

---

[74]) Vergl. oben Cap. XVIII S. 114.

[75]) Lex. 54. D. De jure dotium. (23. 3.) Vergl. oben Cap. XIII S. 86 u. Cap. XVII S. 113.

gabten Geldes beanspruche. Dieselbe ist aber zu bejahen, weil die Gläubigerschaft durch die Eröffnung des Konkurses nicht Eigenthümerin der Konkursmasse wird, und die Frau die mit Dotalgeldern erworbenen Sachen so lange als ihr Eigenthum beanspruchen kann, bis ihr Mann oder dessen Erben sie an einen Dritten veräußert haben.[76]) Geschenke, welche die Frau von ihrem Manne während der Ehe erhalten hat, könnte die Ehefrau hiernach eigentlich nicht als ihr Eigenthum aus der Konkursmasse ausgesondert verlangen, denn sie hat dieselben doch nur aus den Mitteln ihres Mannes erhalten. Die mucianische Präsumtion ist aber niemals auf Geschenke, welche die Frau von dem Manne erhalten hat, bezogen worden. Geschenke unter Eheleuten sind immer nach andern Regeln beurtheilt worden, wobei kein Unterschied gemacht worden ist, ob die Frau oder der Mann der Empfänger der Geschenke war.[77]) In der Reichskonkursordnung vom 10. Februar 1877 ist dies anerkannt, indem den Gläubigern des Cridars in §. 25 Nr. 2 ausdrücklich die Befugniß beigelegt ist, alle in den letzten zwei Jahren vor der Eröffnung des Konkurses von dem Gemeinschuldner vorgenommenen unentgeltlichen Verfügungen seines Ehegatten, mag dies der Mann oder die Frau sein, als ungültig anzufechten. Es muß daher hierin eine besondere Vorschrift über die Geschenke der Eheleute gesehen werden, nach welcher die allgemeine Regel des §. 37 a. a. O. bei ihnen keine Anwendung finden kann. Die von der mucianischen Präsumtion zugelassene Ausnahme, daß sie für Grundstücke und Capitalien ausgeschlossen wird, die im Grundbuche auf den Namen der Frau eingetragen stehen, kann im Konkurse nicht anerkannt werden, da sie in §. 37 a. a. O. nicht erwähnt ist. Die Beweiskraft der Anerkenntnisse des Mannes bezüglich des

---

[76]) Vergl. oben Cap. XIII S. 86.

[77]) Vergl. oben Cap. X S. 63.

eingebrachten Vermögens geht im Konkurse nicht weiter gegen seine Gläubiger als außer dem Konkurse.[78])

Die Konkursordnung vom 10. Februar 1877 bestimmt in §. 1 weiter: „der Nießbrauch, welcher dem Gemeinschuldner während der Dauer des Verfahrens an dem Vermögen seiner Ehefrau nach den Landesgesetzen zusteht, gehört zur Konkursmasse. Aus den Nutzungen kann der Gemeinschuldner die Mittel beanspruchen, welche zu seinem angemessenen Unterhalte und dazu erforderlich sind, um eine gesetzliche Verpflichtung desselben zum Unterhalte seiner Ehefrau (oder zum Unterhalte und zur Erziehung seiner Kinder) zu erfüllen.“ Daß die Frau selbst sich in diesem Falle an die Konkursmasse halten könne und aus ihr etwas beanspruchen könne, ist nicht gesagt. Allein diese ganze Vorschrift hat für das brandenburgische Provinzialrecht nur eine untergeordnete Bedeutung. Zunächst bezieht sich dieselbe nur auf Sachen, welche Früchte oder Revenüen abwerfen, aber nicht auf Gegenstände, welche lediglich zum Gebrauche in der gemeinschaftlichen Wirthschaft der Eheleute bestimmt sind. Möbel, Hausgeräthe, Silberzeug, Glas- und Porzellansachen, Wäsche, Gemälde, Kunstgegenstände, Uhren, Equipagen und dergleichen mehr, welche zu den Illaten der Frau gehören, kann die Frau immer aus der Konkursmasse ausgesondert verlangen und die Gläubigerschaft darf sie nicht benutzen oder vermiethen. Ebenso verhält es sich mit einem Hause oder einem Garten der Frau, welche bisher nicht vermiethet oder verpachtet, sondern von den Eheleuten allein bewohnt oder benutzt worden sind. — Außerdem kommt in Betracht, daß während der Dauer des Konkursverfahrens dem Manne kein Nießbrauch an dem Vermögen seiner Frau zusteht, derselbe vielmehr nach dem in der Mark gültigen römischen Rechte mit dem Zeitpunkte der Konkurseröffnung erlischt.[79])

[78]) Vergl. oben Cap. VII S. 52.

[79]) Si constante matrimonio propter inopiam mariti mulier

Es wäre eine unzulässige Auslegung der Konkursordnung, welche für das ganze deutsche Reich mit den verschiedenen in demselben geltenden ehelichen Güterrechten gegeben ist, wenn man annehmen wollte, sie habe in Bezug auf das Ende des ehemännlichen Nießbrauchs für ein einzelnes bestehendes Güterrecht eine materielle Aenderung treffen wollen. Sie ist nur dahin aufzufassen, daß in den Fällen, in welchen nach den bestehenden Güterrechten trotz der Eröffnung des Konkurses über das Vermögen des Mannes dessen Nießbrauchsrecht an dem Vermögen seiner Frau bestehen bleibt, dieses nicht von dem Gemeinschuldner, sondern von den Konkursgläubigern ausgeübt wird und der Konkursmasse zu Gute kommt. Die ganze Bestimmung über die Fortführung der Verwaltung der Illaten durch die Gläubigerschaft kann daher in der Mark Brandenburg nur auf solche fruchttragenden und Revenüen abwerfenden Gegenstände Anwendung finden, bei welchen ein sofortiger Wechsel der Verwaltung unmöglich ist z. B. bei ländlichen Grundstücken innerhalb des Wirthschaftsjahres und bis zu diesem Zeitpunkte.

2. Als Pfandgläubigerin kann die Frau im Konkurse ihres Mannes auftreten, wenn ihr innerhalb der im Einführungsgesetze vom 8. Mai 1855 erwähnten Frist von einem Jahre eine Hypothek zur Sicherheit für ihr eingebrachtes Vermögen auf den Grundstücken des Mannes eingetragen worden ist.[80])

---

agere volet, unde exactionem dotis initium accipere ponamus? Et constat exinde dotis exactionem competere, ex quo evidentissime apparuerit, mariti facultatem ad dotis exactionem non sufficere. (Lex. 24 pr. D. Sol. matr. XXIV. 3.) Et hoc jure quoque nos hodie uti satis expeditum est, modo paupertas probata fuerit. Stryk: Usus modernus XXIV 3. §. 8 (B. 2 S. 349). Carpzov P. 1 C. 28 Def. 69. Glück B. 27 S. 244.

[80]) Lex. 12. Cod. Qui pot. in pign. (8. 18). Lex. 29. Cod. De jure dot. (5. 12) und Nov. 97 c. 6.

Diese Hypothek müssen die Konkursgläubiger des Mannes sich gefallen lassen, mögen ihre Ansprüche auch älter sein als die Eintragung der Hypothek, denn in ihr besteht die Sicherheit, welche die Frau von dem Manne für ihr gesetzlich in seine Verwaltung gekommenes Vermögen nach dem bestehenden Rechte fordern konnte.[81]) Dagegen verliert die Hypothek ihre Wirkung und kann von den Konkursgläubigern angefochten werden, wenn die Frist des einen Jahres zur Eintragung versäumt ist, der Gemeinschuldner die Bestellung der Hypothek erst in den letzten zwei Jahren vor der Eröffnung des Konkurses vorgenommen hat und er auch nicht durch einen vor diesem Zeitraume geschlossenen Vertrag zur Einräumung der Hypothek besonders verpflichtet war.[82]) Auch können die Gläubiger die Höhe der in dem Grundbuche eingetragenen Illaten bestreiten und die Frau muß dann beweisen, daß ihr eingebrachtes Vermögen wirklich die angegebene Höhe erreicht hat. Dabei sind Quittungen, Anerkenntnisse oder Zugeständnisse, welche der Gemeinschuldner seiner Ehefrau gegenüber vor oder nach geschlossener Ehe abgegeben hat, unerheblich, sofern nicht ihre Richtigkeit anderweit nachgewiesen wird.[83])

Sonst kann die Frau als Pfandgläubiger im Konkurse über das Vermögen ihres Mannes nur noch concurriren, wenn sie aus ihrem vorbehaltenen Vermögen ihrem Manne Darlehne gegeben oder aus diesem Vermögen auf andere Weise eine Forderung an ihn erworben hat, und der Gemeinschuldner ihr hierfür Pfand oder Hypothek bestellt hat. Die Beweislast, wie sie oben erwähnt ist, trifft aber auch hier die Frau, sodaß Anerkenntnisse des Mannes nichts gegen die Gläubiger darthuen.

---

[81]) Vergl. oben Capit. XIX S. 117.

[82]) Konkursordnung v. 10. Febr. 1877. §. 25 Nr. 2.

[83]) Vergl. oben Cap. VII S. 52.

3. Soweit die Frau des Gemeinschuldners nicht durch ihr Aussonderungsrecht oder durch ein Pfandrecht befriedigt wird, steht derselben wegen ihres in die Verwaltung des Mannes gekommenen Illatenvermögens ein Anspruch als Konkursgläubigerin zu. Die Liquidation erfolgt in der Weise, daß sie die baar eingebrachten Gelder, den Erlös eingezogener Capitalien und Forderungen und den Werth für veräußerte körperliche Sachen, welchen sie zur Zeit der Veräußerung hatten, in Ansatz bringen darf, wenn nicht etwa die zuletzt erwähnten Sachen dem Manne mit einer venditionis causa aufgenommenen Taxe übergeben worden sind.[84]) Die früher wegen dieser Ansprüche den Frauen eingeräumte bevorzugte Klasse vor den übrigen Konkursgläubigern ist jetzt durch die Konkursordnung vom 10. Februar 1877 aufgehoben.

Die Bestimmungen des allgemeinen Landrechtes, daß eine Frau allen anderen Gläubigern des Mannes mit ihren Ansprüchen nachgeht, wenn sie ihren Mann zu einer verschwenderischen Lebensart verleitet oder in seiner Abwesenheit sein Vermögen übel verwaltet, und dadurch zu seinem Vermögensverfalle Anlaß gegeben hat,[85]) war schon durch die Konkursordnung vom 8. Mai 1855 beseitigt worden, da diese die gesammten Rechte der Frau im Konkurse über das Vermögen des Mannes regelte, dieselbe aber nicht erwähnte. In der Konkursordnung vom 10. Februar 1877 ist sie nicht erwähnt. In der Mark Brandenburg aber hat diese Vorschrift niemals gegolten, da sie dem römischen Rechte unbekannt war.

---

[84]) Vergl. oben Cap. XII u. XIV S. 80 u. S. 92.

[85]) Allgemeines Landrecht Th. II Tit. 1. §. 274 u. §. 275.

XXIII. Recht der Gläubiger, die Rechtshandlungen der Eheleute anzufechten.

Abgesehen von dem Rechte der Gläubiger eines Ehegatten Rechtshandlungen desselben anzufechten, die er mit seinem anderen Ehegatten nur zum Scheine oder in der dem anderen Theile bekannten Absicht, seinen Gläubiger zu benachtheiligen, vorgenommen hat, ist ihnen in- und außerhalb des Konkurses über das Vermögen des Ehegatten ein besonders Anfechtungsrecht bezüglich der unter Eheleuten gemachten Rechtsgeschäfte beigelegt. In der Mark Brandenburg gilt in dieser Beziehung aber kein besonderes Provinzialrecht, vielmehr kommen lediglich die Vorschriften der Reichskonkursordnung vom 10. Februar 1877 und des Reichsgesetzes vom 21. Juli 1879 zur Anwendung.

XXIV. Rechte der Ehefrau an ihrem aus dem Konkurse über das Vermögen ihres Mannes geretteten Vermögen.

Ueber dasjenige, was die Frau aus dem Konkurse des Mannes rettet, was sie also als Vindicantin, als Pfandgläubigerin oder als Liquidantin aus der Konkursmasse bekommt, erhält sie nach dem allgemeinen Landrecht die freie Verfügung, Verwaltung und Nutzung.[86]) Ebenso verhält es sich mit Vermögensstücken, die ihr erst nach der Eröffnung des Konkursverfahrens über das Vermögen ihres Mannes zufallen und zu ihrem eingebrachten Vermögen gehören würden, wenn der Konkurs nicht stattgefunden hätte, denn der Vermögensverfall des Mannes hat ein für alle mal die Wirkung, daß sein Verwaltungs- und Nießbrauchsrecht an dem Vermögen der Frau

---

[86]) Allgemeines Landrecht II. 1. §. 261.

aufhört.[87]) Das allgemeine Landrecht fügt aber die Einschränkung hinzu, daß aus den Einkünften des geretteten Vermögens der nöthige Unterhalt des Mannes nebst der Verpflegung und Erziehung der mit ihm erzeugten Kinder besorgt werde, und daß die Verwaltung der Frau in diesem Falle eben den Einschränkungen von Seiten des Mannes unterworfen sei, welche sonst von der Verwaltung des Mannes von Seiten der Frau stattfindet.[88]) Im römischen Rechte liegt die Sache ebenso, nachdem Justinian bestimmt hat, daß die Frau während des Lebens des Mannes und des Bestehens der Ehe alles, was sie von der Dos aus dem Konkurse des Mannes erhält, nicht veräußern, vielmehr nur zu ihrem, ihres Mannes und ihrer Kinder Unterhalte benutzen dürfe.[89]) Es stimmt also das allgemeine Landrecht in diesem Punkte mit dem Provinzialrechte überein.

Das Recht des Mannes, die Verwaltung der Frau bei dem geretteten Vermögen zu controliren, ist ein persönliches Recht desselben. Wenn der Fall eintritt, daß seine Concurrenz bei einer Rechtshandlung seiner Frau nothwendig wird, so wird er nicht von der Gläubigerschaft seines Konkurses oder dem Verwalter seiner Konkursmasse vertreten, mag auch das Verfahren noch anhängig sein. Er muß auch während des Konkurses persönlich seine Genehmigung zu allen Rechtshandlungen der Frau geben, welche sie nicht allein gültig vornehmen kann.

---

[87]) Erk. d. Obertrib. bei Striethorst B. 18 S. 104. Förster §. 208. B. 3 S. 534. Dernburg B. 3 S. 94.

[88]) Allgemeines Landrecht II. 1. §. 262 u. §. 263.

[89]) Ita tamen ut eadem mulier nullam habeat licentiam eas res alienandi vivente marito et matrimonio inter eos constante, sed fructibus earum ad sustentationem tam sui, quam mariti filiorumque, si quos habeat, abutatur. Lex. 29. C. De jure dot. (V. 12) und Nov. 97 cap. 6 pr.

Ist dem Manne sein Nießbrauchs- und Verwaltungsrecht an den Illaten der Frau wegen seiner Verarmung genommen, ohne daß die förmliche Eröffnung des Konkurses über sein Vermögen stattgefunden hat, so hat er an den dadurch in die Verwaltung der Frau gekommenen Gegenständen dieselben Rechte wie an Sachen, welche die Frau von ihren Illaten aus dem Konkurse gerettet hat, da ein materieller und ein formeller Konkurs in dieser Beziehung gleich gestellt ist.

Zweites Buch.

Gesetzliches Erbrecht der Eheleute.

XXV. Die Constitution des Kurfürsten Joachim I. vom Mittwoch nach Franziscus 1527 über das gesetzliche Erbrecht der Eheleute.

In dem ersten Titel mit der Ueberschrift: erbfelle zwischen eheleute handelt die Constitution des Kurfürsten Joachim I. vom Mittwoch nach Franziscus (den 9. October) 1527 in folgender Weise von dem gesetzlichen Erbrechte der Eheleute: Setzen und ordnen. Welches von eheleuten des andern tod erlebt, behelt nach alter gewonheit das halbgut an liegenden gründen und farender habe. Jedoch sol erstlich dienstlon und schulde zůvor aus den gemeinen gut bezalt werden, und nachfolgig testament, so etwas obrig, von des verstorben erbnemen gegulden und bezalt werden. Das ander halbteil sollen haben die ehelichen leibserben, so die vorhanden sein, oder so die nicht weren, die nechsten freunde nach keiserrecht. So aber kein angesipter freund da were, denn nimpt das halbteil die herrschafft. Die hier erwähnte, seit Einwanderung der Deutschen in der Mark Brandenburg geltende Halbtheilung wurde in der Weise ausgeführt, daß das Vermögen beider Eheleute bei dem Tode eines Ehegatten zu einer Masse vereinigt und hiervon die eine Hälfte dem überlebenden Ehegatten und die andere

Hälfte den übrigen Erben des Verstorbenen zugetheilt wurde, und dies gilt noch gegenwärtig als regelmäßiges statutarisches Erbrecht des überlebenden Ehegatten in der Mark. Da des gemeinen guts der Eheleute ausdrücklich gedacht wird, hat niemals ein Zweifel darüber geherrscht, daß nur diese Theilung in der Joachimischen Constitution gemeint ist.[90])

Bis zum Erlasse der Constitution von 1527 war das römische Recht in der Mark wenig bekannt und nicht recipirt. Unter Testament ist in der oben angeführten Stelle nicht eine letztwillige Disposition mit einer Erbeseinsetzung im Sinne des römischen oder des heutigen Rechtes zu begreifen, vielmehr bedeutet Testament hier und in der ganzen Constitution nur eine letztwillige Zuwendung von einzelnen Vermögensstücken im Gegensatze zur gerichtlichen Vergabung und zwar speziell nach Anhalt des canonischen Rechts eine der damals üblichen letztwilligen Zuwendungen zu Seelenmessen oder andern frommen Zwecken an die Kirche.[91]) Aus dem Hinweise auf die alte Gewohnheit, welcher bei dem Erbrechte der Eheleute gemacht wird, und aus der kurzen Art und Weise, in welcher dasselbe überhaupt behandelt wird, muß gefolgert werden, daß bei Abfassung der Constitution von 1527 die Absicht obgewaltet hat, an dem bestehenden Rechte in dieser Beziehung nichts zu ändern. Nur auf die Entscheidung zweier Streitfragen oder zweifelhafter Punkte bezüglich des gesetzlichen Erbrechts des überlebenden Ehegatten scheint es angekommen zu sein. Wie es erstens mit den vorhandenen Schulden der Eheleute, namentlich dem rückständigen Lohne des Gesindes, und zweitens mit den erwähnten üblichen, an die Kirche zu Seelenmessen oder andern frommen Zwecken gemachten letztwilligen Zuwendungen des Erblassers gehalten werden solle? Ob diese aus

---

[90]) Hoc ita de consuetudine observari omnibus incolis notum est. Scheplitz III. 2, 165. Steyer S. 34 (Ausgabe v. 1761).

[91]) Vergl. unten Cap. XXX.

der durch die Verbindung des Vermögens der beiden Eheleute gebildeten Nachlaßmasse berichtigt werden sollten, oder ob der überlebende Ehegatte die Hälfte dieser Masse unverkürzt erhalte, und nur aus der andern Hälfte die Schulden zu bezahlen und die erwähnten Zuwendungen an die Kirche abzuführen seien? Die Entscheidung ist dann dahin getroffen, daß die gesammte, durch die Vereinigung der Vermögen beider Eheleute zu bildende Nachlaßmasse nur für die Berichtigung der Schulden hafte, jene letztwilligen Zuwendungen aber aus der den Miterben zufallenden zweiten Hälfte allein zu berichtigen seien, und der überlebende Ehegatte dazu nichts beizutragen habe, er also durch solche letztwilligen Verordnungen nicht belastet werde. Aus den Wörtern erstlich und nachfolgig geht hervor, daß diese Reihenfolge gemeint ist, und wenn bei dem Testamente die erbnemen erwähnt werden, so ist dies als ein Gegensatz zu dem gemeinen gut aufzufassen, dessen bei dem Dienstlohne und den Schulden gedacht ist. Als demnächst im Laufe des sechszehnten Jahrhunderts das römische Testament in der Mark Brandenburg bekannter wurde und mehr und mehr Eingang fand, auch die kirchliche Reformation eingeführt wurde, gerieth die Bestimmung der Constitution von 1527 über die Zuwendungen an die Kirche in Vergessenheit und wurde obsolet, während die Vorschrift derselben über die Berichtigung der Schulden einschließlich des Dienstlohns noch im heutigen Provinzialrechte zu erkennen ist. In der ersten Zeit nach der Reception des römischen Testaments interpretirte man die Bestimmung, daß nur die Miterben des überlebenden Ehegatten ein Testament des zuerst verstorbenen Ehegatten gelten lassen müßten, dahin, daß jeder Ehegatte überhaupt nur über die Hälfte des gemeinsamen Vermögen testiren könne.[92])

---

[92]) Maritus vel uxor non nisi de dimidia parte bonorum dispositionem facere potest. Scheplitz p. III tit. 2. §. 7 No. 11 (S. 157).

Von uneingeschränkter Gültigkeit ist der letzte Satz der oben aus der Joachimischen Constitution angeführten Bestimmung, so kein angesipter freund da were, denn nimpt das halbteil die herrschafft, geblieben. Diese Vorschrift ist stets dahin aufgefaßt worden, daß der überlebende Ehegatte bei der Erbfolge aus dem Statute für den Fall, daß einzelne seiner Miterben die Erbschaft nicht antreten können oder wollen, kein Accrescenzrecht habe. Es ist daher bestehendes Recht in der Mark, daß zwar unter den Miterben des überlebenden Ehegatten ein Accrescenzrecht gilt und der Antheil eines Miterben an dem Nachlasse, welchen dieser nicht annehmen will oder kann, den auf die zweite Hälfte des Nachlasses angewiesenen übrigen Erben zufällt, daß aber die dem überlebenden Ehegatten gebührende Hälfte niemals einen Zuwachs erhält, die andere Hälfte vielmehr als herrenlose Verlassenschaft an den landesherrlichen Fiskus gelangt, wenn sämmtliche dazu berechtigte Miterben der Erbschaft entsagen oder von ihr ausgeschlossen werden.[93])

Weder in den Stiftungsurkunden der deutschen Städte in der Mark Brandenburg, in welchen die Halbtheilung nach dem Tode eines Ehegatten erwähnt wird, noch in der Constitution Joachims I. v. 1527 ist angegeben, welche rechtliche Natur die Hälfte des vorhandenen Vermögens, die der überlebende Theil erhält, haben solle, und es hat geraume Zeit gedauert, ehe hierüber eine feste Anschauung gewonnen worden ist. Unter dem Kurfürsten Johann Georg ist der Versuch gemacht eine das

---

[93]) Constitutio excludit jus succedendi praetorium conjugibus alias competens, et non subsistit Scheplizii sententia statuentis, conjugem superstitem ex beneficio praetoris tit. „Unde vir et uxor" admitti quoque ad alteram hereditatis partem et fiscum demum succedere, si neque heredes legitimi neque conjux superessent. Quae sententia maximam legi nostrae vim infert. Steyer: Dissert. inaug. S. 81.

gesammte Recht der Mark Brandenburg umfassende Landesordnung zu erlassen, von der zwei ausgearbeitete Entwürfe erhalten sind. In dem Letzteren ist gesagt: „Die Landesconstitution im Titel von „Erbfällen zwischen Eheleuten," darin nach dem Tode eines der Eheleute der überlebende Theil vermöge alter Gewohnheit das halbe Gut nimmt, bedarf dieser Erklärung, daß nämlich das halbe Theil der lebenden Personen der gewesenen Eheleute nicht als ein Erbe, sondern als ein statutarium lucrum dotis folge." Ferner wird darin bestimmt: „Dieweil auch diese unsere Constitution der Theilung des halben Gutes vornehmlich den Frauen zum Besten geordnet, ist kein Zweifel, daß sie nach ihres Mannes Absterben dieser unserer Constitution renunciiren und zu ihren eingebrachten Gütern und fraulichen Gerechtigkeiten sowohl, als zu ihren Paraphernalien greifen mögen." [94]) Dagegen bezeugt Kohl in seinem 1650 erschienenen Werke über die Joachimische Constitution, daß das Kammergericht zu Berlin in seinen Entscheidungen hierüber geschwankt und in einem Falle wegen der Versicherung eines Mitgliedes, daß immer so geurtheilt worden sei, der Wittwe das Recht abgesprochen habe, statt der Hälfte des vorhandenen Vermögens ihre Illaten zu wählen, in einem anderen Falle aber in Uebereinstimmung mit einer Entscheidung der juristischen Facultät zu Frankfurt a./O. ihr diese Wahl gestattet habe.[95]) Kohl selbst faßt das Recht des überlebenden Ehegatten folgendermaßen auf: „Die Hälfte, welche der überlebende Theil erhält, sei ein wahres Erbtheil und die Pflicht sein eigenes Vermögen zur Theilung einzuwerfen nur eine Collationspflicht desselben gleich der der armen Wittwe des römischen Rechtes nach der Authentica Praeterea (Cod. VI.

---

[94]) Mylius: Const. March. Th. VI Abth. III S. 101.

[95]) Kohl: Declar. acc. Quaest. VII Nr. 4 S. 176 und Bericht des Kammergerichts vom 30. Sept. 1765. v. Scholtz-Hermensdorf Abth. II Th. 2 S. 663.

18). Da die Constitution des Kurfürsten Joachim I. v. 1527 nur zum Besten des überlebenden Ehegatten eingeführt sei, und in der Mark keine allgemeine Gütergemeinschaft unter Eheleuten obwalte, dürfe er nicht schlimmer als jeder Erbe gestellt sein. Er könne daher der Erbschaft nach dem Verstorbenen entsagen und nehme in diesem Falle sein eigenes Vermögen aus dem Nachlasse heraus, ohne etwas zu den Schulden, die der Erblasser gemacht habe, beitragen zu müssen. Andererseits sei aber auch den erbberechtigten Verwandten des Erblassers nachzulassen, daß sie wenigstens die Hälfte des vorhandenen Vermögens nach Abzug der vom Erblasser gemachten Schulden fordern könnten." [96]) In der Hauptsache stimmte Stryk hiermit überein, indem er das Recht des überlebenden Ehegatten auch als ein Erbrecht und seine Pflicht zur Theilung seines eigenen Vermögens als eine Collationspflicht im Sinne der Authentica Praeterea auffaßte und ihm ebenfalls die Befugniß beilegte, zwischen der Hälfte des gemeinsamen Vermögens und seinen Illaten zu wählen. Dagegen erklärte er, daß der überlebende Theil, wenn er überschuldet sei, sich aber zum Erben des vorverstorbenen Ehegatten erklärt habe, alle seine Schulden zuvörderst von dem gemeinsamen Vermögen abzuziehen befugt sei, möge dasselbe dadurch auch gänzlich verbraucht werden. [97])

Kohl und Stryk genossen in den märkischen Gerichtshöfen gleichmäßiges Ansehen und es gelang nicht, die von ihnen angeregte Controverse zu entscheiden. Ja es entstanden in der Praxis noch die neuen Streitfragen, 1) ob nur Kinder und Kindeskinder, als Pflichtheilsberechtigte, oder auch andere Erben des vorverstorbenen Ehegatten, die Hälfte des dem Erblasser

---

[96]) Kohl: Decl. acc. Quaest. I u. VII.

[97]) Stryk: Usus mod. XXIV. 3. §. 3 und De successione ab int. Diss. IV Cap. 3. §§. 22 ff.

gehörigen Vermögens beanspruchen könnten, wenn sie daraus die von ihm gemachten Schulden bezahlen wollten, 2) ob in dem Falle, wenn der überlebende Ehegatte mit Schulden überbürdet sei und selbst mit Tode abgehe, bevor er erklärt habe, ob er aus dem märkischen Statute succediren wolle, die Erben des zuerstverstorbenen Ehegatten, vorausgesetzt, daß sie seine Kinder oder Kindeskinder seien, die Freiheit hätten, ihres zuerstverstorbenen Erblassers Vermögen, Dos oder Illaten ganz zu fordern, weil in einem solchen Falle die dem überlebenden Ehegatten eingeräumte Begünstigung durch dessen nachträglich eingetretenen Tod cessire, und 3) ob und wie Seitenverwandte und Kinder mit dem überlebenden Ehegatten, welcher Erbe aus dem Statut geworden sei, Erbschicht zu halten und zur Collation desjenigen gehalten seien, was sie vom Erblasser geschenkt oder doch dergestalt erhalten hätten, daß es der Collation unterworfen wäre, wenn nur eine Erbtheilung unter Kindern stattfände.[98])

Diese Zweifel und Streitfragen sind denn in der allgemeinen Verordnung des Königs Friedrich II. „wie es bei Erbschaftsanfällen zu halten, worin zugleich in Ansehung der Erbfolge zwischen Eheleuten in der Mark einige bisher zweifelhaft gewesene Rechtsfragen entschieden und insofern die Constitutio Joachimica von 1527 vorläufig erklärt und supplirt wird, de dato Berlin den 30. April 1765" entschieden worden, und diese Verordnung, welche gewöhnlich als Erbschaftsedict bezeichnet wird, gilt noch jetzt als bestehendes Recht in der Mark Brandenburg.[99])

---

[98]) Verordnung vom 30. April 1765. Einleitung zu Abth. II.

[99]) Nov. corp. const. m. B. III v. 1765. Nr. 42 S. 689 und Rabe I. Abth. 3. S. 102.

XXVI. Allgemeine Verordnung vom 30. April 1765 über das Wahlrecht des überlebenden Ehegatten und der Miterben.

In der Verordnung vom 30. April 1765 ist das Successionsrecht des überlebenden Ehegatten als ein Erbrecht desselben festgestellt und ihm auch die Wohlthat des Inventars eingeräumt. In sprachlicher Beziehung aber ist zu beachten, daß die Miterben des Erblassers nur als Erben des Verstorbenen bezeichnet werden, während dies Wort auf den überlebenden Ehegatten nicht angewendet und er nur als Ueberlebender oder überlebender Ehegatte aufgeführt wird.

Die Verordnung vom 30. April 1765 zerfällt in zwei selbständige Abtheilungen.

Die erste Abtheilung, welche aus dem damals ausgebreiteten Entwurfe eines codex Fridericianus revisus entnommen worden und für den derzeitigen ganzen Umfang des preußischen Staats als Gesetz ergangen ist, handelt von dem Antritt und der Entsagung der Erbschaften und von der Wohlthat des Inventars bezüglich aller Erben, aus welchem Titel auch der Anfall ihnen geschähe. Es wird darin bestimmt: Jeder, dem eine Erbschaft anfällt, hat binnen einer Frist von 6 Wochen, 2 Monaten oder 3 Monaten nach erhaltener Nachricht von dem Tode des Erblassers, je nachdem er in derselben Provinz, in welcher der Erblasser sein Domicil hatte, oder 40 oder mehr Meilen von diesem Domicil entfernt wohnt, zu erklären, ob er Erbe werden will oder der Erbschaft entsagt. Läßt er diese Frist verstreichen, ohne sich zu erklären, so bleibt er unwiderruflich Erbe des Verstorbenen, wird jedoch ohne weiteres des Beneficiums des Inventars theilhaftig und verliert dasselbe nur, wenn er auf die Klage eines Nachlaßgläubigers oder eines Legatars durch ein förmliches Erkenntniß des Gerichts, gegen welches ihm alle remedia juris offen stehen sollen, der Wohlthat verlustig erklärt wird. Der Verlust kann nur ausgesprochen werden, wenn der Erbe innerhalb der erwähnten Frist von 6 Wochen, 2 oder 3 Monaten nach erhaltener Nachricht von dem Tode des Erblassers ein solennes Inventar oder statt dessen eine Specification, wie er solche auf Erfordern eidlich bestärken kann, bei dem Nachlaßgerichte nicht freiwillig niederlegt und auch eine zweite Frist versäumt, welche der Nachlaßrichter ihm hierzu auf Antrag der Nachlaßgläubiger und Legatare zu setzen und nicht ohne erhebliche Gründe über zwei Monate zu bemessen hat. Ist ein solches Erkenntniß, obgleich nur auf Ansuchen eines Gläubigers oder Legatars ergangen, so kommt es auch den nachher sich meldenden Gläubigern und Legatarien zu statten, und der einmal pure pro herede rechtskräftig erklärte Erbe ist es in Ansehung aller erbschaftlichen Ansprüche und Forderungen für beständig zu achten.[1]) Als Inhalt der Wohlthat des Inventars ist festgesetzt, daß der Beneficialerbe eine öffentliche Vorladung der erbschaftlichen Gläubiger und Legatare auszubringen habe, widrigenfalls er denselben mit seinem eigenen Vermögen verhaftet werde, wenn er Einzelne von ihnen vorzugsweise aus dem Nachlasse befriedige, und daß er für alle Nachlaßschulden und Legate mit seinem eigenen Vermögen aufkommen müsse, falls er der Wohlthat verlustig gehe.[2]) In dieser Abtheilung der Verordnung wird nun aber auch speziell ein Ehegatte erwähnt, der ein heres statutarius cum optione ist, und es kann keinem Bedenken unterliegen, daß hierunter nur ein nach dem brandenburgischen Provinzialrechte zur Erbschaft berufener überlebender Ehegatte zu verstehen ist, da es sonst kein Erbrecht mit einem besondern Wahlrechte giebt. Bezüglich dieses ist vorgeschrieben: §. 14 „Wenn ein Ehegatte heres statutarius cum optione ist,

[1]) §§. 1 u. 3 a. a. O.
[2]) §§. 3 u. 10 a. a. O.

so muß derselbe gleichfalls binnen oben erwähnter Frist ein Inventarium oder eine eidlich zu bestärkende Specification verfertigen, solche gerichtlich übergeben und zugleich declariren, ob er portionem statutariam wählen oder sein Vermögen zurücknehmen wolle. Uebergiebt der überlebende Ehegatte kein Inventarium oder keine Specification und erkläret er sich nicht wegen der ihm zustehenden Wahl binnen der gesetzten Frist, so wird derselbe pro herede cum beneficio inventarii gehalten, dergestalt, daß er sein eigenes Vermögen zurückzunehmen und nur des Verstorbenen Nachlaß denen creditoribus herauszugeben berechtigt ist. Es sind aber die creditores nach Ablauf dieser Frist befugt zu bitten, dem heredi statutario aufzugeben, in einem nicht leicht über zwei Monat hinauszusetzenden termino praeclusivo das Inventarium oder Specification zu ediren mit der Commination, daß, widrigenfalls er in solchem termino praejudiciali pro herede statutario gehalten, es dabei gelassen werden solle. Gleichergestalt stehet auch den Erben des verstorbenen Ehegatten frei, diese Erklärung von dem Ueberlebenden gerichtlich zu fordern, wozu ihm denn eine gleichmäßige Frist zu setzen unter der Verwarnung, daß nach Ablauf derselben ihm die Wahl genommen sei und dagegen des Verstorbenen Erben die Wahl zustehen solle, ob sie mit ihm die gemeinschaftliche Erbschaft theilen oder ihm nur das Seinige herausgeben wollen." Daß dem überlebenden Ehegatten sein Wahlrecht gegenüber den Miterben auch in dem Falle genommen sein solle, wenn er den Gläubigern und Legatarien gegenüber der Wohlthat des Inventars verlustig erklärt werde, ist nicht bestimmt.

In der zweiten Abtheilung der Verordnung vom 30. April 1765 wird ausschließlich von dem Erbrechte der Eheleute in der Mark Brandenburg gehandelt. Bei der Berathung dieser Abtheilung, welche bei dem Kammergerichte stattfand, wurde besonders erwogen, ob die Halbtheilung des Vermögens beider

Eheleute und die Pflicht des überlebenden Ehegatten sein Vermögen zur Theilung einzuwerfen eine Vergünstigung des überlebenden Ehegatten oder eine Vergünstigung der andern Erben des zuerst verstorbenen Ehegatten sei.[3]) Man entschied sich dann aber im Anschlusse an die aus dem codex Fridericianus revisus zu entnehmenden und in der ersten Abtheilung bereits erwähnten Bestimmungen Beide gleich zu stellen, indem man einerseits dem überlebenden Ehegatten die Wahl gestattete, der Erbschaft zu entsagen und sein Vermögen aus dem Nachlasse herauszuziehen, ohne etwas zur Berichtigung der vom Erblasser hinterlassenen Schulden beizutragen, andererseits den Miterben die Befugniß gab, dem überlebenden Ehegatten die Liquidation seiner Schulden zur gemeinsamen Masse abzuschneiden, wenn sie ihm das Einwerfen seines eigenen Vermögens zur Theilung erließen und ihm die Hälfte des von dem Erblasser bei seinem Tode allein besessenen Vermögens zugestanden. Ein Unterschied zwischen Kindern und Kindeskindern des Erblassers und andern erbberechtigten Verwandten desselben wurde in letzterer Beziehung nicht gemacht. Im Einzelnen aber wurde Folgendes angeordnet.

1. An der Spitze der Vorschriften über das eheliche Erbrecht stehen die Sätze: „§. 1. Wenn ein Ehegatte verstirbt, so hat der Ueberlebende die Wahl, ob er des Verstorbenen Erbe sein wolle oder nicht, es wäre denn, daß die Eheleute in ihren Ehepacten oder durch ein anderes unter sich errichtetes pactum successorium sich dieser Wahl ausdrücklich begeben hätten. §. 2. Erklärt sich der Ueberlebende, daß er nicht Erbe sein wolle, so ist er berechtigt, alles das Seinige zurückzubehalten und den Nachlaß des verstorbenen Ehegatten dessen Erben ex testamento vel ab intestato oder den creditoribus zu überlassen, seine Forderungen aber an des Verstorbenen

---

[3]) Heydemann: die Elemente der Joachimischen Constitution S. 338.

Vermögen aus der Ehestiftung oder anderen Verträgen gegen dessen Erben oder creditores auszumachen.“ In dem Berichte vom 30. September 1763, mit welchem das Kammergericht den Entwurf der Verordnung dem Könige zur Annahme als Gesetz empfahl, ist hierüber nur gesagt: Das in §. 1 und §. 2 Enthaltene sei schon bisher beständig außer Zweifel gewesen und werde nur als eine Einleitung zu den folgenden Sätzen vorausgesetzt.[4]) Zu bemerken ist zu diesen Bestimmungen, daß nach denselben auf das Wahlrecht nur in einem förmlichen Ehe- oder Erbvertrage verzichtet werden kann, und daß der überlebende Ehegatte durch eine Entsagung der ihm angefallenen Erbschaft aus dem Gesetze nicht unbedingt anderer auf den Todesfall des andern Gatten ihm gemachten vertragsmäßigen Zuwendungen verlustig wird. Auch ist das Wahlrecht nicht davon abhängig gemacht, daß der Erblasser Schulden hinterlassen hat. Der hinterbliebene Ehegatte kann die Wahl nach seinem freien Entschlusse treffen, und namentlich sein Vermögen zurückziehen, wenn dasselbe größer ist, als das des Verstorbenen. Hat der überlebende Ehegatte gültig erklärt, daß er der Erbschaft entsage und sich mit seinem Vermögen begnüge, so kann er dies aus keinem Grunde widerrufen, denn es ist der nicht suspendirte neunte Titel des ersten Theils des allgemeinen Landrechts, in welchem die Unwiderruflichkeit jeder Erbschaftsentsagung festgestellt ist, und die eigenthümliche Natur des Erbrechts des überlebenden Ehegatten nach dem Provinzialrechte bietet keinen Anhalt eine Ausnahme zu machen.[5])

2. In §. 1 und §. 2 ist dem überlebenden Ehegatten das erwähnte Wahlrecht beigelegt worden, weil sein Successionsrecht als ein wahres Erbrecht und die ihm gebührende Hälfte

---

[4]) v. Scholtz-Hermensdorf Abth. 2. Th. 2 S. 675.

[5]) §. 411. I. 9 Allgemeines Landrecht.

als ein Erbtheil angesehen worden ist. Wie jeder Erbe eine ihm angefallene Erbschaft ausschlagen kann, so soll auch der überlebende Ehegatte auf die ihm durch den Tod des andern Theils zugefallene Hälfte verzichten können. Dasselbe Wahlrecht ist dem überlebenden Ehegatten aber auch noch als ein Ausfluß der Wohlthat des Inventars gestattet worden. Die Vorschrift des §. 14. Abth. 1 ist schon erwähnt. In §. 3, Abth. 2 wird nun weiter bestimmt: „Erklärt sich der überlebende Ehegatte Erbe cum beneficio legis et inventarii zu sein, oder wird er wegen unterlassener Erklärung davor angenommen, so ist er dadurch berechtigt, a) den Creditoren mehr nicht als des verstorbenen Ehegatten Vermögen herauszugeben und mit denselben, was er gleichfalls als Creditor aus der Ehestiftung oder andern Verträgen an des Verstorbenen Vermögen zu fordern hat, rechtlich auszumachen, b) den Erben des Verstorbenen aber entweder das nach Abzug dessen Schulden übrig bleibende Vermögen des Verstorbenen allein zu überlassen, oder dasselbe mit Einwerfung seines Vermögens auf die in den folgenden Paragraphen enthaltene Art und Weise mit ihnen zu theilen.“ In dem Berichte des Kammergerichts vom 30. September 1763 wird zur Rechtfertigung dieser Vorschrift nur auf den Entwurf des codex Fridericianus revisus verwiesen und gesagt: In demselben sei klar bestimmt,[6]) daß auch ein Ehegatte der heres statutarius cum optione sei, pro herede cum beneficio inventarii dergestalt gehalten werden solle, daß er sein eigenes Vermögen zurückzunehmen und des Verstorbenen Nachlaß dessen Creditoren herauszugeben berechtigt, keineswegs aber, daß er ohne weitere Wahl dazu verbunden sei, indem vielmehr in dem sogleich darauf folgenden Absatze den Creditoren sowohl als den Erben nachgelassen sei, von dem überlebenden Ehegatten binnen zwei Monaten eine nähere

---

[6]) §. 14 Abth. I. B. v. 30. April 1765. Oben S. 147.

Erklärung mit Ueberreichung des Inventars zu verlangen und zwar in Ansehung der Erben sub poena, daß nach Ablauf dieser Frist dem Ehegatten die Wahl genommen sein und dagegen des Verstorbenen Erben die Option zustehen solle, ob sie den Superstiten zur Erbschaft lassen oder ihm das Seinige herausgeben wollen, woraus also von selbst fließe, daß bis dahin annoch optio dem conjugi heredi beneficiario competire.[7])

3. Das dem überlebenden Ehegatten zustehende Wahlrecht ist nicht an seine Person gebunden, wird vielmehr als ein reines Vermögensrecht aufgefaßt, welches auf seine Erben übergeht, falls er verstirbt ohne es ausgeübt zu haben. §. 11 a. a. O. lautet: „Wenn ein überlebender Ehegatte verstirbt, ohne a) sich überhaupt wegen der Erbschaft des Verstorbenen erklärt zu haben, oder b) wenn er auch schon pro herede cum beneficio erkannt ist, ohne sich nach vorstehendem §. 3 erklärt zu haben, ob er denen Erben das Vermögen des Verstorbenen ohne Theilung überlassen oder mit ihnen ex statuto theilen wolle, oder c) endlich ohne noch rechtskräftig weder pure pro herede noch pro non herede erkannt zu sein, treten des Ueberlebenden Erben in dessen Stelle und haben in Ansehung der Verlassenschaft des Erstverstorbenen alle die Rechte und Befugnisse ihres Erblassers, und findet auch gegen sie alles, was gegen ihren Erblasser, statt. §. 12 Die Erben des zuletzt Verstorbenen haben in Ansehung der Erbschaft dieses ihres Erblassers alle diejenigen Rechtswohlthaten, so einem jeden Erben zukommen; folglich können sie auch nicht eher, als sie dieser Erbschaft wegen sich entweder selbst als Erben erklärt oder rechtskräftig für dessen Erben pure oder cum beneficio legis et inventarii erkannt worden, angehalten werden, dasjenige, was ihrem verstorbenen Erblasser noch in Ansehung des zuerst verstorbenen Ehegatten Erbschaft obgelegen,

---

7) v. Scholtz-Hermensdorf Abth. II. Th. 2 S. 675.

zu präſtiren.“ In dem Berichte des Kammergerichts vom 30. September 1763 iſt hierzu bemerkt: Der §. 11 gründe ſich in der allgemeinen Regel der allgemeinen Uebertragung eines Erblaſſers ſämmtlicher Rechte auf deſſen Erben, denn das jus optionis ſei kein ſo perſonelles Privilegium, ſo daß es nicht auf quoscunque heredes transferirt werden könnte, wannenhero auch hierbei kein Unterſchied zwiſchen Descendenten, Ascendenten und andern Erben zu machen nöthig geweſen ſei. Der §. 12 aber gründe ſich gleichfalls in dem gemeinen Principio der Wohlthaten eines jeden Erben und ſei nur um mehrerer Deutlichkeit willen hier eingerückt.[8]) Dabei wird zwar auf lex 19 C. De jure deliberandi (VI. 30) Bezug genommen, aber nicht erklärt, wie es gehalten werden ſoll, wenn dem überlebenden Ehegatten bereits vom Gerichte eine präkluſiviſche Friſt zur Einreichung des Inventars über den Nachlaß des zuerſt verſtorbenen Ehegatten geſetzt worden iſt und ſein Tod während des Laufes dieſer Friſt eingetreten iſt. Es iſt aber wohl die Abſicht geweſen, daß dieſe Friſt bedeutungslos werden ſollte, und alle Friſten behufs Wahrung der Wohlthat des Inventars für die Erben des überlebenden Ehegatten von neuem zu laufen beginnen ſollten.

4. Entſagen die Erben des zuletzt verſtorbenen Ehegatten der Erbſchaft, welche ihm an dem Nachlaſſe des zuerſt verſtorbenen Ehegatten zuſtand, ſo liegt hierin noch nicht eine Entſagung der Erbſchaft, welche dieſen Perſonen ſelbſt am Nachlaſſe des zuerſt verſtorbenen Ehegatten zuſtand. §. 13 a. a. O. lautet: „Erklären ſich die Erben des zuletzt verſtorbenen Ehegatten aus deſſen auf ſie gelangtem Rechte des (zuerſt) Verſtorbenen Erben nicht zu ſein, ſo fällt des Erſtverſtorbenen Vermögen ganz an deſſen Creditores oder Erben, wenn auch dieſe zugleich Erben des zuletzt Verſtorbenen, mit=

[8]) v. Scholtz-Hermensdorf Abth. 2. Th. 2 S. 680.

hin eben die wären, welche dessen Erbschaft entsagt." In dem Berichte vom 30. September 1763 wird hierzu bemerkt: Bei diesem §. 13 komme zwar die Frage vor, ob ein Verschuldeter in praejudicium seiner creditorum der vortheilhaften Erbschaft seines Ehegatten sich entsagen könne, man könne aber dieselbe anders nicht als bejahen, so lange lex. 6 §. 2 D. Quae in fraudem creditorum (42. 8.) nicht abgeändert sei.[9]) Der Fall, welcher hier entschieden ist, ist daher so gedacht, daß zwei Eheleute nach einander sterben und Kinder hinterlassen, der zuerst verstorbene Ehegatte aber Vermögen hinterlassen hat, während der zuletzt verstorbene Ehegatte überschuldet gewesen ist. Dann sollen die Kinder das Recht haben, dem dem zuletzt verstorbenen Ehegatten an dem Nachlasse des zuerst Verstorbenen zugefallenen Erbrecht mit der Wirkung zu entsagen, daß ihnen der Nachlaß d. h. das gesammte Vermögen des zuerst verstorbenen Ehegatten zufällt, ohne daß sie verpflichtet sind, die Schulden des zuletzt verstorbenen Ehegatten daraus zu bezahlen. Vorausgesetzt ist dabei, daß die Kinder Benefizialerben des zuletzt verstorbenen Ehegatten geworden sind, da sie sonst über seine Rechte in keiner Weise verfügen könnten. Jetzt ist dieser Fall anders zu entscheiden, denn die lex 6 a. a. O. ist durch das allgemeine Landrecht beseitigt, Benefizialerben dürfen zum Nachtheile von Erbschaftsgläubigern der angefallenen Rechte des Erblassers nicht entsagen und eine Erbschaftsentsagung ist jetzt als eine unentgeltliche Verfügung anzusehen, welche nach §. 3 Nr. 3 des Reichsgesetzes vom 21. Juli 1879 der Anfechtung durch die Gläubiger unterliegt. Die Kinder müssen jetzt mindestens die Hälfte des von dem zuerst verstorbenen Ehegatten hinterlassenen Vermögens zur Befriedi-

[9]) Qui repudiavit hereditatem, vel legitimam vel testamentariam, non est in ea causa, ut huic edicto locum faciat, noluit enim acquirere, non suum proprium patrimonium deminuit.

gung der Gläubiger des zuletzt verstorbenen Ehegatten herausgeben.

5. Bezüglich des Wahlrechts der Miterben ist in der zweiten Abtheilung der Verordnung vom 30. April 1765 bestimmt: „§. 5 Des zuerst verstorbenen Ehegatten Erben, es seien ascendentes, descendentes oder andere Erben haben die Freiheit sich der Erbschaft des Verstorbenen ganz zu entsagen, es mag der Ueberlebende sie ihnen allein überlassen oder ex statuto mit ihnen erben wollen. §. 9 Wenn der überlebende Ehegatte sich entweder pro herede cum beneficio erklärt oder nach Ablauf der zur Erklärung gesetzten Frist dafür angenommen und binnen eines anderweitigen von denen Erben ausgebrachten termini praejudicialis sich noch nicht erklärt, ob er ex statuto erben oder den Nachlaß des Verstorbenen denen Erben allein überlassen wolle, stehet diesen die Wahl zu, ob sie ihn von der Erbschaft ausschließen oder ihn zur Erbschaft mit admittiren wollen. §. 10 Wenn aber auch der Ueberlebende pure Erbe sein will oder ad instantiam creditorum rechtskräftig davor erkannt worden, dessen Unvermögen aber sein Vermögen übersteigt, sodaß durch den Abzug seiner Schulden von dem gemeinschaftlichen Vermögen weniger als des Verstorbenen eigenes Vermögen zur Theilung übrig bleibt, stehet den Erben des Erstverstorbenen, sie seien descendentes, vel ascendentes, vel collaterales, vel ab intestato, vel ex testamento, vel ex pacto, gleichfalls frei, der zu ihrem Besten geordneten und dem überlebenden Ehegatten obliegenden Einwerfung seines Vermögens zu entsagen, und die Hälfte von des Verstorbenen nach Abzug seiner, des praedefuncti Schulden übrig bleibenden Vermögens allein zu fordern und die andere Hälfte dem verschuldeten Ehegatten oder dessen creditoribus zu überlassen." In dem Berichte vom 30. September 1763 ist bezüglich des § 9 nur auf den Entwurf des codex Fridericianus verwiesen, bezüglich des §. 10 aber folgendes bemerkt: Dieser Paragraph

sei der in der neumärkischen Lehnsconstitution vom 14. August 1724 §. 63 geäußerten authentischen Interpretation[10]) gemäß und nur hier allgemein gefaßt. Es scheine zwar diese Disposition der dem überlebenden Ehegatten zustehenden Option entgegen zu sein, und mit derselben in Collision zu kommen. Es werde aber eigentlich hierdurch sothane optio des superstitis, wenn er so verschuldet sei, daß er utiliter nichts conferiren könne, nur in die gehörigen Schranken eingeschlossen. Ihm werde optio nicht genommen, ob er des verstorbenen Ehegatten Erbe ex statuto sein wolle. Erkläre er sich dazu, so haben sodann erst die Erben das Recht, von ihm collationem seines eigenen Vermögens zu fordern. Dieses sei nach der Natur aller Collationen ein beneficium nicht desjenigen, der conferire und sich also etwas anrechnen lassen müsse, sondern des Gegentheils. Folglich können die Erben, so collationem von dem superstiti zu fordern berechtigt, derselben in allen Fällen renunciiren, und die Option des superstitis behalte alle Zeit in so weit ihre Wirkung, daß er des praemortui heres pro dimidia dessen Nachlasses werde, ob er wohl nicht den Ueberrest durch seine Schulden den Miterben ganz oder zum Theil wegzunehmen berechtigt werde. Man fände auch dabei keinen Unterschied zwischen Descendenten, Ascendenten, Collateralen, Erben ab intestato, vel ex pacto, vel ex testa-

[10]) Gleichwie aber den Wittwen, wenn des Mannes Schulden zu groß sein, nicht angemuthet werden kann, das Ihrige zu conferiren und zu ihrem Schaden des Mannes Schulden bezahlen zu helfen, sondern denselben freisteht, illata zu repetiren und das Ihrige zu behalten, hiernächst auch die collatio bonorum in favorem der Erben des verstorbenen Ehemannes introducirt ist, also mögen auch des verstorbenen mariti Erben sich auf den Fall, wenn der Wittwe Schulden ihr Vermögen absorbiren oder gar übersteigen sollten, sich derselben entziehen et sine collatione der Wittwe mit ihr des verstorbenen Ehemannes Hereditàt theilen, weilen einem Jeden freisteht, favori pro se introducto zu renunciiren. Mylius: Const. march. P. II. Sect. V. S. 155.

mento zu machen, indem die schon in der neumärkischen Lehns-constitution gemachte ratio, daß die collatio in favorem der Erben und nicht des superstitis introducirt, folglich von ihnen diesem ihrem favori renunciirt werden könne, allgemein sei und auf alle Erben Anwendung finde. Sollte es besonders nicht auf Testamentserben gehen, so könnte ein armer und lüderlicher Ehemann seiner bemittelten Frau alle dispositionem mortis causa über ihr Vermögen, im Falle sie zuerst verstürbe, benehmen und eben dieses von einer armen und verschuldeten Frau in Ansehung ihres bemittelten Mannes geschehen. Man halte auch endlich nicht für nöthig, einen Unterschied wegen der Schulden, so von des zuerst Verstorbenen Vermögen abzuziehen, zu bemerken, sondern glaube, daß durch das Wort eigene Schulden ebensowohl die von ihm allein oder zum Theil mit seinem Ehegatten gemeinschaftlich contrahirten Schulden nach seiner rata hinreichend zu verstehen seien.

Die Miterben haben hiernach, abgesehen von der Befugniß, der Erbschaft ganz zu entsagen, ein zweifaches Wahlrecht. Erstens können sie dem mit ihnen concurrirenden hinterbliebenen Ehegatten des Erblassers, wenn er mit einer Erklärung darüber, ob er Erbe werden und sein Vermögen zur Theilung einwerfen will, zögert, durch das Gericht eine Frist zur Abgabe dieser Erklärung setzen lassen, und wenn diese Frist fruchtlos verlaufen ist, ihn seines Wahlrechts in der Art verlustig erklären lassen, daß ihnen selbst die Bestimmung übertragen wird, ob der überlebende Ehegatte unter Einwerfung seines Vermögens zur Theilung und zur Tilgung der Schulden die Hälfte des gesammten Vermögens beider Eheleute erhalten oder ob er von der Erbschaft ausgeschlossen, d. h. sein eigenes Vermögen behalten, aber auch nichts aus dem hinterlassenen Vermögen des Verstorbenen empfangen soll. Voraussetzung dieses Wahlrechts ist nach der Vorschrift des §. 14 der ersten Abtheilung der Verordnung vom 30. April 1765, daß dem überlebenden

Ehegatten sein Wahlrecht durch förmliches Erkenntniß, gegen welches ihm bis zum Eintritt der Rechtskraft alle Rechtsmittel zustehen, abgesprochen worden ist. Durch eine einfache Niederlegung eines Inventars über das Vermögen des Verstorbenen und über sein eigenes Vermögen bis zur Verkündigung des erwähnten Erkenntnisses kann der überlebende Ehegatte sich hiergegen nicht schützen, vielmehr muß er außerdem die Erklärung abgeben, ob er nach dem Statute theilen oder die Erbschaft ausschlagen wolle, widrigenfalls das ihm zustehende Wahlrecht auf die Miterben zu übertragen ist.

Das zweite Wahlrecht der Miterben ist in der Praxis einfacher auszuführen und bedarf nur der Erklärung der Miterben, daß sie auf die Einwerfung des eigenen Vermögens des überlebenden Ehegatten verzichten, oder, wie der übliche Sprachgebrauch ist, sich die Einwerfung des eigenen Vermögens des überlebenden Ehegatten zur Bildung der Theilungsmasse verbitten. Der überlebende Ehegatte behält in diesem Falle sein eigenes Vermögen, muß seine eigenen Schulden aus demselben berichtigen, ohne daß er zu diesem Zwecke etwas aus dem Nachlasse des Verstorbenen fordern darf, erhält dagegen die Hälfte des dem Erblasser gehörigen und von ihm hinterlassenen Vermögens, und kann auch wie jeder andere Nachlaßgläubiger aus diesem Vermögen zuvor die Berichtigung seiner Forderungen, die ihm an den Erblasser aus besondern Rechtsgründen zustanden, verlangen.

Im Ganzen gestaltete sich nach der Verordnung vom 30. April 1765 das Erbrecht des überlebenden Ehegatten folgendermaßen. Im günstigsten Falle erhält er die Hälfte von dem Vermögen, welches dem Verstorbenen gehörte, ohne etwas von seinem eigenen Vermögen herauszugeben. Ja er kann sogar in die Lage kommen, daß der Nachlaß zur Bezahlung seiner Schulden verwendet wird, wenn er selbst mit Schulden überlastet ist und die Miterben unterlassen ihm das Einwerfen seines Vermögens zu verbieten, wobei er aber seine eigenen Activa zur Theilung herausgeben muß. Im ungünstigsten Falle, d. h. wenn der Nachlaß mit Schulden des Erblassers überbürdet ist und der überlebende Ehegatte alle Fristen versäumt, hat er mit seinem eigenen Vermögen für die Nachlaßschulden und Legate aufzukommen und, falls nach Berichtigung der Schulden und Legate von seinem Vermögen etwas übrig bleibt, hiervon die Hälfte den Miterben zu überlassen. Hält der überlebende Ehegatte die Fristen inne, so können die Nachlaßgläubiger und Legataren sich nicht an sein Vermögen halten und den Miterben gegenüber kann er durch nachträgliche Entsagung der Erbschaft sich davor schützen, daß er sein Vermögen mit den Miterben theilen muß, falls das von dem Erblasser hinterlassene Vermögen kleiner als das Seinige ist. Auch kann der Fall eintreten, daß der überlebende Ehegatte mit seinem Vermögen für die Nachlaßschulden haftet, weil er auf Antrag der Nachlaßgläubiger pure pro herede erklärt worden ist, und daß die Miterben ihn gänzlich von der Erbfolge ausschließen, weil ihm demnächst auf ihren Antrag sein Wahlrecht abgesprochen worden ist.

Die Pflicht des überlebenden Ehegatten, sein eigenes Vermögen in Natur zur Theilung herauszugeben, ist in der Verordnung vom 30. April 1765 nur als eine Collationspflicht in einem besonderen Umfange betrachtet worden und kann auch jetzt nicht anders aufgefaßt werden.[11]) Sie, wie Kohl und Stryk wollen, aus dem der undotirten Wittwe nach dem römischen Rechte zustehenden Erbrechte herzuleiten oder erklären zu wollen, ist allerdings unzulässig, da sie schon früher bestand, als das römische Recht in der Mark bekannt wurde.

---

[11]) Collatio est actus, quo bona ex constitutione marchica succedentium in communem hereditatem inferuntur. Steyer: Dissert. S. 44.

Der Umstand aber, daß das Vermögen des Ueberlebenden in Natur zur Theilung herausgegeben werden muß, eine Schätzung desselben nicht zugelassen wird, und nach stattgehabtem Einwerfen die Schulden des überlebenden Ehegatten aus dem Nachlasse zu berichtigen sind, hindert nicht die eben erwähnte Auffassung, da dies im älteren römischen Rechte bei der Collation, welche den emancipirten Söhnen gegenüber den Haussöhnen oblag, ebenso stattfand.

XXVII. Das allgemeine Landrecht vom 5. Februar 1794 und der Entwurf eines brandenburgischen Provinzialrechts von v. Scholtz-Hermensdorf.

Im allgemeinen Landrechte weichen die Vorschriften über den Antritt und die Entsagung von Erbschaften und über die Wohlthat des Inventars von den Bestimmungen, welche die Verordnung vom 30. April 1765 hierüber enthält, nicht unwesentlich ab. Es enthält namentlich nicht die Vorschrift, daß die Wohlthat des Inventars nur verloren geht, wenn den einzelnen Erben eine besondere, vom Richter zu bemessende und nicht ohne erhebliche Gründe über zwei Monat zu erstreckende Frist zur Niederlegung des Inventars gesetzt und ihnen nach Versäumniß dieser Frist durch ein förmliches Endurtheil die Wohlthat des Inventars abgesprochen wird. Nach dem allgemeinen Landrechte steht jedem, welchem eine Erbschaft anfällt, eine Ueberlegungsfrist von sechs Wochen, oder wenn der Aufenthaltsort des Erben über 40 Meilen von dem letzten Domicil des Erblassers entfernt ist, von drei Monaten nach erlangter Wissenschaft des Erbanfalls zu, in welcher er erklären kann, ob er die Erbschaft antritt oder ausschlägt. Läßt er diese Frist verstreichen ohne eine Erklärung abzugeben, so bleibt er unwiderruflich Erbe des Verstorbenen, wird jedoch ohne weiteres wie nach dem älteren Rechte der Wohlthat des Inventars theilhaftig.[12]) Der Wohlthat des Inventars geht der Erbe verlustig, wenn er unterläßt innerhalb einer weiteren, auf sechs Monat festgesetzten, vom Richter auf Anrufen des Erben oder der Nachlaßgläubiger und Legatare durch einfaches Decret angemessen zu verlängernden oder abzukürzenden Frist ein Inventar über den Nachlaß bei Gericht niederzulegen. Wer auch nur auf den Antrag eines Gläubigers oder Legatars der Rechtswohlthat verlustig erklärt worden ist, kann davon auch gegen alle übrigen Gläubiger und Legatare keinen Gebrauch machen. Die Wohlthat des Inventars besteht darin, daß der Erbe alle an den Nachlaß zu machenden Forderungen nur soweit, als das Vermögen des Nachlasses hinreicht, zu vertreten hat.[13]) Zur Sicherung einer materiell gerechten Vertheilung des Nachlasses unter die Erbschaftsgläubiger und zu seiner eigenen Entlastung von der Verantwortlichkeit für dieselbe ist jedem Benefizialerben die Befugniß gegeben, die Eröffnung des erbschaftlichen Liquidationsprozesses mit einem Aufrufe an alle Erbschaftsgläubiger und Legatare zu bewirken.[14]) Diese Bestimmungen sind im neunten Titel des ersten Theils des allgemeinen Landrechtes, welcher in der Mark Brandenburg nicht suspendirt ist, und in anderen Gesetzen, welche in derselben gelten, enthalten.

v. Scholtz-Hermensdorf faßt in seinem im amtlichen Auftrage 1834 ausgearbeiteten Entwurfe des Provinzialgesetzbuchs

---

[12]) §§. 383, 384, 385, 397, 412. Tit. 9. Th. I Allgemeines Landrecht. Gruchot: Erbrecht I. S. 72. Förster IV. §. 269 S. 268 und Dernburg III. §. 218 S. 602.

[13]) §. 423 und §. 429. Tit. 9. Th. I Allgemeines Landrecht. Gruchot a. a. O. S. 146. Förster IV. §. 270 S. 280 u. 284. Dernburg III. §. 222 S. 611.

[14]) §§. 53 ff. Tit. 51 Th. I Allgemeine Gerichtsordnung, §. 342. Konkursordnung v. 8. Mai 1855 und Ges. v. 28. März 1879.

für die Mark Brandenburg das jetzt bestehende Erbrecht des überlebenden Ehegatten mit Rücksicht auf das allgemeine Landrecht folgendermaßen auf: §. 476. Die Vorschriften des allgemeinen Landrechtes über den Erwerb und die Entsagung der Erbschaften kommen in der Mark nur so weit zur Anwendung, als nicht in Betreff der Erbfälle zwischen Eheleuten Abweichungen festgesetzt sind. §. 477 und §. 478. Der überlebende Ehegatte hat die freie Wahl, ob er die Erbschaft antreten oder derselben entsagen wolle. §. 480 und §. 482. Entsagt derselbe der Erbschaft, so ist er berechtigt alles das Seinige zurück zu nehmen, entsagt er aber der Wohlthat des Inventars, so ist er verpflichtet a) unter Einwerfung seines Vermögens nach dem Statute Theilung zu halten, ohne sich ferner des gesetzlichen Wahlrechtes in Betreff der Theilung bedienen zu können, b) den Gläubigern des Verstorbenen gleich jedem anderen Erben ohne Vorbehalt vollständig gerecht zu werden, wenn auch die Forderungen derselben den Nachlaß übersteigen sollten. §. 483 und §. 485. Hat der überlebende Ehegatte die Erbschaft unter der Wohlthat des Inventars angetreten, welches auch stillschweigend dadurch geschieht, daß er die gesetzliche Ueberlegungsfrist ohne Erklärung abzugeben hat vorübergehen lassen, so überkommt er als Benefizialerbe auch die Pflicht binnen spätestens sechs Monaten nach dieser Frist ein Inventar sowohl des Nachlasses des Verstorbenen als seines eigenen Vermögens, wie beides am Todestage beschaffen gewesen, bei dem Nachlaßgerichte niederzulegen. §. 487. Hat derselbe diese Frist verstreichen lassen, ohne das Inventarium eingereicht zu haben, so sind die Erbschaftsgläubiger berechtigt, auf Anberaumung eines peremptorischen Termins zur endlichen Beibringung des Inventars und in Entstehung dessen darauf anzutragen, den säumigen Ehegatten nunmehr durch Erkenntniß der Rechtswohlthat für verlustig und für Erben ohne Vorbehalt zu erklären. §. 488. Dagegen macht die versäumte

Einreichung des Inventars allein den statutarischen Erben der Rechtswohlthat des Inventars noch nicht verlustig und findet daher die Vorschrift des §. 427. Tit. 9. Thl. I allgemeines Landrecht auf märkische statutarische Erben nicht Anwendung. §. 493. Zögert der Ueberlebende nach eingereichtem Inventario sein Wahlrecht auszuüben und eine bestimmte Erklärung darüber abzugeben, ob er nach dem Statute theilen oder den Miterben die Nachlaßmasse allein überlassen wolle, so sind die Miterben berechtigt, auf die Vorladung des überlebenden Ehegatten zu einem Präklusivtermine behufs seiner Erklärung mit der Wirkung anzutragen, daß nach fruchtlosem Ablaufe dieses Termins der Ueberlebende des Wahlrechtes verlustig erklärt und solches vielmehr den Miterben zugesprochen werde, dergestalt, daß es dann von deren Beschluß abhängt, ob sie mit ihm die gemeinschaftliche Masse theilen, oder das Vermögen des Verstorbenen für sich behalten und dem Ueberlebenden das Seinige allein überlassen wollen. §. 363. Die Verpflichtung des überlebenden Ehegatten sein eigenes Vermögen — behufs der Theilung des gemeinschaftlichen Ganzen nach Abzug der beiderseitigen Schulden — einzuwerfen, ist nur zum Besten der Miterben angeordnet, welchen daher auch freisteht, dieser Einwerfung zu entsagen. Wenn daher z. B. der überlebende Ehegatte kein Vermögen wohl aber Schulden hätte, oder doch seine Schulden sein Vermögen übersteigen sollten, so können die Miterben auf die sonst dem überlebenden Ehegatten obliegende Einwerfung verzichten, die Hälfte des reinen Nachlasses des Erblassers für sich verlangen und die andere Hälfte dem verschuldeten Ehegatten oder auch dessen Gläubigern überlassen.

Zur Begründung der Annahme, daß die Wohlthat des Inventars gegen die Vorschrift des §. 427. Tit. 9. Th. I allgemeines Landrecht nicht durch einfache Versäumniß der Niederlegung eines Inventars innerhalb der gesetzlichen Frist von sechs Monaten verloren gehe, hierzu vielmehr dem überlebenden Ehegatten noch eine besondere peremtorische Frist vom Richter gesetzt werden müsse, giebt v. Scholz-Hermensdorf an: Die erste Abtheilung der Verordnung vom 30. April 1765 bestätige nur den früheren Rechtszustand in der Mark; sie sei zwar kein Provinzialgesetz, welches nach §. III des Publicationspatents vom 5. Februar 1794 in Kraft geblieben sei, sondern ein allgemeines Landesgesetz; der Inhalt ihrer Bestimmung über den Verlust der Wohlthat bei Eheleuten cum optione characterisirt sich aber dennoch als provinzialrechtlich, denn Eheleute mit einem solchen Rechte gebe es nur nach dem märkischen Rechte; auch in der zweiten Abtheilung der Verordnung, welche lediglich Provinzialrecht enthalte, sei ausdrücklich ausgesprochen, daß die Folgen des Verlustes der Rechtswohlthat nur eintreten, wenn der überlebende Ehegatte entweder sich pure pro herede erklären oder rechtskräftig dafür erkannt werde; endlich sei ein durch bloße Nichteinreichung des Inventars herbeigeführter Verlust der Rechtswohlthat auch der Eigenthümlichkeit des märkischen Erbrechts und besonders der den Erben des überlebenden, demnächst ohne Erklärung gleichfalls verstorbenen Ehegatten in sofern widerstreitend, als diese Erben dann fast niemals oder doch nur selten in den Fall kommen würden, von dem ihnen eingeräumten Wahlrechte Gebrauch zu machen.

Hiergegen ist Crome in neuester Zeit aufgetreten, indem er ausführt: Der Kernpunkt der vorliegenden Frage sei der, ob das Erforderniß der Aberkennung der Rechtswohlthat des Inventars ein besonderes Provinzialgesetz gewesen sei, das dann allerdings durch das allgemeine Gesetz, den §. 427. Tit. 9. Th. I des allgemeinen Landrechts nicht geändert worden sei. Dies sei jedoch zu verneinen. Wie immer der Rechtszustand vor Verordnung vom 30. April 1765 gewesen sein möge, die erste Abtheilung dieser Verordnung habe ein allgemein gültiges Gesetz darüber gegeben. Daß die Erben des überlebenden

Gatten das erwähnte Wahlrecht nicht oft zu üben haben möchten, sei eine reine Thatfrage. Sie hätten es gerade so oft, als der Gatte das dazu erforderliche Rechtsmittel gebraucht habe. Sonstige Besonderheiten des Rechts ständen dem §. 427. a. a. O. nicht entgegen.[15])

Der Ansicht von Scholtz-Hermensdorf ist auch in diesem Punkte nicht beizutreten, doch muß unterschieden werden zwischen den Rechten, welche die Nachlaßgläubiger und Legatare gegen den überlebenden Ehegatten haben, und den Rechten, welche die Miterben gegen ihn haben.

Was die Nachlaßgläubiger und Legatare betrifft, so ist zu berücksichtigen, daß das Successionsrecht des überlebenden Ehegatten ein wahres Erbrecht ist, und aus der Natur seines Erbrechts kein Grund zu entnehmen ist, weshalb er günstiger als andere Erben gestellt sein sollte. Auch andere Erben müssen mit ihrem eigenen Vermögen für die Nachlaßschulden aufkommen, wenn sie der Wohlthat des Inventars verlustig gegangen sind, und einen anderen Erfolg hat es den Gläubigern und Legataren gegenüber nicht, wenn der überlebende Ehegatte zur Berichtigung der Nachlaßschulden sein Vermögen in die Nachlaßmasse einwerfen muß. Auf die Rechte der Erben des überlebenden Ehegatten kann kein entscheidendes Gewicht gelegt werden, da diese sich nach dem Rechte ihres Erblassers richten müssen. An welcher Stelle die Bestimmungen des älteren Rechts sich befunden haben, ist von keiner Bedeutung, vielmehr kommt es nur darauf an, ob sie Provinzialrecht oder gemeines Recht enthielten und an welcher Stelle im allgemeinen Landrechte die neueren Rechtsgrundsätze sich befinden, da in den nicht suspensirten Titeln des allgemeinen Landrechts enthaltenen Bestimmungen alle entgegenstehenden älteren Rechtsgrundsätze, falls sie nicht provinzialrechtlicher

---

[15]) A. Crome: Das märkische Ehe-, Familien- und Erbrecht. S. 21.

Natur waren, beseitigt haben. Die Rechtsverhältnisse der Nachlaßgläubiger und Legatare zu den Erben ihres Schuldners respective des Testators werden lediglich in dem nicht suspendirten neunten Titel des ersten Theils des allgemeinen Landgerichts behandelt und die Vorschrift der Verordnung vom 30. April 1765, daß die Wohlthat des Inventars eines jeden Erben demselben zum Besten der Nachlaßgläubiger und Legatare nur auf Anrufen derselben nach Bestimmung einer peremtorischen Frist zur Einreichung eines Inventars und durch ein förmliches Urtheil genommen werden könne, galt vor der Publikation des allgemeinen Landrechts in dem ganzen Umfange des preußischen Staats. Wenn sie auch auf die brandenburgischen Eheleute bezogen und in der zweiten Abtheilung dieser Verordnung mit Rücksicht hierauf erwähnt worden ist, so ist sie hierdurch nicht zu einer provinziellen Norm geworden, sondern nur auf das Provinzialrecht angewendet worden. Die Bestimmungen des allgemeinen Landrechts über diesen Punkt müssen daher jetzt als bestehendes Recht der Mark Brandenburg angesehen werden.

Anders verhält es sich mit den Rechten der Miterben. Das Wahlrecht des überlebenden Ehegatten ist nicht ein einfacher Ausfluß der Rechtswohlthat des Inventars, von welcher in dem neunten Titel des ersten Theils des allgemeinen Landrechts gehandelt wird. In der Verordnung vom 30. April 1765 ist dies deutlich zu erkennen, obgleich das Wahlrecht des Ehegatten hier den Worten nach an dieses Benficium angeknüpft ist. Es steht dem überlebenden Ehegatten nach dieser Verordnung auch in dem Falle zu, daß keine Nachlaßschulden vorhanden sind, und ist besonders dann am Platze, wenn bei einer Vergleichung der Vermögen beider Eheleute sich herausstellt, daß das Vermögen des überlebenden Theils größer ist als der Nachlaß des Verstorbenen. Die Rechte der Nachlaßgläubiger und Legatare sind mit den Rechten des Miterben nicht in eine wechselseitige und unlösliche Beziehung zu einander gebracht. Wird der überlebende Ehegatte auf Antrag der Nachlaßgläubiger und Legatare pure pro herede sine beneficio erklärt, so hindert dies nach der Verordnung vom 30. April 1765 nicht, daß er durch spätere Einreichung eines Inventars und durch Abgabe der erforderlichen Erklärung sein Wahlrecht gegen seine Miterben sich wahrt, denn diese müssen ihn desselben besonders verlustig erklären lassen, wenn sie das Wahlrecht statt seiner erhalten wollen. Das Wahlrecht des überlebenden Ehegatten ist aber die Grundlage seines ganzen Erbrechts. So lange er keine Wahl getroffen hat, fehlt es an einem definitiven Anhalte, welcher Antheil von dem nachgelassenen Vermögen ihm gebührt und ob er bei der Theilung desselben mit den übrigen Erben concurriren will. Die Bestimmungen über die Voraussetzungen des gesetzlichen Erbrechts, über die Concurrenz mehrerer Erben, denen ein Nachlaß zufällt, und über die ihnen von dem Nachlasse gebührenden Quoten sind in den suspendirten drei ersten Titeln des zweiten Theils des allgemeinen Landrechts enthalten und deshalb hat das ältere Recht, auch wenn es nicht rein provinzieller Natur gewesen wäre, vor ihm den Vorzug. Die Vorschriften der Verordnung vom 30. April 1765 über das Wahlrecht des überlebenden Ehegatten gegenüber den Miterben und über das Wahlrecht der Miterben gegenüber den überlebenden Ehegatten sind aber auch rein provinzialrechtlicher Natur, da sie sich lediglich auf das in der Mark geltende Statutarrecht beziehen. Sie finden daher noch jetzt auf das Verhältniß des überlebenden Ehegatten zu den gesetzlichen Miterben unveränderte Anwendung.

Den Nachlaßgläubigern und Legataren gegenüber hat daher der überlebende Ehegatte nach dem jetzt gültigen Rechte die in dem neunten Titel des ersten Theils des allgemeinen Landrechts für alle Erben vorgeschriebenen Fristen zur Entsagung der Erbschaft nach dem Verstorbenen und zur Niederlegung eines Inventars über das hinterlassene Vermögen des Erblassers zu beobachten, widrigenfalls er ihnen mit seinem eigenen Vermögen für alle Ansprüche haftet, welche sie an den Nachlaß erheben können, ohne daß es noch einer weiteren peremtorischen Frist und eines förmlichen Erkenntnisses, durch welches ihm die Wohlthat des Inventars abgesprochen wird, bedarf. Ueber sein eigenes Vermögen braucht er denselben kein Verzeichniß zu geben. Durch die Eröffnung des erbschaftlichen Liquidationsverfahrens kann er sich von dieser Pflicht nicht befreien, denn bei diesem ist vorausgesetzt, daß der Provokant den Nachlaßgläubigern und Legataren gegenüber der Rechtswohlthat des Inventars noch theilhaftig ist.[16]) Den Miterben gegenüber verliert der überlebende Ehegatte sein Recht zu wählen, ob er sein Vermögen behalten oder unter Einwerfung desselben die Hälfte des gesammten Vermögens beider Eheleute zugetheilt haben will, nur in dem Falle, wenn ihm auf Antrag der Miterben eine unabhängig von den Vorschriften des allgemeinen Landrechts nach Inhalt des §. 14 Abthlg. I und §. 9 Abthlg. 2 der Verordnung vom 30. April 1765 zu bemessende weitere Frist zur Niederlegung des Inventars und zur Abgabe seiner Erklärung gesetzt worden ist, er diese Frist versäumt hat, und demnächst durch ein förmliches Endurtheil, gegen welches ihm alle Rechtsmittel zustehen, sein Wahlrecht ihm aberkannt und auf die Miterben übertragen worden ist. Tritt dabei der Fall ein, daß der überlebende Ehegatte Nachlaßschulden oder Legate aus seinem eigenen Vermögen bezahlen muß, weil er den Gläubigern und Legataren gegenüber als Erbe ohne Vorbehalt der Wohlthat des Inventars angesehen wird, und daß er demnächst der Erbschaft entsagt und sein Vermögen behält, oder daß die Miterben ihn unter Belassung seines Vermögens

---

[16]) §. 1. G. v. 28. März 1879. Dernburg III. §. 225 S. 624.

von der Erbschaft ausschließen, so bleibt ihm nur offen, wegen der zur Bezahlung von Nachlaßschulden aufgewendeten Gelder an die Miterben sich zu regressiren. In allen Fällen, in welchen der überlebende Ehegatte erklärt, Erbe aus dem Statute sein zu wollen, sind seine Miterben befugt, ihm das Einwerfen seines Vermögens zur Theilung mit der Wirkung zu verbieten, daß er auch seine Schulden nicht zur Nachlaßmasse liquidiren darf.[16a])

XXVIII. Bildung der Theilungsmasse, Collationspflicht der Miterben, Präcipuum und Schulden des überlebenden Ehegatten.

1. Ueber die Bildung der Theilungsmasse und die Ausführung der Theilung dieser Masse enthält die Verordnung vom 30. April 1765 folgende Bestimmungen: „Erklärt der Ueberlebende sich pure pro herede statutario oder wird er davor rechtskräftig erkannt, so ist er verbunden alles sein Vermögen, ausgenommen die Güter, welche ihrer Lehns-, Majorats-, Fideicommiß- und anderer Qualität den Rechten nach, besonders nach Vorschrift der in der Kur- und Neumark publicirten Lehnsconstitutionen davon eximirt sind, mit einzuwerfen und zur Gemeinschaft zu bringen, und er erhält von seinem und des verstorbenen Ehegatten Vermögen, wie beides am Tage des Todes des Erstverstorbenen beschaffen gewesen, wenn davon zuförderst beiderseitige Schulden abgezogen, die Hälfte. Die andere Hälfte aber fällt den Erben des Verstorbenen zu.“[17]) In dem Berichte des Kammergerichts vom 30. September 1763 wird hierzu bemerkt: Diese Bestimmung gründe sich a) in Ansehung der Collation beiderseitiger Eheleute gemeinschaftlichen Vermögens in dem bisher sowohl von den meisten Auslegern, als besonders in der neumärkischen Kammergerichts-

[16a]) Vgl. oben S. 157 u. 158.

[17]) §. 4. Abth. II a. a. O.

ordnung de anno 1700. cap. 33 und den beiden Lehnsconstitutionen vom 1. Juni 1723 §. 1 und 7, und vom 14. August 1724 §. 58 und 68, folglich per interpretationem authenticam angenommenen principio und Erklärung des in der Constitution de anno 1527 genannten gemeinen Guts, b) in Ansehung der Ausnahme der Lehngüter aber in eben gemeldeten Lehnsconstitutionen.[18]) Es fällt daher alles zur Theilungsmasse, was einem der Eheleute bei dem Tode des Erstverstorbenen eigenthümlich gehört, und es werden nur solche Güter ausgeschlossen, bezüglich welcher eine besondere Successionsordnung eintritt. Namentlich werden die eigenen Kleider und Schmucksachen des überlebenden Ehegatten nicht ausgenommen. Ist eine Ehefrau der überlebende Theil, so ist es auch gleichgültig, ob ihr Vermögen als Illatum oder Receptitium anzusehen war, da es in jedem Falle ihr Eigenthum bildete und dieses zur Theilung zu bringen ist. Wenn besonders auf den Zustand der zur Nachlaßmasse zu bringenden Vermögen zur Zeit des Todes des Erblassers hingewiesen wird, so hat dies nur die Bedeutung, daß der überlebende Ehegatte einen Erwerb, den er nach dieser Zeit durch seine Thätigkeit erlangt oder der ihm durch eine nach dieser Zeit eingetretene Begebenheit zufällt, nicht zur Theilung herauszugeben hat. Es wird dadurch aber nicht ausgeschlossen, daß Erwerbe, deren Rechtsgrund schon vor dem Tode des Erblassers entstanden war, zur Nachlaßmasse gezogen werden. Dagegen gehört nicht zur Theilungsmasse, was der überlebende Ehegatte oder die theilenden Miterben nicht in ihrer Eigenschaft als Erben des Verstorbenen, sondern nur aus Veranlassung seines Todes z. B. Wittwenpensionen erhalten. Wie es mit Lebensversicherungssummen, die bei dem Ableben des zuerst verstorbenden Ehe-

---

[18]) v. Scholtz-Hermensdorf. Th. II. Abth. II S. 677.

gatten fällig werden, zu halten, richtet sich nach dem Inhalte der Versicherungsbedingungen.[19])

2. Es besteht ferner in der Mark eine besondere, der Vorschrift des §. 324. Tit. 2. Th. 2. des allgemeinen Landrechts widersprechende Collationspflicht der Miterben und des überlebenden Ehegatten, welche durch §. 8 der Verordnung vom 30. April 1765 eingeführt ist: „In beiden Fällen, es mögen die Erben des Verstorbenen mit der Wohlthat des inventarii die Erbschaft angetreten haben oder sie mögen pure heredes geworden sein, ist wegen der Collation desjenigen, so sie von dem Verstorbenen geschenkt oder durch eine bloße Freigebigkeit bekommen oder sonst den Rechten noch zwischen Kindern conferirt werden muß, der Unterschied zu machen, ob die Erben des Verstorbenen zugleich dessen Kinder sind oder nicht. Erstenfalls, es mögen die Kinder durch ein Testament zu Erben eingesetzt sein oder ab intestato erben, müssen sie dem Ueberlebenden, mit dem sie Erbschichten halten, alles dasjenige conferiren, was den Rechten nach bei der Erbfolge der Descendenten der Collation unterworfen ist. Der Ueberlebende aber muß hinwiederum nicht nur (nach dem §. 4) sein eigenes Vermögen, sowie es sich am Sterbetage befunden, zur gemeinsamen Theilung bringen, sondern: falls er vom Verstorbenen etwas geschenkt oder sonst solcher Gestalt erhalten hätte, daß ein Kind, wenn es einem Kinde wäre gegeben worden, es würde haben conferiren müssen, so muß er solches auf gleichen Fuß conferiren, wenn es auch am Tage des Absterbens in seinem oder dem gemeinschaftlichen Vermögen nicht mehr vorhanden gewesen. Andernfalls, wenn die Erben des Verstorbenen dessen Kinder nicht sind, so findet zwischen ihnen und dem Ueberlebenden ganz und gar keine Collation weder auf der einen noch der andern Seite statt. Als wohin wir in Ansehung

---

19) v. Scholtz-Hermensdorf. §. 365—367. Crome S. 25. Oben S. 44.

der Neumark den §. 59 der neumärkischen Lehnsconstitution abändern, als welche in diesem Stücke eine irrige Auslegung der Joachim'schen Constitution voraussetzet, daß nämlich nach selbiger unter Eheleuten eine vollkommene Gemeinschaft der Güter bei ihrem Leben stattfinde. Es dürfen also ebensowenig die Ascendenten, Seitenverwandte oder fremde Testamentserben dem überlebenden Ehegatten dasjenige conferiren, was sie von dem Verstorbenen erhalten, als wenig der Ueberlebende dasjenige conferiren darf, was er von dem Verstorbenen geschenkt oder sonst aus dessen Freigebigkeit bekommen und zur Zeit des Sterbefalles nicht mehr vorhanden gewesen. Denn ist es vorhanden gewesen, so gehört es zum gemeinschaftlichen Vermögen beider Eheleute, welches zu theilen ist, und es bedarf eigentlicher Weise weder des Begriffs noch des Ausdrucks der Collation, um es zur Theilung zu bringen."

Daß diese Vorschriften noch gegenwärtig gelten und als bestehendes Provinzialrecht anzusehen sind, ist nicht zweifelhaft. Dagegen ist streitig, welche Gegenstände zu conferiren sind und wie die Collation auszuführen ist. Bezüglich der Collationspflicht, welche Kinder des Erblassers gegen einander haben, meint Crome, daß das römische Recht, wie es die heutige Doctrin klar gelegt hat, zur Anwendung kommen müsse, da es eine partikularische Auffassung sei, wenn man den Sinn der fortschreitenden Rechtsgestaltung verschließen und einer in falscher Anwendung des §. VII des Publicationspatents vom 5. Februar 1794 entstehenden Praxis rechtsbildende Kraft beimessen wollte, da doch nur eine nicht vorhanden gewesene, vorlandrechtliche Praxis von Bedeutung sein könnte.[20]) Dernburg schließt sich dem königl. Obertribunale an, welches in einem Erkenntnisse vom 24. Juni 1850[21]) angenommen hat, die

---

[20]) Crome S. 38.

[21]) Striethorst: Archiv. B. 1 S. 69.

Bestimmungen des allgemeinen Landrechts kämen allein in Betracht, weil das ältere Recht controvers gewesen sei.[22]) v. Scholtz-Hermensdorf unterscheidet zwischen streitigen und unstreitigen Punkten des älteren Rechts und hierin ist ihm beizutreten.[23]) Man war sich in der Praxis vor der Publication des allgemeinen Landrechts darüber klar, daß das römische Recht in dieser Materie nicht vollständig recipirt worden sei, und dies kann jetzt nicht mehr ergänzt und nachgeholt werden, da das allgemeine Landrecht überall eintritt, wo ein recipirtes Recht fehlt.[24]) Dagegen ist es richtig, daß damals Controversen bestanden, allein sie betrafen nur Nebenfragen und in der Hauptsache war der usus modernus zu festen Grundsätzen gelangt, wenn man nicht die Meinung jedes einzelnen Rechtslehrers für genügend hält, um eine Rechtsmaterie für streitig und zweifelhaft zu erklären. Man war darin einig, daß Kinder und entferntere Descendenten[25]) unter einander eine empfangene dos, donatio propter nuptias und rentabele militia, welche sie von ihrem Vater, ihrer Mutter oder einem entfernteren Ascendenten titulo lucrativo erhalten hatten, conferiren müßten, wenn es sich um die Theilung des Nachlasses desjenigen Ascendenten handelte, der ihnen die Zuwendung bei seinen Lebzeiten gemacht hatte.[26]) Remuneratorische Schenkungen unterlagen nicht der Collation und andere Schenkungen nur in dem Falle, wenn entweder der Erblasser dies sogleich bei der Schenkung ausbedungen hatte oder das

---

[22]) Dernburg III. §. 241 S. 670.

[23]) Abth. 2. Th. 2 S. 184 ff.

[24]) Materia de collationibus hodie est in viridi observantia, sed non eo jure quo in digestis traditur. Stryk: Usus modernns. XXVII. 6. §. 1. S. 1101.

[25]) Carpzov III. C. 33. Leyser: spec. 409. Berger: Oeconomia II. 4. th. 51 No. 1.

[26]) Pfitzer: Collation §§. 57—67. §§. 103—106.

beschenkte Kind, ohne selbst eine dos oder donatio propter nuptias erhalten zu haben, mit andern Descendenten concurrirte, welche eine solche Zuwendung oder ein Geschenk zu conferiren hatten.[27]) Die Bestimmung des allgemeinen Landrechts, daß nur Geschenke von bestimmten Gegenständen, d. h. von Grundstücken, immobilen Gerechtigkeiten und ausstehenden Capitalien zur Collation herangezogen werden können, war dem älteren Rechte ganz unbekannt und gilt daher nicht in der Mark Brandenburg.[28]) Unter einer militia verstand man eine Präbende oder eine einfache Leibrente, wie dies im allgemeinen Landrecht anerkannt ist.[29]) An die Stelle der dos und donatio propter nuptias war in Deutschland das subsidium paternum getreten, d. h. die Ausstattung, welche ein Ascendent einem Descendenten zur Errichtung einer besonderen Wirthschaft und zur Bestreitung der Wirthschaftskosten gab.[30]) Es blieb aber ungewiß, welche Gegenstände als paternum subsidium zu betrachten seien, und diese Controverse ist im allgemeinen Landrecht dahin entschieden, daß darunter alles zu verstehen ist, was Kinder bei ihrer Verheirathung, bei Errichtung einer besonderen Wirthschaft, bei Anstellung eines eigenen Gewerbes oder bei Uebernehmung eines Amts von den Eltern erhalten, insbesondere die Mitgabe der Töchter, ein für sie oder die Söhne aus dem Vermögen der Eltern bestellter Erbschatz, ein Ehevermächtniß, ein Gegenvermächtniß oder Witthum, die Brautgeschenke und überhaupt alles, was von den Eltern zu dem Ende gegeben worden, damit das Kind in den Stand gesetzt werde, seine Heirath zu vollziehen oder die abgesonderte

---

[27]) Lex. 20 §. 1. C. De collationibus. (VI. 20) und Pfitzer: Collation §. 185.

[28]) §. 328 u. §. 329. II. 2 Allgemeines Landrecht. v. Scholtz-Hermensdorf §. 394 und Th. 2 Abth. 2. S. 191. Crome S. 35.

[29]) §. 305 a. a. O.

[30]) Fein: Collation S. 258 u. Dernburg III. §. 241 S. 673.

Wirthschaft, das Gewerbe oder Amt anzutreten[31]). Als jetziges Provinzialrecht ist daher anzunehmen, daß der Gegenstand der Collation nur Ausstattungen in dem oben angegebenen Sinne des allgemeinen Landrechts erworbene Präbenden oder Renten und reine, d. h. nichtremuneratorische Schenkungen ohne Unterschied des Gegenstandes, wenn der Erblasser dies sogleich bei der Schenkung ausbedungen hat oder das beschenkte Kind ohne selbst eine Ausstattung oder was dem rechtlich gleich zu achten, erhalten zu haben, mit andern Descendenten concurrirt, welche eine solche conferiren müssen. Ob Enkel auch dasjenige zu conferiren hatten, was ihre inzwischen verstorbenen Eltern von dem Erblasser empfangen hatten, war streitig und ist jetzt nach dem allgemeinen Landrechte zu bejahen.[32]) Ausgeführt wurde die Collation, nach der Ansicht der bedeutenderen Juristen, indem dem collationspflichtigen Kinde die Wahl gelassen wurde, ob es den Gegenstand der Collation in Natur oder nur den Werth desselben einwerfen wolle und zwar nach dem Zeitpunkte des Todes des Erblassers. Dabei hatte es für verschuldete Verschlechterungen einzustehen, dagegen nothwendige und nützliche Verwendungen in Abzug zu bringen. Will das collationspflichtige Kind dieser Verbindlichkeit sich entziehen, so muß es der Erbschaft entsagen.[33]) Allein dieser Punkt war controvers, indem wieder andere Autoritäten annahmen, es sei nur Werth der empfangenen Sachen aus der

---

[31]) §. 304 u. §. 305. Tit. 2. Th. II Allgemeines Landrecht. Wenn die Stände und v. Scholtz-Hermensdorf die Equipirung eines in den Militärdienst tretenden Sohnes nicht zur Ausstattung rechnen, so beruht dies wohl auf einer unzutreffenden Auffassung des Begriffs einer Ausstattung. v. Scholtz-Hermensdorf §. 393 u. Abth. II. Th. 2 S. 189.

[32]) Dernburg III. §. 241 S. 675. Stryk: Usus modernus XXXVII. §. 3 S. 1105. Allgemeines Landrecht Th. II Tit. 2. §§. 359 ff.

[33]) Stryk: Usus modernus. §. 9. lib. XXXVII tit. 6. S. 1108. Pfitzer: Collation §§. 193 ff.

Zeit der Zuwendung in Anrechnung zu bringen.[34]) Letzteres schreibt das allgemeine Landrecht vor und es ist v. Scholtz-Hermensdorf darin beizupflichten, daß hierin eine Entscheidung einer damals erörterten Streitfrage gesehen werden muß, so daß es für die Mark Brandenburg Gültigkeit hat.[35]) Die heutige Doctrin des römischen Rechts zur Entscheidung der erwähnten Controversen heranzuziehen, verstieße gegen §. VII des Publicationspatents vom 5. Februar 1794, da diese Streitfragen damals erörtert wurden und die Fassung des §. 304 und §. 305. Tit. 1. Th. 2 des allgemeinen Landrechts erkennen läßt, daß es den Redactoren auf die Entscheidung einer Controverse ankam.[36])

Bei Eheleuten kann nun füglich der Fall nicht vorkommen, daß sie einander eine Ausstattung im Sinne des allgemeinen Landrechtes geben, und es bleibt daher nur übrig, daß sie den Kindern und weiteren Descendenten des Erblassers, wenn sie mit ihnen zugleich Erben werden, Schenkungen unter den oben erwähnten Voraussetzungen und Aufwendungen zum Erwerbe einer Präbende oder Rente nach dem Werthe zur Zeit der gemachten Schenkung oder Aufwendung zu conferiren haben.

3. Obgleich in den Stiftungsurkunden von Prenzlau von 1235 und von Wittstock von 1248, in dem Stadtbuche von Berlin von 1397 und in anderen älteren Privilegien ausdrücklich bestimmt ist, daß kein Heergeräth und keine Gerade gegeben werden solle, ist der Einfluß des älteren Sachsenrechtes auf die Mark dennoch so groß gewesen, daß etwas ähnliches an verschiedenen Orten derselben üblich geworden ist, indem dem überlebenden Ehegatten und den hinterlassenen Kindern gestattet wurde, gewisse einzelne Stücke im Voraus

[34]) Fein: Collation S. 258. Dernburg §. 241. III. S. 613.

[35]) v. Scholtz-Hermensdorf Th. II. Abth. II S. 197.

[36]) Vgl. oben Cap. III.

aus dem Nachlasse zu entnehmen, sodaß sie nicht zur Theilungsmasse gezogen wurden. Man nennt dies das Präcipuum des eben erwähnten Erben und geht in einzelnen Orten so weit, daß es dem überlebenden Ehegatten zugesprochen wird, auch wenn er der Erbschaft entsagt und die in Rede kommenden Vermögensstücke dem Erblasser eigenthümlich gehört haben. An welchen Orten solche Präcipua hergebracht sind, läßt sich nicht erschöpfend ermitteln, doch waltet keine Vermuthung für dieselben ob, und wenn ein überlebender Ehegatte sie beansprucht, muß er beweisen, daß ein Lokalrecht besteht, nach welchem sie ihm gebühren. Das Präcipuum des überlebenden Ehegatten besteht meistens nur in dem gemeinschaftlichen Ehebette, zuweilen noch in dem besten vorhandenen Kleide, wobei dem Ueberlebenden unter mehreren Stücken die Auswahl freisteht. Doch kommen auch einige andere Gegenstände vor, so sollen in einigen Dörfern der Neumark der hinterbliebenen Wittwe eines Bauern die Hühner des Hofes als Voraus gebühren und in Spandau soll der Wittwe eines Bäckermeisters die Backgerechtigkeit zufallen, ohne daß in der anzulegenden Theilung dafür etwas zur Masse kommt.[37]) Die Beweislast für das Herkommen trifft auch in dieser Beziehung den überlebenden Ehegatten. In der Stadt Berlin gilt jetzt kein Präcipuum, obgleich in dem berliner Stadtbuche vom Jahre 1397 erwähnt wird, daß der überlebende Ehegatte vor der Theilung sein Ehrenkleid, seinen Schmuck und das Ehebette im Voraus erhalte.[38])

---

[37]) v. Scholtz-Hermensdorf, Anhang. I. S. 224 und Crome S. 26.

[38]) Dy vrouwe en derf ore kleder noch gesmyde, dat o̊r ore frund oder vader oder muder ofte or man o̊r tu wolvard hebben gegeven dorch ere tu dragen, nicht met den erven deilen, noch di man desglikes weder an sinen kleder und gesmyde, wen ore eyn vorstervet. Ok sal ore en geynes bedde stan, naket wen man deilet. Heydemann: Elemente S. 176.

4. Aus der durch die Vereinigung des Vermögens beider Eheleute gebildeten Nachlaßmasse werden die Schulden beider Eheleute berichtigt, bevor zur Theilung derselben geschritten werden darf. Ein Unterschied zwischen den Schulden des Mannes und denen der Frau wird weder in der Joachimica noch in dem Erbschaftsedicte gemacht und kann daher nicht anerkannt werden.[39]) Auch ist es ohne Einfluß, ob der Mann zu den von der Frau während der Ehe contrahirten Verbindlichkeiten seine Genehmigung gegeben oder versagt hat. Stirbt die Frau zuerst, so muß der überlebende Ehemann auch solche Schulden der Frau, welche sie während der Ehe ohne seinen Consens oder wider seinen ausgesprochenen Willen gemacht hat, aus der Nachlaßmasse berichtigen, wenn er nicht vorzieht, der Erbschaft nach ihr ganz zu entsagen. Denn sein Successionsrecht ist ein wahres Erbrecht, als Erbe haftet er für die von der Erblasserin gültig eingegangenen Verbindlichkeiten, contractliche Verpflichtungen von Ehefrauen, welche sie während der Ehe wider den Willen ihrer Ehemänner eingehen, sind keineswegs nichtig sondern gültig, und das collidirende Nießbrauchsrecht des Ehemannes an den Illaten der Frau, welches der Verfolgung solcher Ansprüche während der Ehe zum Theil hindert, erlischt mit dem Tode eines der Ehegatten.[40]) Stirbt der Mann zuerst, so müssen die Miterben die eben erwähnten Schulden der Frau gleichfalls anerkennen und deren Tilgung aus dem Nachlasse bewilligen, weil die Pflicht der überlebenden Ehefrau ihr Vermögen zur Theilung einzuwerfen sich nicht nur auf ihre Illaten, sondern auch auf ihr vorbehaltenes Vermögen erstreckt. Die Miterben können dies nur abwenden, wenn sie der hinterbliebenen Ehefrau das Einwerfen ihres eigenen Vermögens zur Theilung ganz verbieten und ihr das halbe

[39]) Oben Cap. XXV und Cap. XXVIII S. 139 u. S. 169.

[40]) Oben Cap. IV u. Cap. XXVI. S. 38 u. S. 146.

Vermögen des Ehemannes als Erbtheil überlassen. In den Quellen des Provinzialrechtes ist nirgends des Falles gedacht, daß einer hinterbliebenen Ehefrau nur ihr Receptitium zur Berichtigung ihrer Schulden freigelassen werden könnte, vielmehr wird im Erbschaftsedicte von 1765 die Pflicht des überlebenden Ehegatten seine Schulden allein zu berichtigen ohne Unterschied, ob er der Ehemann oder die Ehefrau ist, nur davon abhängig gemacht, daß die Miterben ihm die Pflicht, sein Vermögen zur Theilung einzuwerfen erlassen und ihm die Hälfte des Vermögens des Erblassers als Erbtheil zubilligen.[41])

Selbstverständlich haftet der Nachlaß auch dann nicht für die Schulden des überlebenden Ehegatten, wenn der überlebende Ehegatte der Erbschaft nach dem zuerstverstorbenen Ehegatten entsagt, oder die Miterben, nachdem er seines Wahlrechtes durch förmliches Urtheil verlustig erklärt worden ist, ihn von der Erbschaft gänzlich ausschließen.

XXIX. Collision anderer örtlicher Erbrechte.

Haben Eheleute während des Bestehens ihrer Ehe ihren Wohnsitz von einem Orte, an welchem ein anderes Erbrecht gilt, nach der Mark Brandenburg verlegt, so entsteht bei dem Tode eines von ihnen die Frage, welches Erbrecht zur Anwendung kommt. Es war schon zur Zeit der Publication des allgemeinen Landrechts und ist noch gegenwärtig im gemeinen Rechte streitig, wie sich die Erbfolge in einem solchen Falle bestimmt. Ein Theil der Rechtslehrer will, daß dasjenige Recht zur Anwendung komme, welches am Orte der geschlossenen Ehe gelte, während ein anderer Theil das Recht des letzten Domicils gelten lassen will. Bei der Abfassung des allgemeinen

[41]) Oben Cap. XXVI S. 155 u. S. 158.

Landrechts ist diese Controverse zur Erörterung gekommen, indem die Gesetzcommission vorschlug, es bei den Gesetzen desjenigen Orts, wo der Mann zur Zeit der Eingehung der Ehe sein Domicil gehabt habe, zu belassen, da man, wenn Eheleute bei Schließung der Ehe nichts durch Verträge festsetzten, ein pactum tacitum unter ihnen, wodurch sie sich den Gesetzen des ersten Wohnorts unterwerfen, suppeditiren müsse. Dagegen war monirt worden und Suarez schloß sich dem an, daß es die allgemeine Regel sei, den Nachlaß eines Verstorbenen nach den Rechten seines letzten Wohnorts zu beurtheilen, das erwähnte pactum tacitum nur eine Fiction sei, und außer dem Falle einer bestehenden Gütergemeinschaft unter Eheleuten auch andere Rechte durch die Veränderung des Domicils verändert würden. Demnächst wurde der Satz in das Landrecht aufgenommen: Haben Eheleute während der Ehe ihren Wohnsitz verändert, so hat der Ueberlebende die Wahl, ob er nach den Gesetzen des letzten persönlichen Gerichtsstandes des Verstorbenen oder nach den Gesetzen desjenigen Orts, wo die Eheleute zur Zeit der vollzogenen Heirath ihren ersten Wohnsitz genommen haben, erben wolle.[42]) Suarez bemerkt hierzu: Dieser Grundsatz sei im Geiste des Gesetzbuchs, welches überhaupt dem überlebenden Ehegatten in der Succession mehr als das römische Recht begünstige, und sei der Billigkeit besonders gegen die Frau gemäß, da sie solchergestalt gegen eine oft unwillkürliche Domicilveränderung Successionsrechte nicht verlieren dürfe, auf welche sie oder ihre Eltern oder Vormünder bei Abschluß der Ehe reflectirten, so daß sie eben deshalb die Errichtung von Ehepacten unnöthig gehalten hätten. Auch könne daraus keine Verwirrung und Weitläufigkeit entstehen, da der Fall einer bestehenden Gütergemeinschaft immer ausgeschlossen bleibe. Bezüglich der Gütergemeinschaft wurde dann bestimmt, daß sie

---

[42]) §. 496. Th. II Tit. 1. Allgemeines Landrecht.

bei Verlegung des Wohnortes der Eheleute nach einem Orte, wo sie gesetzlich nicht stattfindet, zwar durch einen besondern Vertrag der Eheleute wieder aufgehoben werden könne, sonst aber bestehen bleibe,[43]) und das Tribunal hat in richtiger Consequenz hiervon angenommen, daß der überlebende gütergemeinschaftliche Ehegatte die Erbfolge nach dem letzten Domicil, an welchem Dotalrecht gelte, nicht fordern könne, wenn die Gütergemeinschaft nicht vor dem Tode des zuerstverstorbenen Ehegatten ausgeschlossen worden sei.[44])

Die zuletzt erwähnte Bestimmung des §. 417. II 1 des allgemeinen Landrechts muß als bestehendes Recht in der Mark Brandenburg anerkannt werden, denn sie liegt innerhalb der zur Zeit der Publikation des allgemeinen Landrechts ebenfalls erörterten Controverse über die Wandelbarkeit des Güterrechts der Eheleute durch Verlegung des Wohnsitzes unter Lebenden und entscheidet sich für eine der damals aufgestellten Ansichten. Dagegen kann der Vorschrift des §. 496 a. a. O. eine gleiche Bedeutung nicht beigelegt werden.[45]) Die zuerst erwähnte Controverse bewegte sich in anderen Grenzen und das allgemeine Landrecht enthält vollkommen neues Recht, zu welchem es aus Gründen gelangt, die dem älteren Rechte unbekannt sind. Das allgemeine Landrecht enthält daher keine Entscheidung und Bestimmung des älteren Rechts und die gemeinrechtliche Controverse, wie sie oben erwähnt ist, besteht noch gegenwärtig im Provinzialrechte der Mark Brandenburg.

Die Streitfrage über das Erbrecht des überlebenden Ehegatten bei einem Domicilwechsel der Eheleute hängt mit der Frage über die Wandelbarkeit des ehelichen Güterrechts unter Lebenden bei einem solchen Wechsel zusammen. Das allgemeine

---

[43]) §. 417. Th. II Tit. 1 Allgemeines Landrecht.

[44]) Entsch. B. 3 S. 45 u. B. 37 S. 202.

[45]) Förster IV. §. 262. Note 25. S. 233.

Landrecht entscheidet sich für die Unwandelbarkeit des ehelichen Güterrechts unter Lebenden, wobei es aber dritte Personen, die in gutem Glauben mit den Eheleuten in Kontraktsverhältnisse treten, insofern schützt, als diese Verhältnisse nach dem Ortsrechte des damals begründeten Domicils beurtheilt werden sollen.[46]) Im gemeinen Rechte ist dieselbe Ansicht gegenwärtig als die herrschende zu betrachten,[47]) so daß es keinem Bedenken unterliegt, sie auch in der Mark Brandenburg anzuwenden.

Als bestehendes Provinzialrecht gilt daher, daß das brandenburgische statutarische Erbrecht der Eheleute nur bei solchen Eheleuten zur Anwendung kommt, welche ihren ersten Wohnsitz nach Eingehung der Ehe in der Mark Brandenburg genommen haben oder von einem Orte, wo Gütergemeinschaft gilt, nach der Mark verzogen sind und hier die Gütergemeinschaft ausgeschlossen haben. Steht es dem überlebenden Ehegatten hiernach nicht zu, so kann er es nicht wählen, wenn auch das letzte Domicil des Erblassers in der Mark gewesen ist.

---

[46]) Dernburg III. §. 4. S. 12.

[47]) Förster I. §. 11 Note 40. S. 59 und Dernburg a. a. O.

Drittes Buch.

Testament und Erbvertrag der Eheleute in der Mark Brandenburg.

XXX. Testament nach der Constitution von 1527.

In der Constitution des Kurfürsten Joachim I. vom Mittwoch nach Franziscus (den 9. Oktober) 1527 handelt ein besonderer Abschnitt von den Testamenten und zwar lautet der Text folgendermaßen:

Ordnen, setzen und woellen, das ein jeglicher (dem solches zu recht gebürt) mag nach rechts form ein testament machen von seinen gütern, liegenden gründen und farender habe, und also seiner selen seligkeit und gegen seinem nechsten die gerechtigkeit bestellen und befehlen. Welches auch mit fleis sol gehalten und volbracht werden. Aber doch sol an liegenden gründen allein ein summa oder wirderung und nicht das gute bescheiden werden, es geschehe dann mit der erben und der herrschafft willen. Und mögen die geistlichen beichtveter, so in todtesnöten die kranken mit sacramenten versorgen, dieselbigen in gegenwart der erben, freunde oder frembden wol anreden und erinnern, ob sie in gottes ehre zur seligkeit jrer selen oder sonst jemands bescheiden oder testament machen wöllen, das sie solches von sich sagen oder anzeigen. Aber die kranken ohne der erben, freunde oder ander gezeugnuss beweisen weiter anzuhalten und zu bewegen, etwas zu bescheiden oder zu vergeben, sol sich ein jeglicher geistlichs und weltlichs stands enthalten.

Mit Testament ist aber an dieser Stelle nicht der römische und moderne Begriff zu verbinden; wonach es eine letztwillige Verordnung bedeutet, in welcher ein oder mehrere Erben als Rechtsnachfolger in das gesammte Recht des Erblassers ernannt werden. Im Mittelalter war „Testament" durch den Einfluß der Geistlichkeit zu einem technischen Ausdrucke geworden für jede Verordnung von Todeswegen, worin der Erblasser etwas über seinen Nachlaß in den Formen des römischen oder canonischen Rechts im Gegensatze zu den deutschrechtlichen Vergabungen zum Besten der Kirche oder ihrer vielen Anstalten bestimmte. Man sah dabei gänzlich davon ab, ob nur einzelne Stücke vermacht oder eine successio in universum jus angeordnet wurde, ja man betrachtete das Erstere als den eigentlichen Gegenstand des Testaments in diesem Sinne, da doch nach der Natur der menschlichen Neigungen in den überwiegend meisten Fällen die Verwandten des Erblassers nicht gänzlich von der Erbschaft durch die Kirche ausgeschlossen wurden, es meistens vielmehr nur darauf abgesehen wurde, etwas für Todtenmessen und dergleichen auszusetzen.[48])

Auf solche Schenkungen einzelner Stücke an die Kirche von Todeswegen ist die Bestimmung der Joachimischen Constitution allein zu beziehen. Es folgt dies aus der Aufzählung der Gegenstände, worauf sich das Testament beziehen soll, denn es wird nicht gesagt, daß jeder einen Erben durch Testament

[48]) Grimm: RA. S. 482. Eichhorn: RG. §§. 19, 181, 198, 202. Beseler: Erbvert. I. S. 247. Walter: Kirchenrecht §. 343. Heydemann: Elemente S. 275.

ernennen und Legate aussetzen könne, vielmehr heißt es nur, daß jeder ein Testament von seinen Gütern, seinen liegenden Gründen und seiner fahrenden Habe machen könne. Es spricht hierfür ferner, daß die Thätigkeit der Geistlichen bei den Sterbenden erwähnt und als Zweck der Testamente Anordnungen zur Ehre Gottes und zur Seligkeit des Erblassers und dritter Personen angegeben wird. Allerdings ist noch hinzugefügt, daß sie errichtet werden könnten, um gegen seine Nächsten die Gerechtigkeit zu bestellen und zu befehlen. Aber unter den Nächsten sind hier nicht die nächsten Verwandten des Erblassers, sondern die Mitmenschen zu verstehen, und das Ganze ist als ein Satz der Kirchensprache aufzufassen, worin nur gesagt wird, daß man seine Schuldigkeit gegen seine Mitmenschen thun möge, so daß wieder nur Stiftungen und dergleichen gemeint sind. — Es tritt auch die Bestimmung hinzu, daß ohne Einwilligung der Erben (und der Herrschaft) liegende Gründe nicht in Natur durch Testament vermacht werden sollen. Man braucht dies zwar nicht so auffassen, daß die Erben hier im Gegensatze zu den im Testamente Bedachten gedacht seien, daß also eine andere als die testamentarische Universalsuccession vorausgesetzt sei. Erbe kann hier wie überall in der älteren Deutschen Rechtssprache auch nur erbberechtigter Verwandter bedeuten, ganz abgesehen davon, ob an ihn ein Erbanfall bereits geschehen ist. Diese Bestimmung der Constitution enthält eine politische Maßregel. Die Ueberhandnahme des Grundbesitzes der Kirche und der geistlichen Körperschaften sollte verhindert und namentlich sollten die Gutsherrschaften dagegen geschützt werden, daß das Land ihrer zins- und dienstpflichtigen Bauern in Kirchenland umgewandelt werde, da von diesem erfahrungsmäßig schwer Dienstleistungen zu erlangen waren. Ihre Voraussetzung ist mithin wieder, daß hier bei Testamenten nur an Zuwendungen an die Kirche, ihre Anstalten und dergleichen gedacht ist.

Ganz unzweifelhaft aber folgt aus den übrigen Vorschriften der Joachimischen Constitution über das Erbrecht der Eheleute, daß ihr ein Testament im Sinne des römischen Rechts unbekannt ist. Ueber die Erbfälle zwischen Eheleuten bestimmt die Constitution von 1527 folgendes:

„Setzen und ordnen. Welches von eheleuten des andern todt erlebt, behelt nach alter gewonheit das halb gut an liegenden gründen und farender habe. Jedoch sol erstlich dienstlon und schulde zuvor aus dem gemeinen gut bezalt werden, und nachfolgig testament, so etwas obrig, von des verstorben erbnemen gegulden und bezalt werden. Das ander halbteil sollen haben die ehelichen leibserben, so die vorhanden sein, oder so die nicht weren, die nechsten freunde nach keiserrecht. So aber kein angesipter freund da were, denn nimpt das halbteil die herrschafft. Was in der ehestifftung von beiderseits freundschafft bedingt, verbriffet und beschlossen, das eins dem andern obergiebt nach seinem tod an gelt, farender habe oder vorteil an den liegenden gründen, zu voraus zu haben, sol bei macht und krefftig bleiben. Dergleichen, so zwey eheleut bey einander in der ehe sein und keinen leiblichen ehelichen erben haben, mag eins dem andern vor gericht obergeben und vermachen zuvoraus den vierdten pfenning aller güter, liegender gründe, reitschafft und farender habe, welches geschen sol vor gehegtem ding. Und solchs sol krafft haben, dieweil sie nicht leibliche eheliche erben gewinnen. Sobald aber sie eheliche leibserben bekommen, sol solche obergabe und vermechtnus kein krafft haben. So aber die eheliche leibserben wider verstürben, mögen sie einander widerumb auffs neu den vierdten pfenning zuvoraus vermachen vor gericht, wie oben. Hiemit alle ander misbreuch durch die kranken im haus oder an der schwelle und auch höher vermachung ober den vierdten pfenning, wie oben, sollen abgethan, auffgehoben und unkrefftig sein, doch sol erstlich dienstlon und schulde, ehe der vierdte pfenning angelegt, gerechnet und von dem gemeinen gut bezalt werden. — In solcher vermachung und obergabe zwischen eheleuten, die one eheliche leibserben sein und verbleiben, sol kein liegend grund anders dann auff ein summa gelts angeschlagen, vermacht oder obergeben werden, es geschehe dann mit der erbnemen willen."

Wenn hier bestimmt ist, der überlebende Ehegatte und die Miterben sollten die Schulden des Erblassers aus dem gemeinen Gut bezahlen und die Miterben demnächst ein Testament desselben gelten und zahlen, bevor sie zur Theilung schritten und ihre Quoten erhielten, so kann unter Testament nicht eine Verordnung mit einer Ernennung anderer Erben verstanden werden.[48a])

Ferner findet sich hier ein Anerkenntniß und ein vollständiges System der gerichtlichen Vergabung unter Eheleuten.[49]) Auch sind uns eine große Zahl solcher Vergabungen aus früherer Zeit urkundlich bezeugt, indem die erhaltenen Stadtbücher der brandenburgischen Städte, in welchen die Akte der Gerichtsbarkeit verzeichnet zu werden pflegten, überwiegend mit ihnen angefüllt sind.[50]) Meistens ist darin allerdings nicht ein Präcipuum in einer Quote, wie der vierte Pfennig, bestimmt, sondern überhaupt festgestellt, was der überlebende Theil er-

---

48a) Oben Cap. XXV S. 140.

49) Heydemann a. a. O. S. 264.

50) Anno 1328 feria sexta post martini. Temo Peterstorp venit coram praefecto et schabinis in celebri judicio et fecit uxori suae Sophi propter mortem suam in bonis suis quantum de jure potest, et illa econverso sibi (ihm). Stadtbuch von Frankfurt a. d. Oder.

halten soll. Allein eine genauere Betrachtung dieser Abmachungen erübrigt, da es genügt den rechtlichen Brauch und die Gewohnheit der gerichtlichen Vergabungen unter Eheleuten auf den Todesfall zu constatiren.

Das Erbrecht der Eheleute nach der Joachimica muß man folgendermaßen auffassen. Der überlebende Theil erhält die Hälfte des Vermögens beider Gatten, welches zu diesem Zwecke zu einer Masse vereinigt wird. Von der gemeinen Masse werden nur die vorhandenen Schulden abgezogen, und von dem Reste gebührt ihm die Hälfte ohne alle Einschränkung. Sie ist sein Minimum, denn die Bestimmung, daß das Testament von den Erbnehmern gegolten und bezahlt werden solle, bedeutet, daß der überlebende Ehegatte dazu nichts beizutragen habe.[51]) Sie ist aber auch sein Maximum, denn wenn keine erbberechtigten Blutsverwandten des Erblassers vorhanden sind, wird neben dem überlebenden Ehegatten der landesherrliche Fiskus als Erbe zur andern Hälfte des Gesammtvermögens berufen. Nur die eine Ausnahme gilt hiervon, daß kinderlose Eheleute ein Viertel ihres Gesammtvermögens sich wechselseitig als ein Präcipuum gerichtlich auf den Todesfall vergeben können, sodaß also in diesem Falle der überlebende Theil fünf Achtel statt der Hälfte erhalten kann. Was die Grundstücke betrifft, so findet sich ein Rest des Systems der Stammgüter des Sachsenspiegels, da sie bei der Theilung der Masse nur ihrem Werthe nach in Ansatz kommen, in Natur aber nur dann auf den Antheil des Ueberlebenden gelegt werden, wenn er sie eingebracht (oder erworben) hat. Es ist dies allerdings den Worten nach nur für die Vergabung des vierten Theils vorgeschrieben, aber der Gedanke des Stammguts, welcher hier ausgesprochen ist, greift doch ebenso bei der Theilung der ganzen Masse Platz.

---

[51]) Vergl. oben Cap. XXV S. 140.

Daß in diesem ganzen Systeme kein Raum für ein Testament unter Eheleuten im Sinne des römischen Rechts ist, leuchtet ein. Es ist niemals unter den märkischen Juristen streitig gewesen, daß die Hälfte des Gesammtvermögens das Minimum des überlebenden Ehegatten bildet.[52]) Eben sowenig kann es aber zweifelhaft sein, daß diese Hälfte und unter der angegebenen Voraussetzung sein Präcipuum des vierten Pfennigs das Maximum ist, welches er erhalten darf. Die Bestimmung der Constitution von 1527, daß jede höhere Vermachung über den vierten Theil abgethan, aufgehoben, und unkräftig sein solle, erscheint in dieser Beziehung durchaus klar. Sie nur auf die Form der Vergabung vor gehegtem Dinge zu beschränken und daneben andere letztwillige Verordnungen zu vermuthen, für welche diese Einschränkung nicht bestehen solle, erscheint um so ungerechtfertigter, als aus der Natur des Aktes der Vergabung eine solche quantitative Einschränkung niemals hergeleitet werden kann, auch gerade in den älteren Stadtbüchern Vergabungen registrirt sind, welche das ganze Vermögen betreffen.[53])

Wenn daher Maximum und Minimum feststehen, und das Maximum an die Form der Vergabung vor gehegtem Dinge gebunden ist, so ist offenbar keine Möglichkeit für ein Testament gelassen, worin ein Ehegatte den überlebenden Theil in seinem gesetzlichen Rechte einschränken oder über dasselbe hinaus begünstigen könnte.[54])

---

[52]) Scheplitz, Buch I Theil III. Tit. 2. §. 23. Nr. 6. Hereditaria portio unius conjugis fideicommisso vel alia ratione gravari non potest, nisi id omne fieret cum consensu partis superstitis.

[53]) Stadtbuch von Treuenbrietzen vom Jahre 1368. Petrus medicus donavit suae uxori et uxor sibi mutuo post mortem, quis eorum vel quae prius decesserit, quod, si pueros carnales non relinquerent, supervivens omnia relicta bona, si quae et ipsa solito tollantur, retinebit.

[54]) In dem berliner Stadtbuche von 1397 wird das Testament in

Nach der Constitution von 1527 fand das römische Recht sehr schnell seine Aufnahme in der Mark. Nur der Schöffenstuhl zu Brandenburg an der Havel beobachtete noch das ältere Recht, doch schwand sein Ansehen mehr und mehr.[55]) Schon in den beiden Entwürfen einer Landesordnung, welche unter dem Kurfürsten Johann Georg ausgearbeitet wurden, geschieht eines reciproken Testaments unter Eheleuten, in welchen sie sich wechselseitig zu Erben einzusetzen vermögen, Erwähnung und bald ward das ältere Recht gänzlich vergessen und obsolet.[56]) Ueber die Methode, mit welcher die Jurisprudenz verfuhr, um das römische Recht einzuführen, giebt das oft erwähnte Werk des Vicekanzlers Kohl, Declaratio accurata constitutionis marchicae ein vorzügliches Bild. Er deducirt folgendermaßen: „Da in der Constitution bestimmt ist, daß ein Jeder, dem solches zu Recht gebührt, ein Testament (im Sinne des römischen Rechts) errichten könne, stimmt sie in diesem Punkte mit dem gemeinen Rechte vollkommen überein, und wer nach diesem Testamentifaktio hat, dem steht sie auch nach der Constitution zu. Wenn nur Güter, liegende Gründe und fahrende Habe bei Gelegenheit des Testa-

---

ganz ähnlichem Sinne wie in der Joachimica erwähnt. Wy testament in syn leste ende wil geven, dy geve syn redegeld. Hus, huven, garden und alle land sal he nicht bescheiden. Vorgeve ymand des darboven, di vorgeft nicht mer, wen alse vele alse dat erfgut gelden mach. Sonst läßt sich das Wort Testament in den älteren märkischen Stadtrechten nicht auffinden. Heydemann: Elemente S. 204 und 276.

[55]) Heydemann: Elemente S. 274 u. Kohl: Decl. acc. Quaestio VII No. 1. Quaeritur, quid de donatione (Vergabung) statuendum? Sed controvertitur, an haec dispositio sit intelligenda etiam de donatione mortis causa et in ea locum habeat? Non defuere, quibus affirmativa opinio placuit, et ita scabinos brandenburgenses respondisse comperio.

[56]) Mylius Theil VI Abth. 3. S. 27 u. S. 99.

ments erwähnt sind, so ist dies dennoch vom gesammten Vermögen des Erblassers zu verstehen, weil Niemand pro parte testatus et pro parte intestatus bleiben kann. Die Erwähnung der piae causae, denn dies heißt Bestellung der Seelen-Seligkeit, ist erfolgt, weil solche Zuwendungen vor allen andern genau beobachtet werden.[57]) Daß kein Grundstück in Natur vermacht werden soll, ist nur von Legaten zu verstehen. Will der Erbe statt der Schätzung das Grundstück selbst geben, so ist er hierzu befugt, jedoch kann er auch die Schätzung auf ein billiges Maaß herabsetzen lassen. Ist die Schätzung im Testamente unterblieben und das Grundstück selbst legirt, so ist das Legat nicht ungültig und nicht hinfällig, sondern die Schätzung erfolgt nachträglich, weil die Bestimmung des Testaments nicht ohne Effekt bleiben kann und das Verbot der Legate von Grundstücken nicht absolut aufgestellt ist. Ist ein Erbe im Testamente eingesetzt, so fallen ihm auch die Grundstücke des Erblassers zu, und dabei ist es gleichgültig, ob er ein Extraneus oder der überlebende Ehegatte ist.[58]) Die Hälfte des überlebenden Theils kann ein Ehegatte durch sein Testament nicht beschränken, denn diese Hälfte vertritt die Stelle des Viertels der armen Wittwe des römischen Rechts. Auch folgt dieser Grundsatz aus der Bestimmung der Joachimica, daß nur den Erben (Leibeserben) aufgetragen wird, die Anordnungen des Testaments zu erfüllen. Die Vorschrift, daß die zweite Hälfte den Kindern oder Verwandten des Erblassers eventuell dem Fiskus gebührt, ist nur auf die Intestaterbfolge zu beziehen. An die Stelle dieser Personen treten die Testamentserben, wenn ein gültiges Testament errichtet ist. Auch der überlebende Ehegatte kann zum Erben in einem Testamente des andern Gatten ernannt werden, oder es können ihm Le-

---

[57]) Quaestio XII. Nr. 1 a. a. O.

[58]) Quaestio XVII. Nr. 13 und 20 a. a. O.

gate, Fideikommisse u. s. w. vermacht werden. Was ihm in einem Testamente zugewendet wird, muß er sich auf seine Hälfte anrechnen, denn jeder Ehegatte ist verpflichtet, dem Andern die Hälfte zu hinterlassen; wo eine Verpflichtung besteht, kann die Absicht der Freigebigkeit nicht vermuthet werden, und deshalb muß angenommen werden, der Testator habe das Legat oder die Zuwendung nur zum Zwecke der Compensation gemacht. Selbstverständlich kann ein Testator aber auch bestimmen, daß diese Compensation fortfalle und das Legat u. s. w. außer der Hälfte gegeben werde. Erhält der überlebende Theil nach dem Testamente mehr als die Hälfte des gesammten Vermögens beider Eheleute, so ist dies sein Gewinn. Erhält er weniger, so kann er mit Umgehung des Testaments dennoch seine volle Hälfte fordern.[59]) Die Bestimmung, daß kinderlose Eheleute deu vierten Theil aller Güter einander zum Voraus vor Gericht übergeben und vermachen können, bezieht sich auf Geschenke zwischen Mann und Frau. Es fragt sich nur, ob darunter Geschenke unter Lebenden oder Geschenke von Todeswegen zu verstehen sind. Das erste muß aber aus folgenden Gründen als das allein Richtige betrachtet werden: 1) Vermachung heißt Anweisung (assignatio) und wird sowohl auf letztwillige Verfügungen wie auf Geschäfte zwischen Lebenden bezogen. Hier wird sie eingeschränkt durch den Zusatz „Uebergabe," welche nur unter Lebenden geschieht. Es steht auch nicht entgegen, daß die wirkliche Absonderung des vierten Theils nicht bei Lebzeiten des Schenkenden zu erfolgen pflegt, denn dies bezieht sich nur auf die Ausführung (executio) der Schenkung, welche bis nach dem Tode aufgeschoben werden kann. 2) Wer freie Testamentifactio hat, kann nicht in den Schenkungen von Todes wegen beschränkt sein. 3) Schenkungen von Todes wegen sind den Legaten gleich zu achten

[59]) Quaestio XI. Nr. 1, 3 und 4 a. a. O.

und kein Ehegatte ist in der Bestimmung der Höhe der Legate eingeschränkt. 4) Geschenke von Todes wegen müssen auf den Pflichttheil angerechnet werden; die Hälfte des überlebenden Ehegatten ist sein Pflichttheil, und der vierte Pfennig soll nicht darauf angerechnet werden. 5) Die Constitution sagt, daß die Schenkung bei den Akten des Gerichts registrirt werden soll, denn dies heißt vor „gehegtem Dinge." Es ist aber im gemeinen (römischen) Rechte vorgeschrieben, daß nur Schenkungen unter Lebenden, und zwar wenn sie die Höhe von 500 Aureis übersteigen, gerichtlich verlautbart werden sollen, während von Schenkungen auf den Todesfall dies niemals verlangt wird, mag die Summe derselben noch so hoch sein. Die Joachimische Constitution spricht daher bei diesem Punkte nur von Geschenken unter Lebenden, und stellt eine Ausnahme vom gemeinen Rechte auf, da nach diesem Geschenke unter Eheleuten verboten sind." [60])

Diese ganze Ausführung von Kohl leidet offenbar an dem Fehler, daß die Bestimmungen des römischen Rechtes von den Testamenten als bestehendes Recht vorausgesetzt und als Ausgangspunkt für die ganze Schlußfolge hingestellt sind, während erst das Resultat dahin führen konnte, dies als Inhalt der Joachimischen Constitution von 1527 nachzuweisen. Es sind denn auch die Gründe, welche Kohl aufstellt, fast niemals adoptirt und weiter entwickelt worden. Steyer schon wirft ihm vor, daß sein Standpunkt ein einseitiger sei, da er lediglich vom römischen Rechte ausgehe.[61]) Ganz anders verhält es sich mit den schließlichen Resultaten, zu welchen Kohl gelangt ist. In dieser Beziehung ist sein Verdienst um die Bildung des heutigen Rechts nicht gering anzuschlagen. Vorzüglich ist es seit ihm

[60]) Quaestio XII. Nr. 1, 11, 12, 19, 25, 26, 28, 37 a. a. O.

[61]) Steyer: Dissertatio inauguralis. S. 5. Ausgabe v. 1761.

nicht mehr zweifelhaft gewesen, einerseits, daß jeder Ehegatte ohne Zuziehung des Andern ein Testament nach römischrechtlichen Grundsätzen errichten, darin Erben ernennen und Legate und Fideikommisse festsetzen, auch seinen überlebenden Ehegatten als Universalerben gültig instituiren, ihm die Pflicht sein eigenes Vermögen zur Theilung einzuwerfen erlassen und ihm jede Zuwendung wie andern Personen machen kann, andererseits, daß die Hälfte des Gesammtvermögens beider Gatten ein nach Analogie des römischen Rechtes zu beurtheilender Pflichttheil des Ueberlebenden ist, welchen der Testator ihm unverkürzt und unbelastet überlassen muß.

XXXI. Notherbrecht und Pflichttheilsberechtigung des überlebenden Ehegatten.

In der Mark Brandenburg gelten die Bestimmungen des römischen Rechts über das Notherbrecht und das Pflichttheilsrecht. In allen Fällen, wo Ascendenten oder schon vorhandene Descendenten unrechtmäßig in einem Testamente präterirt sind, desgleichen in allen Fällen unrechtmäßiger ausdrücklicher Enterbung kann von den Enterbten oder Uebergangenen das Testament mit der Wirkung angefochten werden, daß die ganze Erbeseinsetzung fortfällt, und die letztwillige Verordnung nur, soweit sie andere Bestimmungen enthält, bei Kräften bleibt.[62]) Ferner ist in der Mark Rechtens, daß nicht blos die Erbeseinsetzung, sondern auch sämmtliche Anordnungen des Testaments hinfällig werden, wenn einem Erblasser nach errichtetem Testamente Kinder oder entferntere zur Erbfolge berechtigte Descen-

---

[62]) v. Scholtz-Hermensdorf: Provinzial-Recht Bd. II. S. 290 u. II. S. 153.

denten geboren werden, und diese Abkömmlinge im Testamente nicht instituirt sind.[63])

Dem überlebenden Ehegatten ist aber ein solches Notherbrecht nach dem zuerst versterbenden Theile niemals beigelegt worden. Nach der älteren Ansicht erstreckte sich die Befugniß eines Ehegatten zu testiren überhaupt nur auf diejenige Hälfte des gesammten Vermögens beider Eheleute, welches der überlebende Theil nicht annahm oder behielt.[64]) Es wurde vorausgesetzt, daß er neben den Testamentserben seine statutarische Hälfte unverkürzt erhielt und das Testament nur über den Rest des gemeinsamen Vermögens Bestimmungen treffen und eine Erbfolge anordnen könne. Seine Erwähnung im Testamente war daher durchaus nicht geboten und dies muß auch jetzt noch als bestehendes Recht angesehen werden, da sich nirgends ein Anhalt findet, der eine Abweichung rechtfertigen könnte. Ist der überlebende Ehegatte in dem Testamente des andern Ehegatten übergangen oder aus einem nicht gerechtfertigten Grunde enterbt, so hat dies für die Rechtsbeständigkeit des Testaments und die darin enthaltene Erbeseinsetzung keine Bedeutung. Der überlebende Gatte erhält in diesem Falle seine statutarische Hälfte, ganz als ob kein Testament vorhanden sei, und die im Testamente eingesetzten Erben theilen sich die andere Hälfte des gemeinsamen Vermögens der Eheleute, indem diese als reiner Nachlaß des Verstorbenen für sie betrachtet wird.

[63]) v. Scholtz-Hermensdorf a. a. O. I. S. 157. §. 472.

[64]) Ob auch wohl einem Jeglichen laut der Landesconstitution ein Testament zu machen freistehet, so soll doch keinem Manne zugelassen werden, seiner Frauen zu Forfange ein Testament zu machen und sie in ihrer Helffte zu verkürtzen, sondern dasselbe soll von des Testamentmachers halben Theil und von seinen Erben alleine gegeben werden. Scheplitz Lib. I. pars III. tit. II. §. 23. (Ausg. v. 1744 S. 179.) Kohl: Declaratio. Qu. 12. Nr. 13. (Ausg. v. 1731. S. 225.) Und kann der Wittiben diese Hälfte auch per testamentum des Ehemannes weder gemindert noch genommen werden. Neum. Lehnsconstit. v. 1724. §. 64.

Aus demselben Grunde wird auch ein bereits errichtetes Testament einer unverehelichten Person durch Eingehung einer Ehe nicht rumpirt. Stirbt in diesem Falle der Testator vor dem andern Ehegatten, so erhält dieser seine statutarische Portion und die im Testamente eingesetzten Erben und Legatare müssen sich mit der zweiten Hälfte des Vermögens beider Eheleute begnügen, unter ihnen aber finden alle Bestimmungen des Testaments volle Anwendung. Es können hierdurch sehr verwickelte Verhältnisse entstehen, namentlich wenn bestimmte Stücke zu einer im Testamente angegebenen Taxe einzelnen Erben auf ihre Antheile angewiesen sind, wenn Gebrauchsrechte an andern Stücken eingeräumt sind, oder wenn gewisse Renten oder Hebungen auf einzelne Stücke gelegt sind. Für den überlebenden Ehegatten ist dies alles unverbindlich. Er kann zum Zwecke der Theilung den Verkauf aller Stücke des Nachlasses, die sich ohne Werthsverringerung nicht in Natur theilen lassen, verlangen und den Testamentserben muß überlassen bleiben, wie sie sich in den auf sie fallenden Antheil des Erlöses theilen und die sonstigen Anordnungen des Testators erfüllen wollen.

Auch kann man das Erbrecht des überlebenden Theils nicht ganz als ein Pflichttheilsrecht desselben nach den Bestimmungen des römischen Rechts und des allgemeinen Landrechts bezeichnen. Alle Rechtslehrer und die constante Praxis der Gerichtshöfe stimmen darüber überein, daß die statutarische Hälfte des überlebenden Ehegatten ihm durch ein Testament des andern Ehegatten nicht verkürzt werden kann. Scheplitz sagt in dieser Beziehung sehr zutreffend: Hereditaria portio unius conjugis fideicommisso vel alia ratione gravari non potest.[65])

---

[65]) Scheplitz: Consuetudines a. a. O. S. 180. Kohl: Decl. accurata, Quaest. XI. Nr. 2 sagt darüber: Dimidiam, quam constitutio superstiti tribuit et assignat, auferre conjux testamento non po-

Die Voraussetzung des Pflichttheils nach gemeinem Rechte ist aber eine Quote an dem Vermögen des Erblassers und die Klage zu seinem Schutze geht auf Gewährung des vollen Werths dieser Quote. Die statutarische Portion des überlebenden Ehegatten ist nicht eine einfache Quote von dem Vermögen des Erblassers. Wenn sie gegen die Bestimmung des Testaments gefordert wird, handelt es sich nicht um Ergänzung derselben, sondern um die eigenthümliche Constituirung der Theilungsmasse nach Vorschrift der Joachimica, wobei dem überlebenden Ehegatten Pflichten obliegen, welche ein anderer pflichttheilsberechtigter Erbe nicht hat. Es ergeben sich deshalb einige Verschiedenheiten in der rechtlichen Stellung Beider, die aber das kgl. Obertribunal nicht anzuerkennen scheint. Unter dem 2. September 1848 hat es das Präjudiz aufgestellt: Ein märkischer Ehegatte, welcher von seinem Rechte, die statutarische Portion zu verlangen, gegen Testamentserben des verstorbenen Ehegatten Gebrauch macht, ist nicht berechtigt, die Subhastation eines zum Nachlasse des Testators gehörigen und vom Letzteren einem Erben zu einem bestimmten Preise überwiesenen Grundstückes zu verlangen, sondern muß sich begnügen, daß bei Berechnung der statutarischen Hälfte das Grundstück nach dem Betrage einer aufzunehmenden Taxe zur Anrechnung gebracht wird.[66]) Allein dieser Entscheidung ist nicht beizutreten. Der überlebende Ehegatte, welcher seine eigenen Sachen zum Zwecke der Theilung einwerfen und seine Grundstücke zum Verkaufe

---

test, imo nec minuere. (Ausgabe von 1731. S. 215.) Ebenso Steyer: Dissertatio inauguralis: De illa dimidia nullam dispositionem testamentariam valere, omnes asserunt. (Ausgabe v. 1761. S. 68.) Stryk: De successione ab intestato. Diss. IV. Cap. III. §. 2 und §. 20 (Ausgabe von 1733. S. 288 u. S. 299) und Mathis: Juristische Monatsschrift Band III. S. 152. (Nr. 85 und 86.) Vergl. unten Note 67. S. 198.

[66]) Entscheidungen des königl. Obertribunals. Bd. 16 S. 515.

hergeben muß, damit die Theilungsmasse gebildet werde, kann nicht gehalten werden, sich bei der Taxe der Grundstücke des Erblassers zu begnügen.[67]) Das Recht des überlebenden Gatten geht daher über das gemeinrechtliche Pflichttheilsrecht insofern hinaus, als ein Testament des andern Theils ihm gegenüber in keiner Beziehung eine Wirkung hat, sobald er bei seinem statutarischen Erbrechte beharrt. Andererseits kann er auch gar keine Rechte aus demselben herleiten, wenn er nicht Erbe daraus wird. Namentlich gilt für ihn nicht die Bestimmung des römischen Rechts, daß ein Pflichttheilsberechtigter, welchem die ganze Erbschaft als Fideikommiß von einem späteren Zeitpunkte an zugewendet ist, sofort die Entrichtung des Pflichttheils und später die Restitution des Uebrigen fordern kann.[68]) In der Mark muß angenommen werden, daß der überlebende Ehegatte, welcher die statutarische Portion gegen ein Testament wählt und dadurch die eigenthümliche Constituirung der Theilungsmasse nach der Joachimica herbeiführt, dadurch vollständig abgefunden wird, und daß die zweite Hälfte dann immer den übrigen Testaments- oder Intestaterben zufällt, denen allerdings in dem oben gegebenen Falle ihr Antheil erst nach Beendigung des Rechts des Fiduciars herauszugeben ist. — Im Uebrigen muß aus der historischen Entstehung des Rechts des überlebenden Theils, namentlich aus dem Umstande, daß die

---

[67]) Certum est, non competere marito facultatem, testamento vel alia ratione praejudicandi portioni statutariae, cum hanc ex mariti arbitrio uxor non capiat. Unde sequitur, non posse maritum bona sua vilius aestimare, eo fine, ut hoc pacto minor reddatur portio statutaria conjugis. Stryk: De successione ab intestato. Diss. IV. Cap. III. §. 2. (Ausg. v. 1733. S. 288.) Vergleiche auch Mathis: Juristische Monatsschrift. Bd. III. Nr. 153, wo unter Nr. 93 der Satz ganz absolut hingestellt wird, daß unbewegliche Güter zur Theilung öffentlich verkauft werden müßten, auch wenn nur ein Erbe dies verlange.

[68]) Lex. 36. §. 1. Cod. De inoff. test. (III. 28.)

Joachimica eine testamentarische Erbfolge unter Eheleuten nicht kennt, der Grundsatz festgehalten werden, daß die dem überlebenden Theile nach dem Gesetz gebührende Hälfte des Vermögens der Eheleute durch den Tod des andern Gatten ihm unmittelbar anfällt, er auch bei dem Vorhandensein eines Testaments zunächst immer als Erbe aus dem Statute betrachtet wird und diese Eigenschaft nur dann verliert, wenn er das Testament anerkennt und die Erbschaft aus ihm antritt.[69]) Es ist dies eine wichtige Eigenthümlichkeit des Provinzialrechts, welche sich hauptsächlich darin äußert, daß der überlebende Ehegatte an keine Verjährungsfrist gebunden ist, um seine statutarische Hälfte gegen den Inhalt des Testaments zu fordern, er also in diesem Punkte günstiger als andere Pflichttheilsberechtigte gestellt ist. Zur Rechtfertigung dieses Grundsatzes ist nicht geboten, den Eintritt einer Gütergemeinschaft bei dem Tode des Erblassers anzunehmen, auf welche dann der überlebende Ehegatte nur durch Entsagung der Erbschaft oder durch Wahl der testamentarischen Erbfolge verzichten könnte.[70]) Er folgt aus der Erwägung, daß das Recht des überlebenden Ehegatten auf die unverkürzte Hälfte des Vermögens beider Eheleute bereits früher in der Mark galt, als das römische

[69]) Ex ipsa nostra constitutione nascitur praesumtio, conjugem superstitem secundum hanc constitutionem successisse, dum bona praemortui retinuit. Hanc vero praesumtionem elidere aliter non potuit, quam vel protestando, se nolle portionem statutariam amplecti, vel restituendo bona defunctae personae ejus heredibus. Steyer: Dissertatio (Ausgabe 1761. S. 55). Ex constitutione superstiti jus est quaesitum ad dimidiam, jus autem semel alicui quaesitum non potest nec debet ei invito auferri. Kohl: Decl. acc. Quaest. 11. No. 2. (Ausg. v. 1731. S. 215.) Jus enim quaesitum ex statuto superstes habet, quod pro libitu diminuere alteri concessum minime est. Stryk: De success. ab int. IV. 3. §. 20. S. 299.

[70]) Erk. d. Obertrib. v. 13. Octob. 1865 (Entsch. 65. S. 101).

Recht recipirt wurde und man nach dieser Reception davon ausging, daß die Testamentsfähigkeit eines Ehegatten sich nur auf diejenige Hälfte bezöge, welche nicht dem überlebenden Ehegatten sondern den Miterben nach dem Gesetze gebührte.[71]) Das allgemeine Landrecht steht dieser Auffassung nicht entgegen. Denn es wird in demselben die für die landrechtlichen Eheleute gegebene Vorschrift, daß Eheleuten ein Pflichttheil von ihrer Erbportion gebühre und bezüglich dieses Pflichttheils alles gelte, was von der Legitima überhaupt verordnet sei, bei der statutarischen Erbfolge nicht erwähnt und betreffs dieser nur gesagt: In zweifelhaften Fällen gelte die Vermuthung, daß der dem überlebenden Ehegatten nach Provinzialgesetzen oder Statuten bestimmte Erbtheil demselben durch Testamente nicht geschmälert oder gar genommen werden könne; wenn also dem überlebenden Ehegatten in dem Testamente des Erstverstorbenen weniger, als sein statutarisches Erbtheil beträgt, ausgesetzt worden, so könne er die Ergänzung des Fehlenden aus dem Nachlasse fordern.[72]) Von den vorlandrechtlichen Juristen sagt keiner, daß der überlebende Ehegatte ein Testament des Andern erst anfechten müsse, um seine Hälfte zu erhalten, und Stryk bemerkt ausdrücklich, daß nur ein Ehepact dem Statute vorgehe, da nur Ehepacten in der Constitution von 1527 erwähnt würden.[73])

Ein Ehegatte kann dagegen auch in der Mark Brandenburg durch Testament den andern Ehegatten gültig enterben, wenn er einen genügenden Grund hierfür anzuführen ver=

---

[71]) Maritus vel uxor non nisi de dimidia parte bonorum dispositionem facere potest. Scheplitz p. III. tit. 2. §. 7 No. 11. (S. 157.)

[72]) §. 497, §. 498, §. 632 u. §. 633 Tit. 1 Th. II Allgemeines Landrecht.

[73]) De succ. ab int. IV. 3. §. 20. (S. 298.)

mag.[74]) Die Erben haben dann die Richtigkeit des Enterbungsgrundes dem überlebenden Theile zu beweisen. Als Enterbungsgründe gelten die gesetzlichen Ehescheidungsgründe des allgemeinen Landrechts,[75]) doch muß die Einschränkung gemacht werden, daß die in §. 696 bis §. 698. Tit. 1. Th. II. des allgemeinen Landrechts aufgeführten Ehescheidungsgründe nicht herangezogen werden können, wenn der überlebende Theil sich nicht die dort erwähnten Krankheiten durch eigenes Verschulden zugezogen hat.[76]) Ausdrücklich verziehene Ehescheidungsgründe können nicht als Enterbungsgründe herangezogen werden.[77]) Zweifelhafter aber ist es, ob ein Ehegatte nach Ablauf eines Jahres seit erlangter Kenntniß von der Handlungsweise des Andern und ohne den Ehescheidungsprozeß selbst anzufangen, die Vergehen des andern Gatten als Enterbungsgrund hinstellen kann. v. Scholtz-Hermensdorf verneint diese Frage.[78]) Der §. 721. Th. II. Tit. I. des allgemeinen Landrechts enthält allerdings keine Verjährunsfrist, sondern bestimmt nur, daß nach Ablauf des einen Jahres die Vermuthung eintreten solle, daß eine Verzeihung inzwischen erfolgt sei. Allein diese Vermuthung gilt nur für den Ehescheidungsprozeß, wie dies aus der Wortfassung des §. 720 a. a. O. sich ergiebt. Sie auch auf das Erbrecht auszudehnen, erscheint nicht geboten. Es ist daher wohl das Richtige, die obige Frage zu bejahen.[79]) Die Wir-

---

[74]) Erkenntnisse des Kammergerichts v. 8. October 1763 und vom 24. August 1775. (Stengels Beiträge Bd. XII. S. 235.)

[75]) §. 499. Tit. 1. Th. II Allgemeines Landrecht und v. Scholtz-Hermensdorf: Provinzial-Recht. (Ausg. v. 1834.) Abth. II. Thl. 2. S. 263.

[76]) Siewert: Materialien. Heft 6. S. 69. Nr. 23.

[77]) Seuffert: Archiv V. 34.

[78]) v. Scholtz-Hermensdorf Abth. II. Th. II. S. 263. (Ausgabe von 1834.)

[79]) Erk. des Obertribunals v. 18. März 1870 (Entsch. B. 63. S. 231).

kung der Enterbung besteht darin, daß der überlebende Ehegatte nichts aus dem Vermögen des Verstorbenen erhält und sich mit seinem eigenen Vermögen begnügen muß.

XXXII. Wahlrecht des überlebenden Ehegatten bei der Testamentserbfolge.

Aus dem Umstande, daß das Recht des überlebenden Theils an dem Nachlasse des andern Gatten ein wirkliches Erbrecht ist und daß sein Anspruch auf die unverkürzte Hälfte des gesammten Vermögens beider Ehegatten sein Pflichttheil ist, folgt ein dreifaches Wahlrecht für ihn.

1. Er kann die Erbschaft nach dem Inhalte des Testaments antreten.

2. Er kann unter Entsagung der testamentarischen Zuwendung seine statutarische Erbportion, das heißt die Hälfte des gesammten Vermögens beider Gatten nach Abzug und Berichtigung der Schulden beider Gatten verlangen.

3. Er kann der Erbfolge aus dem Testamente und aus dem Statute entsagen, sein eigenthümliches Vermögen herausnehmen und das reine Vermögen des Verstorbenen den Gläubigern und Legataren des Erblassers und den neben ihm berufenen Erben überlassen.

Das Erste ist selbstverständlich, nachdem überhaupt der Grundsatz angenommen worden ist, daß eine testamentarische Erbfolge unter Ehegatten zulässig ist. Das Zweite folgt aus der Natur der statutarischen Erbportion als unentziehbarem Erbtheile des überlebenden Gatten und das Letzte aus dem ihm als gesetzlichen Erben zustehenden Wahlrechte. — Ob dabei der letzte Wille, woraus dem überlebenden Theile die Erbschaft angetragen wird, ein einfaches Testament des Erblassers oder ein wechselseitiges Testament beider Eheleute ist, erscheint von keinem Belang, da nur ein förmlicher Erbvertrag der beiden Gatten in Betreff des Antritts und der Ausschlagung der Erbschaft für sie bindend ist.[80])

Allein mit diesem dreifachen Wahlrechte des überlebenden Theils sind seine Befugnisse nicht erschöpft, vielmehr fragt es sich, ob er von einer getroffenen Wahl wieder abgehen darf und welche Mittel die Nachlaßgläubiger und die Miterben haben, ihn zur Abgabe einer bindenden Erklärung über seine Wahl zu zwingen.

Hat der überlebende Ehegatte der Erbschaft aus dem Testamente und aus dem Statute entsagt, so kann er dies nicht widerrufen, denn die Vorschrift des §. 411 Tit. 9 Th. I des allgemeinen Landrechts gilt auch in der Mark Brandenburg.[81])

Im Uebrigen ist zu unterscheiden zwischen den Rechten, welche die Nachlaßgläubiger und Legatare und welche die Miterben an ihn haben. Den Nachlaßgläubigern und Legataren gegenüber muß er innerhalb der landrechtlichen Frist von sechs Wochen oder drei Monaten nach erlangter Wissenschaft von dem Testamente und seinem Inhalte erklären, ob er die Erbschaft antritt, widrigenfalls er unwiderruflich als Erbe des Verstorbenen gilt, jedoch der Wohlthat des Inventars theilhaftig bleibt.[82]) Der Wohlthat des Inventars geht er ihnen gegenüber schon verlustig, wenn er innerhalb der landrechtlichen Frist von sechs Monaten, die der Nachlaßrichter angemessen verkürzen oder verlängern kann, ein Inventar über den Nachlaß des

[80]) Verordnung vom 30. April 1765. II. §. 1 und v. Scholtz-Hermensdorf: Provinzialrecht. Ausgabe von 1834. Band I. S. 160 und Band II. S. 309. Oben Cap. XXVI S. 149.

[81]) Vergl. oben Cap. XXVI S. 150.

[82]) §§. 416, 417. Tit. 9 u. §. 242. Tit. 12. Th. I Allgemeines Landrecht. Pl. B. d. Obertrib. v. 6. Jan. 1851. Entsch. B. 20. S. 10 u. oben Cap. XXVII.

Erblassers einzureichen versäumt.[83]) Dabei macht es keinen Unterschied, ob er sein Vermögen zur Theilung einzuwerfen hat, oder ob er in einer andern Weise in dem Testamente zum Erben eingesetzt ist. Hat er diese Fristen inne gehalten, so können die Gläubiger und Legatare des Erblassers sich nur an dessen hinterlassenes Vermögen halten, mag der Ueberlebende auch sein Vermögen den Miterben zur Theilung herausgeben müssen. Hat er aber diese Fristen versäumt, so haftet er den Nachlaßgläubigern und Legataren mit seinem eigenen Vermögen, wenn er auch demnächst den Miterben nichts zur Theilung einzuwerfen hat.[84])

Den Miterben gegenüber gestaltet sich dies anders.

Ist er in dem Testamente so eingesetzt, daß er sein eigenes Vermögen nicht zur Theilung einwerfen soll, und hat er die Erbschaft aus diesem Testamente angetreten, so kann er dies innerhalb der landrechtlichen Ueberlegungsfrist von sechs Wochen resp. drei Monaten unter der Voraussetzung widerrufen, daß er über die Substanz des Nachlasses inzwischen noch nicht verfügt hat.[85]) Scheplitz ist hierin zwar anderer Ansicht, indem er meint, daß ein überlebender Gatte, welcher einmal die Erbschaft aus dem Testamente angetreten habe, niemals wieder auf sein statutarisches Erbrecht zurückgreifen könne.[86]) Allein jetzt muß diese Frage nach dem allgemeinen Landrechte, welches in diesem Punkte nicht suspendirt ist, ent=

---

[83]) §§. 423—427. Tit. 9. Th. I Allgemeines Landrecht.

[84]) Vergl. oben Cap. XXVII. S. 165.

[85]) §§. 416, 417. I. 9 u. §. 242. I. 12 Allgemeines Landrecht. Pl. B. d. Obertrib. v. 6. Januar 1851. Entsch. B. 20 S. 10.

[86]) Hereditaria portio unius conjugis fideicommisso vel alia ratione gravari non potest, nisi id omne fieret cum consensu partis superstitis. Hoc in tantum procedit, ut consensus semel praestitus amplius revocari nequeat. Scheplitz Lib. I. pars III. tit. II. §. 23. Additio 6 u. 7. Ausgabe 1744. S. 180.

schieden werden, und nach diesem ist es nicht zweifelhaft, daß jeder Erbschaftsantritt in der Ueberlegungsfrist unter der angegebenen Voraussetzung widerrufen werden kann und daß jeder pflichttheilsberechtigte Erbe gegen das Testament den Pflichttheil wählen kann, so lange er noch der Erbschaft aus dem Testamente entsagen kann.

Hat der überlebende Ehegatte, welcher nach dem Testamente sein Vermögen zur Theilung nicht einzuwerfen hat, die Erbschaft aus dem Testamente förmlich angetreten und die landrechtliche Ueberlegungsfrist ist vorübergegangen, ohne daß er seine Erklärung zurückgenommen hat, so bleibt es bei der getroffenen Wahl und er kann von ihr nicht wieder zurücktreten.[87])

Giebt der in dieser Weise in dem Testamente zum Erben berufene Ehegatte überhaupt keine Erklärung über Antritt oder Entsagung der Erbschaft ab, so kann er immer noch die Erbschaft aus dem Statute wählen, wenn auch die sechswöchentliche resp. dreimonatliche Ueberlegungsfrist des Landrechtes vorüber ist. Denn die Befugniß den statutarischen Erbtheil gegen eine testamentarische Zuwendung zu wählen ist an keine Frist gebunden, so lange der Erbe nur nicht ausdrücklich oder durch Vollziehung des Erbrecesses die Testamentserbfolge angetreten hat. In diesem Falle kann er von der getroffenen Wahl insofern noch einmal abgehen, als er, wenn er sich zum Erben aus dem Statute erklärt hat, nachträglich noch der Erbschaft ganz entsagen kann. Um eine bestimmte Erklärung von ihm zu erlangen, haben die Miterben nur den Weg, daß sie ihm eine peremtorische Frist von dem Richter zur Aeußerung, ob er aus dem Testamente oder aus dem Statute die Erbschaft antreten wolle, mit der Verwarnung setzen lassen, daß er eventuell für Erbe aus dem Statute ohne Vorbehalt erachtet und

---

[87]) Erk. des k. Obertrib. v. 27. Mai 1870 (Entsch. B. 63 S. 217).

sein Wahlrecht den Miterben übertragen werden würde. Ein anderes Präjudiz ist unzulässig, da angenommen werden muß, daß jeder überlebende Gatte zunächst Erbe aus dem Statut wird, und daß hieran nur eine Aenderung eintritt, wenn er sich freiwillig entschließt, der Erbfolge aus einem Testamente den Vorzug zu geben.[88])

Ist der überlebende Ehegatte in dem Testamente des zuerst versterbenden Theils in der Weise zum Erben berufen, daß er sein eigenes Vermögen zur Theilung einwerfen muß, so hat er zunächst die Wahl, ob er aus dem Testamente oder aus dem Statute erben will, und er ist an diese in der Ueberlegungsfrist des Landrechtes nicht gebunden. Nach getroffener Wahl hat er dann in beiden Fällen, mag er also sich zum Erben aus dem Testamente oder aus dem Statute erklärt haben, noch die Befugniß der Erbschaft ganz zu entsagen, bis er durch Versäumniß der ihm speciell gesetzten peremtorischen Frist zum Erben ohne Vorbehalt geworden ist. — Giebt er in diesem Falle überhaupt keine Erklärung ab, so ist ihm von dem Richter bei Feststellung der peremtorischen Frist die Verwarnung zu stellen, daß er nach Ablauf derselben für einen Erben aus dem Statute ohne Vorbehalt werde erklärt und sein Wahlrecht den Miterben werde übertragen werden, weil die Vermuthung nicht obwaltet, daß ein überlebender Gatte sein statutarisches Erbrecht aufgiebt und die Erbfolge aus einem Testamente des zuerst versterbenden Gatten wählt.[89])

Das Wahlrecht des überlebenden Ehegatten geht, solange es ihm selbst zusteht, unverändert bei seinem Tode auf seine Erben über, mag sein Tod erfolgen, a) ohne daß er sich überhaupt über die Erbschaft des Verstorbenen erklärt hat, oder b) nachdem er zwar schon pro herede cum beneficio im

---

[88]) Vergl. oben Cap. XXVII u. XXXI. S. 149 u. S. 196.

[89]) Steyer: Dissertatio juridica (Ausgabe v. 1761. S. 55).

Sinne der Verordnung vom 30. April 1765 erkannt ist, aber noch keine Erklärung abgegeben hat, ob er den Miterben das Vermögen des Verstorbenen ohne Theilnehmung überlassen oder mit ihnen aus dem Statute theilen wolle, oder c) wenn er rechtskräftig weder pro herede noch pro non herede durch Erkenntniß erklärt ist.[90])

Tritt man dieser Ausführung nicht bei und nimmt man an, daß bei dem Vorhandensein eines Testaments das statutarische Erbrecht des überlebenden Ehegatten wie jedes andere gesetzliche Erbrecht nicht eher in Betracht kommen kann, als der überlebende Ehegatte erklärt hat, daß er seine statutarische Portion gegen den Inhalt des Testaments fordere, so entstehen die Fragen, wie lange er diese Forderung erheben kann und ob die Miterben ihn im Falle der Zögerung zu einer Erklärung zwingen können. Die Klage, die ihm auf Gewährung seines statutarischen Erbtheils zusteht, ist aber weder eine quaerela inofficiosi testamenti, die an eine fünfjährige Frist gebunden ist, noch eine Pflichttheilsklage im Sinne des allgemeinen Landrechtes, für welche eine zweijährige Frist besteht. Denn die Erstere ist nur gewissen Personen gegeben und kann nicht analog auf andere Personen übertragen werden. Die Zweite aber ist abgesehen von dem Umstande, daß das allgemeine Landrecht in diesem Punkte suspendirt ist, schon deshalb ausgeschlossen, weil die Vorschrift des §. 633. Tit. 1. Th. II des allgemeinen Landrechts bei der Lehre von dem statutarischen Erbrechte der Ehegatten nicht wiederholt ist, hier vielmehr nur die Bestimmungen des §. 497 und §. 498 a. a. O. getroffen sind. Sein Recht wäre daher sowohl nach dem römischen als nach dem Landrechte als eine einfache Ergänzungsklage anzu-

---

90) Erbschafts-Edict v. 30. April 1765. Abth. II. §. 11. (Rabe III. S. 125.) Erkenntniß des Kammergerichts vom 19. October 1803. (Mathis: Juristische Monatsschrift II. S. 182.) Oben Cap. XXVI.

sehen, welche der gewöhnlichen Verjährung von dreißig Jahren unterliegt. Auch hätten die Miterben kein Rechtsmittel ihn innerhalb dieser Frist zu der Ausübung seines Rechtes und zur Abgabe einer bestimmten Erklärung über dasselbe zu zwingen. Hat er die statutarische Portion vorgezogen, so kann er auch bei dieser Auffassung seines Rechtes noch eine weitere Wahl treffen und nachträglich der Erbschaft ganz entsagen, solange nicht sein Wahlrecht durch förmliches Urtheil den Miterben übertragen worden ist.

XXXIII. Quote des überlebenden Ehegatten und Anweisung einzelner Stücke.

Nach dem römischen Rechte gilt als Grundsatz für alle Erbfolge aus einem Testamente, daß die darin ernannten Erben gleiche Antheile erhalten, wenn der Erblasser unterlassen hat die Quoten der einzelnen Erben zu bestimmen.[91]) Im allgemeinen Landrecht erleidet derselbe die Einschränkung, daß die in einem Testamente fehlenden Bestimmungen nach den Regeln der gesetzlichen Erbfolge ergänzt werden sollen, soweit die gesetzliche Erbfolge durch die letztwillige Verfügung nicht aufgehoben ist, daß also gesetzliche Erben, welche ohne Quotenbestimmung und ohne Extranei in einem Testamente berufen werden, Quoten nach der Intestaterbfolge erhalten.[92]) In der

---

[91]) §. 6. Inst. De hered. instut. (II. 14.) Lex 9. §. 12. Dig. De hered. instut. (XXVIII. 5.) Die Ausnahme von den verbunden eingesetzten Erben interessirt hier nicht.

[92]) §. 261 u. §. 521. Tit. 12. Th. 1 Allgemeines Landrecht. Gruchot: Erbrecht I. S. 529. Dagegen Koch: Commentar zu §. 261 a. a. O., während Dernburg es gerade für den Grundgedanken der modernen Testamentserbfolge erklärt, daß alles, was in einem Testamente von Eltern nicht bestimmt ist, nach den Regeln der gesetzlichen Erbfolge ergänzt werden müsse. III. S. 341 u. S. 676. Note 16.

Mark Brandenburg ist dieser Grundsatz ausgeschlossen, sobald ein überlebender Ehegatte mit andern Personen zum Erben in einem Testamente eingesetzt ist. Statt dessen kommt hier zur Anwendung,

1. daß der ohne Bestimmung seiner Quote eingesetzte Ehegatte, er mag mit Descendenten oder anderen Erben zur Erbschaft gelangen, nicht gleichen Theil mit den übrigen Erben, sondern die Hälfte des Vermögens erhält;

2. daß die Einwerfung des eigenen Vermögens[93]) des durch Testament zum Erben eingesetzten mit den Descendenten des Erblassers concurrirenden überlebenden Ehegatten allemal statthaben muß, wenn eine entgegengesetzte Willensmeinung des Testators nicht deutlich zu erkennen gegeben ist.

Diese Sätze sind zuerst in dem Gutachten des kurmärkischen Pupillencollegium vom 25. April 1823[94]) ausgesprochen und es kann keinem Bedenken unterliegen, daß damit das Richtige getroffen ist. v. Scholtz-Hermensdorf bemerkt dazu, daß es seit dem immer so in der Praxis gehalten worden sei, und wir können dasselbe für die nachfolgende Zeit nur ebenso bestätigen. Auch besteht in der Praxis kein Zweifel, daß die Pflicht zur Einwerfung seines eigenen Vermögens für den überlebenden Ehegatten, wie oben angegeben ist, besteht, auch wenn er mit fremden Erben zu theilen hat, und daß die Kinder in dem Gutachten vom 25. April 1823 nur deshalb speciell erwähnt sind, weil diese in dem damals vorliegenden Falle mit ihm concurrirten.[95]) Als Grund wird angeführt: „Die Erbfolge

[93]) Der Text des Berichts vom 25. April 1823 ist hier absichtlich geändert, da unter „Collation", wie oben gezeigt ist, und unter „Einwerfung des eigenen Vermögens" zu unterscheiden ist, in dem Beschlusse vom 25. April 1823 aber offenbar die Letztere gemeint wird. Oben S. 171.

[94]) v. Kamptz: Jahrbücher B. 21. S. 335.

[95]) v. Scholtz-Hermensdorf: Provinzial-Recht §. 428. (Ausgabe v. 1834. I. S. 140 und II. 2. S. 226.)

unter Eheleuten in der Mark beruht, wie dies sehr allgemein angenommen ist, auf der Idee einer Gütergemeinschaft zur Zeit des Todes des Erblassers; es ist mithin die Hälfte des gemeinschaftlichen Vermögens, welche der Ueberlebende erhält, nicht eigentlich als Erbtheil, sondern als das eigenthümliche Vermögen des Ueberlebenden zu betrachten." Diese Begründung kann jedoch nicht adoptirt werden, denn das märkische Recht der Eheleute ist nicht zur Ausbildung einer Gütergemeinschaft gelangt.[96]) Wenn sich auch einige Erscheinungen nach dem Tode eines Theils finden, welche mit den Bestimmungen der Theilungen bei Gütergemeinschaft unter Eheleuten übereinstimmen, so kann hieraus noch nicht gefolgert werden, daß es kein Erbrecht sei, was der überlebende Ehegatte habe, und daß er nur sein eigenthümliches Vermögen in seiner statutarischen Portion aus der gemeinsamen Masse herausnehme. An die Gütergemeinschaft erinnern nur die Sätze, 1. daß der Ueberlebende nicht nur den Werth seines eigenen Vermögens sich auf seine Hälfte anrechnen, sondern sein Vermögen selbst zur Theilung hergeben muß, 2. daß die statutarische Portion in keiner Weise wider den Willen des überlebenden Ehegatten durch eine testamentarische Bestimmung verringert oder belastet werden kann, 3. daß auch bei dem Vorhandensein eines Testaments des zuerst versterbenden Gatten der Ueberlebende so lange als Erbe aus dem Statut betrachtet wird, bis er die Erbschaft aus dem Testamente antritt, 4. daß die Nachlaßgläubiger unter gewissen Voraussetzungen sich an sein Vermögen halten können. Allein im älteren römischen Rechte geschah die Collation in der zu 1 erwähnten Weise, ohne daß von einer Gütergemeinschaft die Rede sein könnte; das zu 2 und 3 Gesagte verliert seine Bedeutung, da der überlebende Ehegatte der Erbschaft entsagen kann, und das zu 4 Erwähnte ist bedeutungslos, da seine

---

[96]) Vergl. oben Cap. I. S. 8.

Haftpflicht gegen Nachlaßgläubiger und Legatare sich nur danach richtet, ob er das Beneficium des Inventars verloren oder sich gewahrt hat, und er in dieser Beziehung nicht anders als jeder Erbe gestellt ist. Das Entscheidende ist, daß der überlebende Ehegatte der Erbschaft entsagen kann, daß seine Miterben, wenn er überschuldet ist, die Einwerfung seines eigenen Vermögens verbieten können, daß sie ihm durch Testament erlassen werden kann, und daß sein Successionsrecht durch die Verordnung vom 30. April 1765 zu einem wahren Erbrechte erklärt worden ist. Eine nach dem Tode des Erblassers entstehende Gütergemeinschaft ist daher nicht anzunehmen, vielmehr ist die Pflicht des überlebenden Ehegatten, sein Vermögen zur Theilung einzuwerfen, nur als eine besondere Art von Collationspflicht aufzufassen.[97]) Die Gründe des Pupillencollegium für seinen Beschluß vom 25. April 1823 sind daher unzutreffend. Es läßt sich für die obigen Sätze nur angeben, daß in der Mark im Anschlusse an die ältere Auffassung, wonach ein Testament des Ehegatten überhaupt nur auf die eine Hälfte des gemeinen Vermögens beider Eheleute bezogen wurde, eine feste Praxis entstanden ist, nach welcher bei Interpretation von Testamenten angenommen wird, daß der Testator nur dasjenige an der statutarischen Portion seines Ehegatten habe ändern wollen, was er bestimmt zu erkennen giebt, und im Uebrigen es bei der gesetzlichen Erbfolge belassen hat.

Dabei ist, wie in dem Berichte des kurmärkischen Pupillencollegium vom 25. April 1823 auch bemerkt wird, stets nachgelassen worden, daß es nicht gerade eines ausdrücklichen Befehls des Testators bedarf, um dem überlebenden Ehegatten die Pflicht zur Einwerfung seines Vermögens zu erlassen. Die Pflicht des überlebenden Ehegatten, sein Vermögen zur Theilung einzuwerfen, ist zwar eine Collationspflicht, sie bestand

[97]) Vergl. oben Cap. I und Cap. XXVI S. 8 u. S. 159.

aber schon früher, als das römische Recht in der Mark Brandenburg bekannt wurde, und es ist kein Anhalt zu gewinnen, daß die Vorschrift der Novelle Justinians Nr. 18 Cap. 6 jemals auf sie angewendet worden ist. Es kommt nur darauf an, die eigentliche Absicht des Testators aus dem Zusammenhange und dem ganzen Inhalte seines letzten Willens festzustellen. v. Scholtz-Hermensdorf bemerkt hierzu noch: Ließen die im Testamente gebrauchten Worte eine doppelte Deutung zu oder machten die Umstände die eigentliche Absicht des Testators zweifelhaft, so streite, wenn Descendenten des Erblassers Miterben sind, die Vermuthung dafür, daß der Testator den überlebenden Ehegatten zur Einwerfung seines Vermögens habe verpflichten wollen, wogegen beim Vorhandensein anderer Miterben die Vermuthung für die Befreiung von der Einwerfung eintrete.[98]) Man kann sich dies wohl gefallen lassen, aber ein großes Gewicht ist darauf nicht zu legen, denn die Zeit ist wohl glücklich vorbei, wo die Interpretationskunst der Richter nur soweit ging, bis zu Zweifeln zu gelangen, um sich dann hinter Präsumtionen zu verbergen, die oft zu den verkehrtesten Resultaten führten.

Ist dem überlebenden Ehegatten im Testamente ausdrücklich aufgegeben, oder folgt aus dem Inhalte des Testaments, daß er sein Vermögen zur Theilung einwerfen soll, so können seine Miterben dies dennoch verbieten, weil es als Rechtsgrundsatz gilt, daß diese Einwerfung nur zum Besten der Miterben besteht und sie sie hindern können, wenn der überlebende Gatte mit Schulden überbürdet ist. Will ein Testator hieran etwas ändern, so muß er den neben seinem Gatten berufenen Miterben diese Befugniß im Testamente ausdrücklich entziehen.[99])

---

[98]) Provinzialrecht §. 429. (Ausgabe v. 1834. I. S. 141.)

[99]) Verordnung vom 30. April 1765. Abth. II. §. 10. Oben Cap. XXVI S. 155.

Ist nach dem Inhalte des Testaments dem überlebenden Ehegatten die Pflicht, sein eigenes Vermögen zur Theilung einzuwerfen, erlassen, so scheint auf den ersten Blick jeder Grund für eine Abweichung vom gemeinen Rechte aufgehoben. Dennoch ist es feststehende Praxis in der Mark, daß auch in diesem Falle dem überlebenden Ehegatten, für den keine Quote im Testamente bestimmt ist, die Hälfte des Vermögens des Erblassers und den übrigen Erben zusammen nur die andere Hälfte gewährt wird, indem man von dem Grundsatze ausgeht, daß der Testator durch die Erlassung der bezeichneten Pflicht seinen Ehegatten in seiner Quote nicht habe verringern, ihm vielmehr nur eine Vergünstigung bei seinem gesetzlichen Erbrechte habe machen wollen. Jedenfalls erscheint dies als das Richtige und man kann den eingeschlagenen Weg der Praxis nur billigen.[1])

Sind dem überlebenden Ehegatten im Testamente, mag er sein Vermögen zur Theilung einwerfen müssen oder nicht, gewisse Sachen besonders angewiesen worden, so muß er sich diese auf seinen Erbtheil anrechnen lassen und darf sie nur dann außer seinem Erbtheile als ein Prälegat beanspruchen, wenn dies ausdrücklich im Testamente angeordnet ist. Findet sich dabei im Testamente eine Taxe dieser Stücke, so hat es dabei sein Bewenden, andernfalls ist der Werth durch nachträgliche Abschätzung zu ermitteln und im äußersten Fall nach stattgehabtem Prozesse durch Erkenntniß festzustellen, zu welchem Betrage der überlebende Theil diese Sachen sich anzurechnen hat.[2])

---

[1]) Ebenso v. Scholtz-Hermensdorf II. 2. S. 229. (Ausg. v. 1834.)

[2]) Kohl: Declaratio accurata: Quaestio XI. No. 8: Quando conjugi simpliciter legatur quidpiam sive relinquitur in testamento, imputabitur id ei in dimidiam ex constitutione debitam, cum enim constitutio conjugem etiam invitum obliget ad dimidiam praestandam, et in necessitatibus nemo liberalis existat, merito lex

Betreffs der Personen, welche der Testator außer seinem Ehegatten zu seinen Erben ernennt, schließt sich das märkische Provinzialrecht an die Theorie des allgemeinen Landrechts für die preußischen Staaten (§ 261 und § 521. I. 12) an, so daß bei dem Mangel einer Quotenbestimmung auch hier zunächst auf das Intestaterbtheil gerücksichtigt und erst Kopftheile angelegt werden, wenn dies nach dem Inhalte des Testaments als die Absicht des Testators gefolgert werden muß.[3]) Sind es die nächsten Intestaterben, welche der Testator ohne nähere Bestimmung ihrer Quoten neben seinem Gatten berufen hat, so wird es so gehalten, daß sie ihre Intestatportionen bekommen. Sind einzelne Intestaterben übergangen, so ist nach dem sonstigen Inhalte des Testaments und nach der Zahl der Ausgelassenen zu beurtheilen, ob der Testator beabsichtigt hat, nur Einzelne auszuschließen und es im Uebrigen bei der Intestatfolge zu lassen, oder einzelne Verwandte zu seinen Erben auszuwählen ohne weiter auf dies gesetzliche Erbrecht zu rücksichtigen. Ist die Erbeseinsetzung in der Weise getroffen, daß fremde Personen mit gesetzlichen Erben zugleich oder nur fremde Personen neben dem überlebenden Ehegatten zu Erben bestimmt sind, so theilen diese die auf sie fallende Hälfte nach Kopftheilen.

XXXIV. Collationspflicht der Testamentserben.

Außer der Verbindlichkeit zur Einwerfung seines eigenen Vermögens besteht für den überlebenden Ehegatten noch die

---

praesumit, eum legasse sive reliquisse animo compensandi. (Ausgabe v. 1731. S. 216.) Neumärkische Lehns-Constitution vom 14. Aug. 1724. §. 64. Absatz 2. (Raabe I. S. 702.)

[3]) Gruchot: Preußisches Erbrecht Nr. 137 zu §. 261. I. 12. (Bd. 1. S. 528.) Dagegen Koch: Commentar zu §. 261 a. a. O.

Verpflichtung zur Collation. Er muß nicht nur sein am Todestage des Erblassers vorhandenes Vermögen zur Theilung mit seinen Miterben herausgeben, sondern auch Verschiedenes, was er vom Erblasser erhalten und bereits verbraucht hat, auf seine Hälfte sich anrechnen lassen, wenn er mit Descendenten des Erblassers zu theilen hat. Dies gilt in der Mark nicht nur für die gesetzliche Erbfolge, sondern auch für die testamentarische Erbfolge, während nach dem allgemeinen Landrechte unbestimmt ist, ob Letzteres anzunehmen.[4]) Denn im römischen Rechte ist dies nicht controvers und in der allgemeinen Verordnung vom 30. April 1765 ist ausdrücklich erwähnt, daß die Collation auch bei einer Erbfolge aus dem Testamente stattfinden solle.[5])

Es fragt sich aber, ob diese Pflicht zur Collation dieser Gegenstände besteht, wenn der überlebende Ehegatte nach dem Testamente des zuerst verstorbenen sein eigenes Vermögen nicht zur Theilung einzuwerfen hat, oder ob sie nur wegfällt, wenn sie mit ausdrücklichen Worten vom Testator verboten ist? Es ist unzweifelhaft, daß er conferiren muß, wenn nichts im Testamente über die Collation bestimmt ist und er sein Vermögen zur Theilung nach Anleitung der Intestaterbfolge einzuwerfen hat. Anders aber liegt die Sache, wenn ihm die Pflicht zur Einwerfung seines Vermögens ausdrücklich oder nach dem sonstigen Inhalte des Testaments erlassen ist. Allerdings ist in der Novelle Justinianus Nr. XVIII. Cap. 6 verordnet, daß die Collationspflicht in einem Testamente nur durch ausdrückliche Bestimmung erlassen werden könne. Allein es fehlt an jedem Anhalte in der Praxis, daß das römische Recht in dieser formellen Frage für das Erbrecht der überlebenden Gatten recipirt worden ist.[6]) Da es offenbar ein Mehreres und etwas

---

[4]) Förster IV. S. 330. Dernburg III. S. 676.

[5]) Vergl. oben Cap. XXVIII. S. 171.

[6]) Oben Cap. XXXII. Seyffert II. S. 73.

Schwereres ist, wenn der überlebende Ehegatte verbrauchte Sachen ersetzen soll, als wenn er nur sein vorhandenes Vermögen einzuwerfen hat, die hier in Rede stehende Collationspflicht also nur als eine Erweiterung der Pflicht des überlebenden Ehegatten; sein ganzes Vermögen zur Theilung herauszugeben, angesehen werden kann, muß angenommen werden, daß der überlebende Ehegatte, welchem in einem Testamente die Pflicht zur Einwerfung seines Vermögens erlassen ist, auch von der Pflicht entbunden ist, gegen die Kinder des Erblassers irgend etwas anderes zu conferiren. Andererseits haben die Kinder in einem solchen Falle auch nichts gegen ihn zu conferiren, so daß die Collationspflicht nur unter ihnen selbst bestehen bleibt.

Ob die Kinder des Erblassers auch die eigenen Kinder des überlebenden Gatten sind, oder ob sie jener in einer früheren Ehe erzeugt hat, ist von keiner Erheblichkeit. Sind fremde Personen mit den Kindern zugleich zu Erben berufen, so fällt dadurch die Collationspflicht des überlebenden Ehegatten noch nicht fort. Sie leidet nur die Einschränkung, daß dem Fremden dadurch kein Vortheil erwächst, dieser vielmehr allein den Kindern zu Theil wird. Es muß deshalb in diesem Falle eine doppelte Rechnung angelegt, einmal die Theilungsmasse ohne Conferenda zur Theilung mit dem Fremden und sodann zum zweiten Mal mit Conferenda zur Theilung mit den Kindern festgestellt werden.[7])

---

[7]) Hat der Testator 1000 hinterlassen, wozu 200 Conferenda des überlebenden Ehegatten treten, und concurriren mit dem Gatten vier Kinder und ein Extraneus, so erhalten die 4 Kinder zusammen 500 (400 + 100 Conferenda), der überlebende Ehegatte 400 (600 minus 200 Conferenda) und der Extraneus 100 (ein Zehntel von 1000).

XXXV. Accrescenzrecht.

Bei der Intestaterbfolge hat der brandenburgische Ehegatte kein Accrescenzrecht. Seine statutarische Hälfte ist das Maximum, was er erhalten kann. Nach der Bestimmung der Joachimica: So aber kein angesipter freund da were, denn nimpt das halbteil die herrschafft, ist es nicht zweifelhaft, daß die zweite Hälfte des gesammten Vermögens beider Gatten als herrenlose Verlassenschaft an den Fiscus oder die vor ihm dazu berechtigten Corporationen fällt, nicht nur, wenn von Anfang an kein Miterbe neben dem überlebenden Ehegatten aufzufinden ist, sondern auch, wenn ein Solcher vorhanden ist, aber die Erbschaft nicht antreten kann oder will.[8])

Anders liegt die Sache bei der Testamentserbfolge. Hier gilt als Grundsatz, daß jede Intestaterbfolge ausgeschlossen ist, so lange noch eine Person zum Antritt der Erbschaft vorhanden und bereit ist, welche in dem Testamente zum Erben eingesetzt ist.[8a]) Es wird daher dem überlebenden Ehegatten, welcher mit andern Personen zusammen in einem Testamente zum Erben berufen ist, ein Accrescenzrecht in deren Antheil eingeräumt und die im Testamente übergangenen Intestaterben oder der Fiscus werden erst zur Erbschaft zugelassen, wenn auch er die Erbschaft ausschlägt. — Indessen ist auch hier von Einfluß, daß der überlebende Gatte die Hälfte des gesammten Nachlasses erhält, wenn der Testator keine Quoten für die Erben bestimmt hat, und daß diese Hälfte ihm zugesprochen wird, mögen auch mehrere Erben neben ihm concurriren. Es ist für ihn ohne Bedeutung, wieviel Personen neben ihm berufen sind, und dies ist von der Praxis auf sein Accrescenzrecht dahin ausgedehnt worden, daß es zunächst wie bei der

---

8) Oben Cap. XXV S. 142.

8a) Oben Cap. XXX S. 191.

Intestaterbfolge für ihn gleich bleibt, ob einer von den Miterben ausfällt. Ist daher ein überlebender Ehegatte mit mehreren Personen zugleich, seien diese die nächsten Intestaterben des Testators oder fremde Personen, ohne Quotenbestimmung zum Erben eingesetzt und einer von den Nebenerben fällt fort, so wächst dessen Antheil zunächst den andern Miterben zu und der überlebende Ehegatte erhält nur seine Hälfte ohne Zuwachs. Erst wenn alle Miterben ausscheiden, tritt das Accrescenzrecht des überlebenden Gatten bei dieser Weise der Erbeinsetzung hervor. Auch macht es keinen Unterschied, ob in diesem Falle im Testamente angeordnet ist, der überlebende Ehegatte solle von der Verpflichtung sein eigenes Vermögen zur Theilung einzuwerfen befreit sein.

Sind die Quoten der berufenen Erben im Testamente bestimmt, so ist zu unterscheiden, ob der überlebende Gatte auf die Hälfte eingesetzt ist oder ob für ihn ein anderer Antheil festgestellt ist. Im ersten Falle ist ganz so wie oben zu verfahren, da hier ebenfalls angenommen werden muß, der Testator habe es in Betreff des überlebenden Gatten bei dem Intestaterbtheile belassen und nur dasjenige daran ändern wollen, was er ausdrücklich anders bestimmt hat. Im andern Falle zum Beispiel, wenn ein überlebender Gatte auf Kindestheil im Testamente eingesetzt ist, ist er wie jeder andere Erbe zu behandeln. Fällt ein Erbe fort, so wächst in diesem Falle dessen Antheil dem überlebenden Gatten zugleich mit den andern Erben nach Verhältniß ihrer Quoten zu.

Uebrigens bedarf es kaum der Erwähnung, daß dies alles nur Platz greift, wenn der Testator keine Substituten für die ausscheidenden Erben ernannt hat, da Substitution einer anderen Person immer den Anfall der Quote an die Miterben hindert. Endlich ist es auch niemals in der Mark streitig gewesen, daß die Miterben ihre Rechte an dem Nachlasse dem überlebenden Gatten abtreten können, mag es sich um Intestat-

oder Testamentserbfolge handeln, da in dem Rechte des Fiscus auf die zweite Hälfte des Vermögens der Gatten nicht ein Verbotsgesetz liegt, die Hälfte des überlebenden Theils zu vergrößern. Zur Uebertragung des Antheils eines Miterben auf den überlebenden Gatten wird in der Praxis als genügend erachtet, wenn der Miterbe seiner Entsagung der Erbschaft die Bemerkung beifügt, daß er sie zu Gunsten des überlebenden Gatten mache. Jedoch können selbstverständlich statt dessen auch förmliche Erbschaftskäufe gewählt werden.

XXXVI. Wechselseitiges Testament.

Es ist von v. Scholtz-Hermensdorf[9]) durch genügende Allegate dargethan, daß die Lehre vom wechselseitigen Testamente zur Zeit der Einführung des allgemeinen Landrechts durchaus controvers war, wie sie denn auch noch jetzt im gemeinen deutschen Rechte zu keinem festen, in die Praxis übergegangenen Abschlusse gelangt ist.[10]) Es gilt deshalb das allgemeine Landrecht in diesem Punkte, und darnach gestaltet sich das Recht für die Mark folgendermaßen.

Wechselseitige Testamente müssen in einem Instrumente aufgenommen werden. Sie sind nur Eheleuten gestattet.[11]) Wechselseitigkeit liegt nicht nur vor, wenn ein Gatte den Andern mit Rücksicht auf die von diesem getroffene Erbeseinsetzung zu seinem Erben ernennt, sondern auch dann, wenn die Testatoren sich gegenseitig nur andere Zuwendungen (Legat eines Nießbrauchs u. s. w.) machen, ja sogar, wenn ein Jeder von ihnen mit Rücksicht auf den Andern, zu Gunsten dritter, diesem nahe

[9]) Das bestehende Provinzialrecht. Band II. Theil II. S. 312.

[10]) Arndts: Lehrbuch der Pandekten. §. 500 und die Noten dazu. (Ausgabe v. 1868. S. 758.)

[11]) Allgemeines Landrecht II. 1. §. 482 u. §. 483.

stehender Personen Bestimmungen trifft.[12]) Ob ein von zwei Eheleuten in einem Instrumente errichtetes Testament keine Rechtsbeständigkeit hat, wenn ihm das Erforderniß der Reciprocität fehlt, ist streitig. Das allgemeine Landrecht kennt allerdings kein gemeinsames Testament zweier Personen außer dem Falle eines wechselseitigen Testaments der Eheleute, und ein Richter, welcher ein solches aufnimmt, begeht einen Fehler. Allein es ist ein Fehler in der Form und jedes Versehen des Richters in der Form hat noch nicht die Wirkung, daß der von ihm aufgenommene Akt nichtig wird. In Betreff von Testamenten soll Ungültigkeit erst eintreten, wenn gegen die in §. 66 bis §. 138. Th. I. Tit. 12. des allgemeinen Landrechts aufgestellten Vorschriften verstoßen ist.[13]) In diesen Paragraphen ist nicht verboten, daß zwei Personen in einem Akte ein gemeinschaftliches Testament errichten sollen. Ein Versehen des Richters

[12]) Sommer: Beiträge zur Lehre vom wechselseitigen Testamente (in Ulrich: Archiv 1836. S. 233). Gruchot: Preußisches Erbrecht zu §§. 481—484 und die von ihm S. 460 allegirten Erkenntnisse (Band II. S. 449 ff.). Hartmann: Zur Lehre von den Erbverträgen: Niemand hat noch verlangt, daß die Testatoren sich gegenseitig ex asse instituiren müßten, in welchem Falle jeder, der noch Notherben zu berücksichtigen hätte, geradezu von der Errichtung eines gemeinschaftlichen Testaments ausgeschlossen wäre. Und unbedenklich hat die Praxis auch solche reciproke Testamente anerkannt, worin den Notherben mehr als das Pflichttheil hinterlassen, oder selbst ein beliebiger Dritter nebenbei instituirt war. Wo ist denn aber hier die Grenze zu finden? Bis zu welchem Bruchtheile müssen sich die Testatoren mindestens instituiren, um der Gefahr der Nichtigkeit zu entgehen? Will man nicht rein willkürlich verfahren, so würde nichts übrig bleiben, als jede Erbeinsetzung auch auf die geringste Quote für genügend zu erklären. Damit schrumpft aber das ganze Erforderniß zu einer leeren und nichtigen Formalität zusammen, was umsomehr ans Licht tritt, als auch die reichste Honorirung mit Vermächtnissen nicht im Stande sein soll, die Gültigkeit des Testaments zu sichern. (Braunschweig 1860. S. 113.)

[13]) §. 139. I. 12 Allgemeines Landrecht.

kann bei Eheleuten ganz wegfallen, wenn diese ihr Testament versiegelt überreichen und es als ein wechselseitiges bezeichnen, während ihm in Wirklichkeit das Erforderniß der Reciprocität abgeht. Jedenfalls ist nicht abzusehen, weshalb Personen, denen die Errichtung eines wechselseitigen Testaments in einem Akte gestattet ist, nicht auch die Errichtung eines gemeinsamen Testaments ohne wechselseitige Zuwendung in einem Akte erlaubt sein soll, da Letzteres nicht etwas Anderes, sondern nur ein Minus in Bezug auf die Stellung und die Rechte der beiden Testatoren gegen einander enthält. Das Richtige ist daher, daß gemeinsame, in einem Instrumente errichtete Testamente von Eheleuten auch dann rechtsbeständig sind, wenn in ihnen das Erforderniß der Wechselseitigkeit nicht enthalten ist, daß sie aber dann wie einzelne Testamente verschiedener Personen zu betrachten sind, die in keiner gegenseitigen Beziehung zu einander stehen.[14])

Wechselseitige Testamente können von Jedem der Testatoren ohne Beitritt des andern Theils beliebig widerrufen werden und verlieren dadurch ihre Wirkung, mag der Andere Kenntniß von dem Widerrufe erhalten haben oder nicht. Hat dieser jedoch weder seiner Seits widerrufen, noch eine andere letztwillige Verordnung errichtet, so bestehen diejenigen Vermächtnisse, welche er in dem wechselseitigen Testamente andern als solchen Personen, die nur mit dem Widerrufenden als Verwandte oder besondere Freunde verbunden sind, ausgesetzt hat. Bloße Aenderungen und Zusätze bei Vermächtnissen und andern dergleichen Verfügungen bewirken niemals die Vernichtung des gegenseitigen Testaments. Sie sind aber ungültig, insofern sie bloß einseitig gemacht werden und zum Nachtheile des über-

---

[14]) Ebenso Sommer: Beiträge zur Lehre vom wechselseitigen Testamente in Ulrich's Archiv (1836. S. 233). Hartmann: Zur Lehre von den Erbverträgen (Braunschweig 1860. S. 109). Windscheid: Pandecten §. 568. III. S. 105.

lebenden Ehegatten abzielen.[15]) Ist Einer der Ehegatten bei Errichtung des wechselseitigen Testaments unfähig zu testiren oder ist seine testamentarische Bestimmung nichtig, weil er vielleicht aus einer früheren Ehe Kinder hat und diese in dem wechselseitigen Testamente nicht ausdrücklich instituirt oder exheridirt hat, so ist auch das Testament des andern Theils hinfällig und das ganze wechselseitige Testament wirkungslos, weil seine Voraussetzung und sein Wesen in der Reciprocität der Zuwendung besteht.[16]) — Divortium hebt das wechselseitige Testament auf, und Eingehung einer neuen Ehe Seitens der beiden Testatoren macht es nicht wieder rechtsbeständig.[17])

Nach dem Tode des einen Ehegatten hat der Ueberlebende die Wahl, ob er die Erbschaft aus dem wechselseitigen Testamente antreten oder ausschlagen will.[18]) Entsagt er der Erbschaft aus dem Testamente, so behält er seine statutarische Portion.[19]) Als Erbe nach der Joachimica und der Verordnung

---

[15]) Allgemeines Landrecht §§. 485—488. II. 1. Fr. Bruckmann: Opera juridico-practica. I. Cons. 1. No. 80. Testamenti reciproci tabulae non concidunt in totum, etiamsi unus conjugum suas tabulas immutasset, sed oportet, ut alius quispiam actus extrinsecus alterius quoque conjugis, et hunc conjugem testamentum suum rescindere voluisse, accedat. No. 84. Testamentum viri et uxoris in iisdem tabulis conscriptum certo repectu ad instar testamenti duorum et certo rursus respectu ad instar testamenti unius censetur. (Ausgabe v. 1671. S. 10 u. 11.) Dernburg III. §. 184.

[16]) Gruchot: Preußisches Erbrecht zu §§. 485—488. Tit. 1. Th. II Allgemeines Landrecht. (Ausgabe von 1866. Band II. S. 472.) Dernburg III. §. 184. S. 497.

[17]) Allgemeines Landrecht §. 489 a. a. O.

[18]) Allgemeines Landrecht §. 490 a. a. O.

[19]) Allgemeines Landrecht §. 402. Th. I. Tit. 9 und §. 497. Th. II. Tit. 1. Ebenso Erbschafts-Edict vom 30. April 1765. Abth. II. §. 1, wo ausdrücklich bestimmt ist, daß das Wahlrecht nur verloren gehen könne, wenn ein Erbvertrag vorliege. Oben S. 150, 200 und 202.

vom 30. April 1765 hat er dann noch das zweite Wahlrecht, ob er auch der Erbfolge aus dem Statut entsagen will, denn es ist eben das Charakteristische des wechselseitigen Testaments im Unterschiede von dem Erbvertrage, daß es in diesem Punkte einem einfachen Testamente des zuerst versterbenden Ehegatten gleich zu achten ist. Der Inhalt des §. 491. Th. II. Tit. 1 des allgemeinen Landrechts steht dem nicht entgegen, da er nur eine Vorschrift enthält, in welcher Form die Entsagung der Erbschaft aus dem Testamente erfolgen soll. —

Entsagt der überlebende Gatte der Erbschaft aus dem wechselseitigen Testamente, so kann er über sein Vermögen ohne jede Beschränkung testiren.[20]) Nimmt er aber die Erbschaft aus dem Testamente an, so kann er auch von seinen eigenen, darin enthaltenen Verordnungen nicht wieder abgehen, insofern aus der Fassung oder aus den Umständen erhellt, daß der Erstverstorbene seine letztwilligen Bestimmungen mit Rücksicht auf diese Verfügungen getroffen hat. Dies wird hauptsächlich bei solchen Verordnungen des überlebenden Ehegatten vermuthet, welche zum Besten der gemeinschaftlichen Kinder, oder der Verwandten oder besonderen Freunde des Erstverstorbenen abzielen.[21]) Es fragt sich deshalb zunächst, wann eine Annahme der Erbschaft aus dem wechselseitigen Testamente als geschehen zu erachten ist. Liegt eine ausdrückliche Erklärung vor, so ist der Antritt damit entschieden. Giebt der Ueberlebende aber keine Erklärung ab, so liegt die Sache zweifelhafter. Der überlebende Ehegatte ist zunächst immer als Erbe aus dem Statut zu betrachten, mag auch ein Testament des andern Theils vorliegen. Verfügt er über die Substanz des Nachlasses, so kann hieraus noch nicht gefolgert werden, daß er sein statutarisches Erbrecht aufgegeben und die

[20]) Dernburg III. §. 184. S. 498.

[21]) Allgemeines Landrecht §. 492 u. §. 493 a. a. O.

Testamentsfolge gewählt hat. Sein Wahlrecht geht auf seine Erben über,[22]) so daß durch seinen Tod an der Lage der Sache nichts geändert wird, wenn er selbst keine bestimmte Erklärung abgegeben hat. Es ist daher ohne eine ausdrückliche Erklärung des überlebenden Theils niemals anzunehmen, daß er die Erbschaft aus dem wechselseitigen Testamente angetreten hat, und den im Testamente neben ihm berufenen Erben liegt es ob, um zu einer solchen zu gelangen, ihm die oben erwähnte peremtorische Frist durch den Prozeßrichter setzen zu lassen.[23]) Läßt er diese Frist verstreichen, so ist er für einen Erben aus dem Statut ohne Vorbehalt zu erklären und sein Wahlrecht auf die Miterben zu übertragen. Die neben ihm im Testamente eingesetzten Erben theilen in diesem Falle die freigewordene Hälfte des gesammten Vermögens beider Eheleute, welche nun als reiner Nachlaß des Verstorbenen zu betrachten ist, nach Inhalt des Testaments und genießen den Vortheil, daß alle dem überlebenden Gatten im Testament darauf eingeräumten Nutzungsrechte fortfallen, wenn sie ihn nicht ganz vom Nachlasse ausschließen wollen.

Die Beschränkung des überlebenden Theils, nach dem Antritte der Erbschaft aus dem wechselseitigen Testamente in der oben angegebenen Weise nicht ferner über sein Vermögen von Todes wegen disponiren zu können, erstreckt sich auch auf solche Vermögensstücke, welche er erst nach dem Ableben des andern Theils erwirbt. Es liegen Erkenntnisse vor, durch welche letztwillige Verordnungen eines aus einem wechselseitigen Testamente zum Erben gewordenen Ehegatten, worin er über ein ihm nachträglich, durch andern Erbgang zugefallenes und noch auf den Namen seines Erblassers berichtigtes Hypo-

---

[22]) Erbschafts-Edict vom 30. April 1765. Abth. II. §. 11. Oben Cap. XXVI u. XXXII S. 152 u. 206.

[23]) Erk. des Obertribunals v. 27. Mai 1870 (Ent. B. 63. S. 217).

thekencapital verfügt hatte, für nichtig erklärt worden sind, und in der Praxis ist hiernach immer verfahren worden.[24])

XXXVII. Erbvertrag.

In der Mark Brandenburg sind Erbverträge unter Eheleuten von Alters her bekannt und die ursprüngliche Form, in welcher Eheleute außer der statutarischen Portion sich etwas auf den Todesfall zuwendeten.[25]) Die Joachimica macht einen Unterschied zwischen Ehestiftungen, welche vor der Ehe errichtet werden, und Vergabungen, welche die Eheleute in stehender Ehe vornehmen, indem sie sagt: Was in der ehestifftung von beiderseits freundschafft bedingt, verbriffet und beschlossen, das eins dem andern obergiebt nach seinem tod an gelt, farender habe oder vortheil an den liegenden gründen, zuvoraus zu haben, sol bei macht und krefftig bleiben. Dergleichen, so zwey eheleut bey einander in der ehe sein, mag eins dem andern vor gericht obergeben und vermachen zuvoraus den vierdten pfenning aller güter, liegender gründe, reitschafft und farender habe. Allein diese Unterscheidung ist sehr früh aufgegeben worden, indem das Institut der gerichtlichen Vergabung des vierten Theils, wie schon oben gezeigt worden ist, durch das Eindringen des römischen Rechts außer Brauch gekommen ist. Die Bestimmung aber, daß in Ehepacten ein Präcipuum für für den Ueberlebenden festgestellt werden dürfe, hat man demnächst nicht als eine Einschränkung dahin aufgefaßt, daß andere Zuwendungen unter den Gatten nicht in Erb- und Eheverträ-

---

[24]) Erk. des Stadtgerichts zu Berlin vom 31. Oktober 1831, des Kammergerichts vom 8. Mai 1832 und des Tribunals v. 25. November 1833. (Hinschius: Juristische Wochenschrift 1835. S. 435.)

[25]) Heydemann: Elemente (S. 260).

gen aufgenommen werden sollten. Der in der Joachimica erwähnte Fall wurde nur als Beispiel betrachtet und der Grundsatz ganz allgemein befolgt, daß durch Erbverträge das gesetzliche Erbrecht der Eheleute nicht nur vergrößert, sondern auch verringert, überhaupt in jeder Weise geändert werden könne, und dies durchaus rechtsbeständig und bindend für die Eheleute sei.[26]) Ein Zweifel besteht hierüber jetzt nicht mehr. Auch ist es gleichgültig, ob die Erbverträge vor oder nach Eingehung der Ehe geschlossen werden. Die Praxis hatte dies schon früher angenommen und in das Erbschaftsedict von 1765 ist es übergegangen, so daß hier Erbverträge, die vor oder nach Abschluß der Ehe errichtet worden sind, sich gleich gesetzt worden sind.[27]) Nur bezüglich der Form der Erbverträge ist jener Unterschied noch erkennbar, denn nach dem allgemeinen Landrechte bedürfen Verträge, welche vor Abschluß der Ehe über das Vermögen der künftigen Ehegatten, insbesondere über das Einbringen und die Verwaltung des Vermögens der Frau und über die künftige Erbfolge der Eheleute geschlossen werden, nicht absolut der gerichtlichen Form, können vielmehr auch gültig vor einem Notar errichtet werden, während solche Verträge während der Ehe nur vor Gericht gültig geschlossen werden können.[28]) In der Mark gilt dies auch, da sich kein anderes feststehendes

---

[26]) Steyer: Dissertatio inauguralis: Ad verba „zuvoraus zu haben“: Cum pacta matrimonialia moribus Germaniae approbata ad omnia bona conjugum dirigi queant, ita ut in illis etiam a statuto recedi possit, usus etiam in Marchia latiorem interpretationem amplexus est, ut nullum prorsus supersit dubium, quin per illa pacta omnis successionis ratio definiri possit. (Ausgabe von 1761. S. 84.)

[27]) Steyer a. a. O. Pacta haec tam in dotalibus instrumentis ante, quam post contractum matrimonium fieri possunt. (S. 84). Erbschaftsedict von 1765. Abth. II. §. 1. (Rabe I. 3. S. 122.)

[28]) §§. 82, 209, 440, 441. Tit. 1. Th. II Allgemeines Landrecht. Dernburg III. §. 7. S. 17.

älteres Recht erkennen läßt. Erhellt aus dem Inhalte des Vertrages oder aus andern Umständen, daß ein Mann mit einer unverheiratheten Frauensperson einen Erbvertrag mit Rücksicht auf eine von ihnen beabsichtigte Ehe errichtet hat, so erlangt dieser Vertrag nur seine Wirksamkeit, wenn es wirklich zur Eingehung der Ehe kommt.[29]) Stirbt einer der Contrahenten vorher, so kann der Andere das Erbrecht aus dem Vertrage nicht beanspruchen, und es fragt sich höchstens, ob er wegen unbegründeter Verweigerung der Eingehung der Ehe Schadensersatz resp. die gesetzliche Strafe des § 112. Tit. 1. Th. II. des allgemeinen Landrechts fordern darf.

Im Uebrigen gelten in der Mark Brandenburg für Erbverträge jetzt die Bestimmungen des allgemeinen Landrechts, da sein zwölfter Titel des ersten Theils, der davon handelt, nicht suspendirt ist. Es kann daher auf dieses verwiesen werden. Nur zwei Punkte sind es, welche für die Rechtsverhältnisse der Mark einer näheren Betrachtung bedürfen.

Erstens ist im allgemeinen Landrechte vorgeschrieben, daß ein Jeder, welcher Erbverträge schließen will, mit den Eigenschaften versehen sein müsse, welche sowohl zur Errichtung eines Testaments als zur Abschließung eines Vertrages erforderlich seien.[30]) Es fragt sich aber, ob der Mangel der Vertragsfähigkeit durch den Beitritt des gesetzlichen Vertreters des Contrahenten zum Erbvertrage ergänzt werden kann. Generell und für andere Personen als Eheleute ist dies zu verneinen, da das Gesetz seine Vorschrift ganz positiv aufstellt und keine Ausnahme erwähnt. Dennoch sind von jeher in der Mark Erb- und Eheverträge in der Weise abgeschlossen worden, daß Personen von minderjährigem Alter oder unter väterlicher Ge-

[29]) Kohl: De pactis dotalibus I. No. 6: Pactum dotis non est nudum, sed ultra conventionem ei subest causa nuptiarum. (Ausgabe von 1731. S. 5.)

[30]) Allgemeines Landrecht I. 12. §. 618.

walt im Beitritte ihrer Väter oder Vormünder sie errichtet haben. Im Archive des früheren Stadtgerichts zu Berlin befand sich eine große Anzahl solcher Verträge, die bis in die neueste Zeit ohne Anstand aufgenommen und deren Rechtsbeständigkeit noch nicht bezweifelt worden ist. Es entspricht dies einem dringenden Bedürfnisse, da namentlich Töchter häufig während ihrer Minderjährigkeit sich verheirathen und die Güterverhältnisse der Brautleute es durchaus nothwendig machen, sie durch besondere Vereinbarungen abweichend von dem Gesetze zu ordnen. Aber auch die Gesetzgebung bietet genügenden Anhalt, um zu einer Ausnahme von der Regel des allgemeinen Landrechts für Eheleute oder solche Personen, welche eine Ehe einzugehen gedenken, zu gelangen. Schon in der Joachimica von 1527 wird bei der Ehestiftung „beiderseits Freundschaft" erwähnt, was doch nicht allein darauf zu deuten ist, daß ohne Beitritt der Erben nach altsächsischem Rechte keine Grundstücke und keine eigenen Leute veräußert werden durften. Das Stammgutsystem des Sachsenspiegels, woraus diese Bestimmung sich herleitet, war damals in der Mark wohl längst außer Brauch. Auch spricht die Joachimica ausdrücklich von Geld und fahrender Habe. Sie kann daher nur so ausgelegt werden, daß Ehe- und Erbverträge unter Eheleuten verbindend sein sollen, auch wenn sie für die Eheleute durch ihre gesetzlichen Vertreter abgeschlossen worden sind. Die Praxis hat sie von Alters her nur so aufgefaßt. Pruckmann lag die Frage vor, ob der in einem Ehe- und Erbvertrage enthaltene Verzicht einer Frau auf einen Erbtheil nach ihrem Manne verbindlich sei, obgleich dieser nur von ihren Verwandten errichtet sei, ohne daß sie ihn selbst unterschrieben habe, und Pruckmann bejaht dies, indem er unter Hinweis auf die Joachimica den Beitritt der Braut zu dem Vertrage für nicht erforderlich erklärt.[31]) Kohl hat eine eigene

[31]) Pruckmann: Opera juridico-practica. II. Cons. 25. No. 28

Abhandlung über Pacta dotalia geschrieben und führt darin aus: Die Töchter, um deren Verheirathung es sich handele, seien bei Ehe- und Erbverträgen mit ihrem künftigen Manne gar nicht zuzuziehen, da es ihr Vater sei, welcher die Dos bestelle, also allein darüber zu pacisciren habe; verspreche der Mann etwas, so sei dies eine Antidos, welche der Vater der Braut ebenfalls acceptiren müsse; handle es sich um Verträge, welche die Brautleute selbst errichtet hätten, so sei zu prüfen, ob es sich um Vortheile handle, die der Braut zugesichert seien; diese könnte bei ihrer Minderjährigkeit der instrumentirende Notar schon für sie acceptiren, wenn sie nicht zugegen sei; jedenfalls dürften die Mütter, der Vormund oder andere Verwandte der Braut sie in ihrem Namen acceptiren, wenn die Braut nur nicht widerspreche, denn durch den modernen Gebrauch sei es recipirt, daß in dieser Weise Ehe- und Erbverträge gültig errichtet würden.[32]) An einer andern Stelle erwähnt er dann aber noch, daß ein Ehegatte durch Ehepacten auch ganz auf sein Erbrecht nach dem zuerst versterbenden Gatten verzichten oder sich mit einzelnen Stücken abgefunden erklären könne.[33]) Der Schluß ist daher wohl nicht gewagt, daß nach damaliger Praxis Ehe- und Erbverträge ganz allgemein von den gesetzlichen Vertretern minderjähriger Brautleute gültig abgeschlossen werden konnten, und Kohl nur aus Neigung zum römischen Rechte zu seinen geschraubten Deductionen gekommen ist.

---

u. 31. At inquies, ipsa vidua pacta dotalia neque subscripsit, neque subsignavit? Considerandum, quod constitutio nostra expresse velit, rata esse debere ea, quae propinquis utriusque contrahentis in pactis dotalibus placuerant, nulla interim sponsae facta mentione. (Ausgabe von 1671. S. 412.)

[32]) Kohl: De pactis dotalibus II. No. 11. (Ausgabe von 1731. S. 50.)

[33]) Kohl: Declaratio accurata. Qu. X. No. 4 u. 5. (Ausgabe von 1731. S. 213.

Im allgemeinen Landrechte findet sich Theil II. Titel 18. §§. 776 bis 779 folgende Vorschrift: „Sollen bei Verheirathung eines oder einer Pflegebefohlenen Verträge wegen der künftigen Erbfolge geschlossen werden, so muß der Vormund das Interesse der Pflegebefohlenen redlich besorgen und die Approbation des Vormundschaftsgerichts einholen. Soll durch dergleichen Verträge gewissen Vortheilen entsagt werden, welche die Gesetze den Pflegebefohlenen in den künftigen Nachlaß ihrer Ehegatten anweisen, so muß der Vormund die dazu vorwaltenden Gründe dem Gerichte zur besondern Prüfung anzeigen." Gruchot bemerkt hierzu, daß diese Vorschriften insofern Beachtung verdienen, als daraus unzweifelhaft hervorgehe, daß bei dieser Art von Erbverträgen die Vertretung Handlungsunfähiger durch den Vormund zugelassen werde.[34]) Er hat auch kein Bedenken, diese Bestimmung auf solche Verträge auszudehnen, welche der Pflegebefohlene über seinen eigenen Nachlaß schließt, indem er annimmt, daß der Gesetzgeber den gewöhnlichen Fall wechselseitiger Erbverträge im Auge gehabt habe.

Es tritt hinzu, daß auch Verlöbnißverträge mit Erbschaftsverträgen verbunden werden können,[35]) daß als Erforderniß für solche nur die Vorschrift im allgemeinen Landrechte sich findet, die Braut, welche großjährig und nicht mehr unter väterlicher Gewalt sei, müsse zur gültigen Errichtung derselben mit einem Beistande vor Gericht erscheinen,[36]) daß ferner gesagt ist, bloße Minderjährigkeit sei kein Grund von einem unter den gesetzlichen Erfordernissen geschlossenen Verlöbnißvertrage zurückzutreten,[37]) daß vielmehr eine minderjährige Person wie jede andere Person bei dem unbefugten Rücktritte von dem

[34]) Gruchot: Erbrecht zu §§. 439—441. II. 1 Allgemeines Landrecht (B. II. S. 435).

[35]) Allgemeines Landrecht II. 1. §. 114.

[36]) A. a. O. §. 88.

[37]) A. a. O. §. 110.

Vertrage den vierten Theil der Mitgabe, des Gegenvermächtnisses oder einer dem andern Theile zum Erbtheile verschriebenen Summe zur Strafe zu entrichten hat.[38]) Minderjährige oder unter väterlicher Gewalt befindliche Mädchen können daher solche Verträge schließen. Sie bedürfen dazu auch keines Beistandes und dürfen doch nicht günstiger als großjährige und von der väterlichen Gewalt befreite Personen gestellt sein. Man gelangt daher auch hier mit Nothwendigkeit dahin, daß der Mangel ihrer Handlungsfähigkeit durch den Beitritt ihres Vaters oder Vormundes ergänzt werde.

Im Ganzen ist daher anzunehmen, daß Personen, welche eine Ehe einzugehen gedenken, einen Vertrag über ihre gegenseitigen Erbrechte auch dann schließen können, wenn sie minderjährig sind oder noch unter väterlicher Gewalt sich befinden, und daß solche von ihnen errichteten Erbverträge, falls die Ehe zu Stande kommt, verbindliche Kraft haben, sobald der gesetzliche Vertreter des Vertragsunfähigen ihnen beigetreten ist. Auch liegt kein Grund vor, die Nachholung der Erbverträge nach geschlossener Ehe zu verbieten. Es können daher auch minderjährige Eheleute unter Zuziehung der erwähnten Vertreter eben solche Verträge mit einander gültig errichten. — Dagegen muß jetzt, nachdem der §. 618 Tit. 12 Th. I des allgemeinen Landrechts mit Gesetzeskraft in der Mark eingeführt ist, der minderjährige oder in väterlicher Gewalt befindliche Verlobte oder Ehegatte persönlich den Vertrag mit abschließen, weil er die Testamentsfähigkeit hat und in dieser Beziehung nicht durch seinen gesetzlichen Vertreter repräsentirt wird. Für Personen unter vierzehn Jahren können deren gesetzliche Vertreter auch mit Personen, die ihnen zu Ehegatten bestimmt sind, keine Verträge über ihre wechselseitigen Erbrechte errichten.

---

[38]) A. a. O. §. 117.

Der zweite Punkt ist folgender. Auch der Zuwendung aus einem Erbvertrage kann der überlebende Ehegatte entsagen, denn Niemand ist gezwungen eine Wohlthat anzunehmen.[39]) Es fragt sich aber, ob er dann noch seine statutarische Portion wählen kann. Die Bestimmung im zwölften Titel Theil I des allgemeinen Landrechts, daß er sich dann auch seines gesetzlichen Erbrechts nicht bedienen könne,[40]) ist nicht klar, denn sie findet sich auch bei dem Testamente, ja es wird ausdrücklich auf die Testamentserbfolge verwiesen, und bei dieser ist die Einschränkung beigefügt, daß er seinen Pflichttheil beanspruchen dürfe.[41]) Wir verneinen sie aber. Die Natur des Kontrakts bei dem Erbvertrage ist so stark, daß der Ueberlebende dadurch die Pflicht bekommt, sich mit der Zuwendung aus dem Vertrage zu begnügen und niemals etwas Anderes fordern darf. Bei den älteren brandenburgischen Juristen findet sich kein Anhalt, daß es jemals anders in der Mark gehalten worden ist.[42]) Ebenso ist dieser Punkt nach dem Erbschaftsedicte vom 30. April 1765 aufzufassen. Allerdings ist hier gesagt: der Ueberlebende verliere das Wahlrecht, ob er Erbe (nach dem Statut) sein wolle oder nicht, nur in dem Falle, daß die Eheleute in ihren Ehepacten oder durch einen andern unter ihnen errichteten Erbvertrag sich dieser Wahl „ausdrücklich" begeben hätten.[43]) Auf das Wort: „ausdrücklich" ist hier aber kein besonderes Gewicht zu legen, da man sonst zu einem schroffen Formalismus gelangen würde, welchen die Praxis in der Mark niemals anerkannt hat. Es genügt, daß nach dem Inhalte

---

39) Allgemeines Landrecht Th. I. Tit. 12. §. 641.

40) A. a. O. §. 642.

41) Allgemeines Landrecht Th. I. Tit. 9. §§. 401 u. 402.

42) Pruckmann: Opera juridico-practica. II. Cons. 25. No. 24, 25. (Ausgabe von 1671. S. 411) und Kohl: Declaratio accurata. Quaest. X. Ausgabe von 1731. S. 213.)

43) Abth. II. §. 1. (Rabe I. 3. S. 122.) Oben Cap. XXVI.

des Vertrages die Absicht der Contrahenten erhellt, der überlebende Theil solle statt des gesetzlichen Erbrechts die ihm im Erbvertrage ausgesetzte Abfindung erhalten, um ihm die Befugniß zu versagen, seine statutarische Portion gegen den Erbvertrag zu wählen. Der §. 448 Theil II Tit. 1 allgemeinen Landrechts ist daher in der Mark nicht suspendirt, auch gilt die in §. 445 daselbst aufgestellte Präsumtion, daß der überlebende Gatte im Zweifel durch die im Vertrage für ihn ausgeworfenen Summen oder Sachen wegen seines ganzen Erbrechts habe abgefunden werden sollen, und sie nicht als Präcipuum beanspruchen dürfe.

Bedenklicher ist es, ob der überlebende Gatte, wenn in dem Erbvertrage keine specielle Bestimmung hierüber getroffen ist, gegen Empfang der ihm ausgesetzten Abfindung namentlich eines Leibgedinges oder Witthums die Verpflichtung hat, sein eigenes Vermögen in der Erbschaftsmasse zurückzulassen, oder ob er dieses nicht wenigstens fordern kann, wenn er die kontraktliche Zuwendung ausschlägt. Die Bestimmungen des allgemeinen Landrechts können hier nicht ohne weiteres entscheidend sein, da ihm die Verpflichtung des überlebenden Ehegatten sein eigenes Vermögen zur Theilung einzuwerfen überhaupt unbekannt ist. Erwägt man indessen, daß unter den märkischen Eheleuten bei ihren Lebzeiten keine Gemeinschaft der Güter herrscht, daß der Ueberlebende durch Entsagung der Erbschaft nach dem zuerst versterbenden Ehegatten den Anfall seines Vermögens an die Nachlaßmasse auch nach dem Tode eines Theils verhindern kann, und daß die Einwerfung seines Vermögens immer nur zu dem Zwecke geschieht, um die Halbtheilung nach der Joachimica zu bewirken, und die Natur einer Collation hat, so gelangt man dahin, daß sie immer zu unterbleiben hat, wo es sich um Ausschließung dieser Halbtheilung handelt. Ergiebt daher der Inhalt eines Erbvertrages, wodurch dem Ueberlebenden statt seines Erbrechts ein Leibgedinge, ein Witthum, ein bestimmtes Capital oder eine andere Quote als die Hälfte des Nachlasses des anderen Gatten ausgesetzt ist, nicht ganz klar und bestimmt, daß der Ueberlebende für diese Abfindung sein eigenes Vermögen im Nachlasse des anderen Gatten zurücklassen muß, so kann er außer dem Leibgedinge, Witthum oder der sonstigen vertragsmäßigen Abfindung sein eigenes Vermögen für sich zurückbehalten und, soweit es im Vermögen des anderen Gatten verwendet ist, als eine Schuld gegen den Nachlaß liquidiren. Ebenso ist er hierzu natürlich befugt, wenn er das Witthum oder die sonst im Vertrage für ihn festgesetzte Abfindung ausschlägt. — Liegt der Fall aber umgekehrt, und ist im Vertrage ausdrücklich bestimmt, daß der Ueberlebende sein Vermögen im Nachlasse des zuerst verstorbenen Gatten zurücklassen solle und statt seines Erbtheils ein Witthum oder eine andere Abfindung erhalten solle, so kann er auch gegen Entsagung des Witthums oder der vertragsmäßigen Abfindung sein eigenes Vermögen nicht herausverlangen. Stryk nimmt allerdings an, daß in allen Fällen die Dos durch ein Leibgedinge oder ein Witthum absorbirt werde und eine hinterlassene Wittwe die Dos statt dieser nicht zurückfordern könne. Allein er begreift unter der Dos nicht das gesammte Illatenvermögen der Frau, welches er Paraphernale nennt, sondern nur eine kontraktlich vor Eingehung der Ehe von dem Manne für sich ausbedungene Mitgift der Frau. Seine Voraussetzung ist, daß Mitgift und Witthum als vertragsmäßige Leistung und Gegenleistung sich gegenüberstehen, das Leibgedinge oder Witthum nicht eher gefordert werden könne, als die Dos berichtigt sei, die Dos aber aber auch für das Versprechen des Leibgedinges und Witthums als Eigenthum dem Manne gegeben werde.[44]) Seine Entscheidung ist daher nicht auf das ganze eingebrachte Vermögen

[44]) Usus mod. XXIII. Tit. 3. §. 20 u. §. 23 u. Tit. 5. §. 2.

der Frau zu beziehen und nur auf den Fall einzuschränken, daß die Mitgift in der angegebenen Weise kontraktlich festgesetzt ist.

Leibgedinge und Witthum erlöschen auch in der Mark, wenn die Wittwe zu einer zweiten Ehe schreitet, und hiervon tritt nur eine Ausnahme ein, wenn die Frau ihr Eingebrachtes ganz oder zum Theile in der Erbschaftsmasse des Mannes hat zurücklassen müssen.[45])

Erbverzichtsverträge unter Eheleuten sind bisher in der Mark nicht als eine besondere Art von Erbverträgen angesehen worden. Bezüglich ihrer Form müssen daher die allgemeinen Regeln von Erbverträgen Anwendung finden, d. h. sie bedürfen zu ihrer Gültigkeit der gerichtlichen oder notariellen Form, wenn sie vor der Ehe, und der gerichtlichen Form, wenn sie während der Ehe errichtet werden.

XXXVIII. Fideicommiß auf den künftigen Ueberrest.

Eine häufige Bestimmung in den Testamenten der brandenburgischen Eheleute geht dahin, daß der überlebende Gatte im Besitze des ungetheilten Nachlasses verbleiben, er die unbeschränkte Disposition über ihn haben und die Kinder der Eheleute oder bei deren Mangel andere, zu Erben berufene Personen sich mit dem begnügen sollen, was nach dem Tode des zuletzt versterbenden Gatten noch übrig sein wird. Solche Anordnungen finden sich sowohl in einseitigen Testamenten, als in wechselseitigen Testamenten und Erbverträgen, und beruhen in den vielen Fällen, in welchen eine sofortige Theilung des Vermögens seine Entwerthung zur Folge haben würde, auf einer wirthschaftlichen Nothwendigkeit.

Die erste Frage, welche bei dieser Art eines Fideicommisses

[45]) Allgemeines Landrecht II. 1. §§. 471—474.

entsteht, ist die, ob der überlebende Gatte verpflichtet ist, den auf den Ueberrest eingesetzten Substituten ein Inventar über den Nachlaß vorzulegen und es eidlich zu bestärken, wenn im Testamente oder Erbvertrage hierüber keine ausdrückliche Bestimmung enthalten ist. Die Vormundschaftsgerichte verlangen es regelmäßig für die ihrer Pflege unterworfenen und in dieser Weise zu Erben berufenen Kinder des Erblassers. Allein in der Mark beträgt der Pflichttheil der Kinder, wenn der überlebende Gatte kein eigenes Vermögen hat und mehr als vier Kinder zurückgelassen werden, ebensoviel als ihr gesetzlicher Erbtheil; wenn weniger Kinder vorhanden sind, zwei Drittel ihres Erbtheils. Die vormundschaftlichen Behörden sind daher oft in der Lage, die ganze letztwillige Anordnung umzustoßen, während sie ihren Pflegebefohlenen nichts von ihren gesetzlichen Rechten vergeben, oder für die Mündel durch eine geringe Einbuße an diesen sofort ein sicheres Vermögen statt unsicherer zukünftiger Rechte erlangen. Es genügt daher regelmäßig die Androhung, daß der Pflichttheil gewählt werde würde, um den überlebenden Gatten zur Einreichung des Inventars zu bewegen. Dies entscheidet also nichts über seine Pflicht. In dieser Beziehung ist allein maßgebend, ob §. 470 Tit. 12 Th. I des allgemeinen Landrechts auch auf den Fall zu beziehen ist, wenn der Fideicommissar nur auf den künftigen Ueberrest eingesetzt ist. Das Obertribunal hat dies verneint,[46]) allein es ist ihm nicht beizutreten. Aus der Bestimmung des §. 471 a. a. O., daß bei dem Verbote ein Inventar zu fordern angenommen werden solle, der Testator habe den Fideicommissar nur auf das, was bei dem Ableben des Fiduciars noch vorhanden sei, eingesetzt, kann nicht der Rückschluß gemacht werden, daß da, wo ein Fideicommiß des Ueberrestes errichtet worden

---

[46]) Erkenntniß vom 20. Juni 1856. Striethorst: Archiv Bd. 21. S. 288.

ist, auch die Vorlegung eines Inventars verboten sei. Die Befreiung von der Vorlegung eines Inventars enthält die äußerste Befugniß eines Fiduciars, denn das Fideicommiß des Ueberrestes kann auch bei der Pflicht des Inventars bestehen. Wenn sie zugestanden ist, kann daher wohl gefolgert werden, daß die Geringeren ebenfalls beabsichtigt sind, aber niemals kann aus dem Erlasse einer geringeren Pflicht auch auf den einer größeren geschlossen werden. Zudem hat der Fiduciar auch bei dem Fideicommisse des Ueberrestes keine völlig freie Disposition über den Nachlaß. Er darf sowenig von Todes wegen darüber verfügen, als unter Lebenden durch Schenkungen, die auf bloßer Freigebigkeit beruhen, das Recht des Substituten vereiteln und haftet, wie unten gezeigt werden soll, für einen gewissen Grad des Dolus. Es ist daher anzunehmen, daß auch bei einem solchen Fideicommiß der Fideicommissar ein Interesse hat, ein Inventar über den Umfang des Nachlasses zur Zeit des Todes des Erblassers zu erhalten, und daß der Fiduciar verpflichtet ist, es ihm vorzulegen, wenn ihm dies nicht vom Testator ausdrücklich erlassen worden ist.[47])

Die Dispositionsbefugnisse des überlebenden Theils über den Nachlaß sind bei einem solchen Fideicommiß des Ueberrestes höchst ausgedehnt und werden nur dadurch beschränkt, daß er darüber nicht von Todes wegen verfügen und Schenkungen, die auf reiner Freigebigkeit beruhen, daraus nicht machen darf.[48]) Die früher in der Mark bestehende, aus Justinians Novelle Nr. 108 hergeleitete Einschränkung, daß er auch keine Veräußerungen vornehmen dürfe, ist seit Einführung des allgemeinen Landrechts fortgefallen, da der Sitz dieser Materie dessen nicht suspendirter zwölfter Titel des ersten Theiles ist

---

[47]) Ebenso Scharnweber: Der letzte Wille. (Potsdam 1861.) S. 9 und Gruchot: Erbrecht zu §. 468. I. 12 Allgemeines Landrecht. (Bd. II. S. 104 u. 111.) Dernburg III. §. 160. S. 441.

[48]) §. 468 u. §. 469. I. 12 Allgemeines Landrecht.

und sie hier keine Aufnahme gefunden hat. Der überlebende Gatte wird bei einem solchen Fideicommisse Eigenthümer des Nachlasses,[49]) kann alle dazu gehörigen Forderungen einziehen und darüber rechtsverbindlich quittiren, Prozesse für den Nachlaß führen, Vergleiche mit den Nachlaßgläubigern und Schuldnern schließen, Rezesse über Erbansprüche, welche der Erblasser hatte, errichten, bewegliche und unbewegliche Sachen des Nachlasses verpfänden und veräußern, das Kaufgeld dafür in Empfang nehmen oder es creditiren, und bedarf hierzu nicht des Beitritts der Fideicommissare, vielmehr haben diese keine Befugniß solchen Handlungen zu widersprechen und sie Mangels ihrer Zustimmung anzufechten. Die Gläubiger des Fiduciars sind befugt wegen ihrer persönlichen Ansprüche an ihn ihre Befriedigung aus dem Nachlasse zu suchen. Sie dürfen deshalb die Forderungen des Nachlasses mit den Wirkungen der Cession oder Assignation sich überweisen lassen, die Mobilien zur Auction bringen und die Grundstücke zur Subhastation stellen, ohne daß die Fideicommissare interveniren können. Tritt der Tod des Fiduciars ein, während solche Maßregeln gegen ihn im Gange sind, so behalten die Gläubiger die Forderungen, welche ihnen mit der Wirkung einer Cession überwiesen sind, und den Erlös, welcher aus der Beitreibung assignirter Forderungen oder aus dem Verkaufe körperlicher Sachen des Nachlasses erzielt ist. Hat wegen persönlicher Schulden des Fidu-

---

[49]) Erkenntniß des Obertribunals vom 27. October 1838: Der heres fiduciarius erwirbt das Eigenthum der ihm zugefallenen Erbschaft, und die §§. 466 u. 467. I. 12 Allgemeines Landrecht bestimmen nur das Rechtsverhältniß zwischen ihm und den substituirten Erben in Bezug auf den Nießbrauch, die Verwaltung des Nachlasses und die Verpflichtung zur Herausgabe desselben: Präjudiz Nr. 578. Sammlung Seite 75. Ebenso Erk. vom 15. Nov. 1875. Entsch. 76. Seite 163. Gruchot: Erbrecht zu §§. 53 und 466. I. 12 Allgemeines Landrecht Band I. S. 395 und Band II. S. 82. Dernburg III. §. 160. S. 440.

ciars eine Pfändung von körperlichen Sachen oder Forderungen, welche zu dem Fideicommiß gehören, im Wege der Zwangsvollstreckung oder des Arrestes stattgefunden, so haben die Gläubiger des Fiduciars dadurch ein dingliches Recht an diesen Gegenständen erworben, welches die Fideicommissare nach seinem Tode ebenfalls gegen sich gelten lassen müssen. Haben die Gläubiger des Fiduciars wegen solcher Forderung aber die Subhastation eines zum Fideicommiß gehörigen Grundstückes ausgebracht, ohne ihre Ansprüche hypothekarisch im Grundbuche eintragen zu lassen, so können die Fideicommissare die Aufhebung derselben bei dem Tode des Fiduciars verlangen, wenn nicht vorher ein Zuschlag erfolgt ist, da persönliche Gläubiger durch die Eröffnung der Subhastation kein dingliches Recht an dem Grundstücke erwerben, die Beschlagnahme des Grundstückes nur eine Hinderung des Eigenthümers enthält, zum Nachtheile der Gläubiger noch ferner über dasselbe zu verfügen, und mit dem Erlöschen des Rechts des Fiduciars auch diese Rechte seiner Gläubiger an dem Grundstücke ihr Ende erreichen.[50])

Alles, was der Fiduciar bei seinen Lebzeiten aus ausstehenden Forderungen einzieht oder aus dem Verkaufe von Nachlaßstücken erlöst, wird sein freies Eigenthum ohne die fideicommissarische Beschränkung, mag es auch bei seinem Ableben noch baar vorhanden sein, weil der Grundsatz, daß der Preis an die Stelle der Sache tritt, im preußischen Rechte nicht gilt. Die Fideicommissare erhalten nur die Forderungen und die Gegenstände des Nachlasses, welche bis zum Tode des Fiduciars noch wirklich in dessen Besitze sind. Hat jedoch der Testator selbst einen Erbanspruch gehabt und der Fiduciar als sein Nachfolger den Rezeß hierüber abgeschlossen, so sind alle Rechte, die er aus diesem Rezesse erworben hat, Gegenstand

---

[50]) Dernburg III. §. 160. S. 440.

und Bestandtheil des Fideicommisses, da die Theilung eines Nachlasses nicht einem Verbrauche des Erbrechts gleichzuachten ist. Verkauft er aber die ihm im Rezesse überwiesenen Stücke oder zieht er die ihm zugetheilten Forderungen ein, so verhält es sich damit ebenso, wie mit allen Sachen und Forderungen aus dem Nachlasse des Testators.

Caution können die Fideicommissare von dem überlebenden Gatten bei einem Fideicommiß des Ueberrestes nicht verlangen, weil für ihn keine Verpflichtung besteht, irgend ein Stück des Nachlasses für sie zu erhalten. Der §. 472. I. 12. des allgemeinen Landrechts setzt ein einfaches Fideicommiß voraus und ist in dieser Beziehung nicht auf das Fideicommiß des Ueberrestes zu beziehen.

Schreitet der überlebende Gatte zu Schenkungen, welche auf reiner Freigebigkeit beruhen, so können die Fideicommissare diese anfechten und das Gegebene zurückverlangen, wobei aber der Empfänger nur das zu restituiren hat, um was er noch wirklich reicher ist, wenn er sich in gutem Glauben befunden hat. Die Fideicommissare brauchen mit dieser Anfechtung nicht zu warten, bis der Tod des Fiduciars eintritt, denn das Verbot dergleichen Schenkungen zu machen, ist eine Dispositionsbeschränkung des Letzteren, die von Anfang an seinem Rechte anhaftet und den Fideicommissaren ein Untersagungs- und Einspruchsrecht von dieser Zeit an gewährt.

Trifft der Fiduciar über den Nachlaß eine Bestimmung von Todes wegen, so ist diese ungültig. Kauft er aber für den Nachlaß oder aus dem Erlöse desselben sich in eine Lebensversicherung, so ist dies einer letztwilligen Verfügung nicht gleich zu achten, weil dies ein Rechtsgeschäft ist, welches zwar nach dem Tode des Versicherten seine Hauptwirkung äußert, aber schon unter Lebenden mannigfache Pflichten und Rechten begründet. Die Fideicommissare können daher weder die Versicherung anfechten, noch nach dem Ableben des Fiduciars die

Versicherungssumme beanspruchen. Ebenso können sie nicht Einspruch erheben, wenn der Fiduciar den ganzen Nachlaß hingiebt, um sich eine Leibrente dafür zu erwerben.

Die Fähigkeit des überlebenden Gatten über sein eigenes Vermögen zu testiren, wird durch ein Fideicommiß auf den Ueberrest in keiner Weise beschränkt. Diese Befugniß ist ihm nur abzusprechen, wenn ein wechselseitiges Testament oder ein Erbvertrag vorliegt, Inhalts deren er in dieser Beziehung gebunden ist. Als eigenes Vermögen des überlebenden Theils gilt in diesem Falle nicht die Hälfte des Gesammtvermögens beider Gatten. Es muß angenommen werden, daß der zuerst Verstorbene durch die Zuwendung des fideicommissarischen Eigenthums seines ganzen Vermögens mit ausgedehnter Dispositionsbefugniß an den andern Gatten die Halbtheilung hat ausschließen wollen, so daß ein Einwerfen des eigenen Vermögens des überlebenden Gatten nicht stattfindet. Der überlebende Gatte kann daher im vorliegenden Falle nur über das Vermögen testiren, was er in die Ehe gebracht, und während der Ehe oder nach dem Tode des andern Theils eigenthümlich erworben hat.

Die Auseinandersetzung der Fideicommissare nach dem Tode des zum Fiduciar berufenen überlebenden Gatten geschieht nach folgenden Gesichtspunkten.

Zunächst ist festzustellen, ob die fideicommissarischen Erben des zuerst verstorbenen Gatten und die Erben des überlebenden Gatten verschiedene Personen sind. Liegt nur ein einseitiges Testament des zuerst verstorbenen Ehegatten vor, so wird dies immer der Fall sein, wenn er darin andere Personen zu den Fideicommissaren auf den Ueberrest ernannt hat, als die gesetzlichen oder Testamentserben des Fiduciars sind. Aber auch wenn ein wechselseitiges Testament von den Eheleuten errichtet ist und darin ihre Kinder als Fideicommissare nach dem Tode des überlebenden Theils berufen sind, kann der Fall häufig eintreten. Mit dem Tode des zuerst versterbenden Gatten wird das Recht auf das Fideicommiß von jedem der ernannten Substituten derart erworben, daß sein Successionsrecht, wenn er vor dem Fiduciar verstirbt, auf seine Erben übergeht.[51]) Ob diese Erben des Fideicommissars ab intestato oder durch ein Testament des Fideicommissars berufen werden, ist dabei gleichgültig. Auch macht es keinen Unterschied, ob der Anfall des Fideicommisses an eine besondere Bedingung geknüpft ist.[52]) Die Erben des Fideicommissars sind namentlich andere Personen als die Erben des Fiduciars aus dem wechselseitigen Testamente, wenn ein zwischen dem ersten und zweiten Ehegatten verstorbenes Kind eine erbberechtigte Wittwe oder einen in einem Testamente ernannten Erben hinterläßt, die ihm nicht zufällig auch in dem wechselseitigen Testamente der Eheleute substituirt sind. Allerdings hat das Obertribunal angenommen: 1) Wenn in einem wechselseitigen Testamente der überlebende Ehegatte zum Erben des Erstversterbenden eingesetzt wird, und gegenseitig auf den Fall, daß er zuletzt verstirbt, zugleich seine eigenen Erben ernennt, er auch die Erbschaft aus dem wechselseitigen Testamente antritt, so erwerben die von ihm eingesetzten Erben dadurch, daß sie den Tod des zuerst Versterbenden erleben, schon ein Recht auf den künftigen Nachlaß des zuletzt Versterbenden, welches von ihnen ohne Rücksicht darauf, ob sie selbst den Tod des Letzteren erleben oder nicht, als ein zu ihrem Vermögen gehöriges Recht weiter vererbt wird.[53]) 2) Wo die

---

[51]) §. 467. I. 12 Allgemeines Landrecht und Präj. des Obertribunals vom 6. August 1838. (Entsch. Bd. 4 S. 126.)

[52]) Erk. des Obertribunals v. 27. Februar 1854. (Entsch. B. 27 S. 340.)

[53]) Erk. des Tribunals vom 1. October 1838 in Koch's Schlesischem Archive III. S. 573. Einen den Sinn entstellenden Druckfehler, der auch in die Rönneschen Ergänzungen und in Gruchot's Erbrecht übergegangen ist, habe ich oben corrigirt.

factischen Voraussetzungen der §§. 492. 493. II. 1. des allgemeinen Landrechts vorliegen, ist den Verwandten des erstverstorbenen Ehegatten mit dem Antritte der Erbschaft seitens des überlebenden Ehegatten der gesammte Nachlaß beider Ehegatten dergestalt deferirt, daß sie ihn verkaufen können.[54]) Derselben Ansicht ist auch Bornemann, indem er jeden Ehegatten in Bezug auf die gesammte Vermögensmasse als Testator und eben deswegen denjenigen, welcher zuerst stirbt, als Erblasser der ganzen Masse betrachtet.[55]) Allein weder dem Obertribunale, noch Bornemann ist in diesem Punkte beizutreten. Erben sind undenkbar und der Anfall einer Erbschaft ist unmöglich, so lange die zu beerbende Person noch lebt. Oder wie Gruchot sagt: Niemand kann bei lebendigem Leibe beerbt werden; jeder Erbfall setzt einen Erblasser voraus; ein solcher kann nur ein Gestorbener oder für todt Erklärter sein; ein überlebender Ehegatte, so lange er sich am Leben befindet, hat noch keine Erben.[56]) Das eigene Vermögen des überlebenden Gatten ist daher in einem solchen Falle den vor ihm verstorbenen Kindern nicht angefallen und wird nicht auf deren Erben transmittirt. In sein Vermögen succediren nur die in dem wechselseitigen Testamente berufenen Kinder der Eheleute, welche auch seinen Tod erleben. Ein Hinweis auf die Pflicht des brandenburgischen Gatten, sein Vermögen zur Nachlaßmasse einzuwerfen, ist unzutreffend, weil diese nur besteht, wo die Halbtheilung vorgenommen werden soll, hier aber diese nicht stattfindet. Ebenso ist nicht von Einfluß, daß der überlebende Gatte in einem solchen Falle nicht mehr durch Testament über sein Vermögen verfügen kann. Er darf doch eine zweite Ehe eingehen, und

---

[54]) Erk. vom 9. Mai 1857. (Entsch. Bd. 36 S. 62.)

[55]) Bornemann: Systematische Darstellung. Ausgabe von 1844. Band VI. S. 136.

[56]) Gruchot: Erbrecht zu §. 492. II. 1 Allgemeines Landrecht. (Bd. II. S. 498.)

wenn aus dieser Kinder und der andere Ehegatte vorhanden sind, haben diese ein unbestreitbares Erbrecht nach ihm, obgleich ihm die Befugniß zu testiren nicht beiwohnte. Es ist daher auch in den oben erwähnten Fällen nicht die Möglichkeit ausgeschlossen, daß die Erben des überlebenden Theils und die zum Fideicommiß des Ueberrestes Berechtigten verschiedene Personen sind, und deshalb kann in allen Fällen nach dem Tode des zweiten Gatten eine Feststellung darüber nicht unterbleiben, ob die fideicommissarischen Erben des zuerst verstorbenen Gatten unter Berücksichtigung des erwähnten Transmissionsrechts und die Erben des zuletzt versterbenden Ehegatten dieselben Personen sind. In den neueren Judicaten hat das Obertribunal als Grundsatz aufgestellt, daß der fideicommissarisch substituirte Erbe schon vor dem Eintritt des Substitutionsfalls befugt sei, sein aus der Substitution erwachsenes Recht im Wege des Erbschaftskaufes zu veräußern.[57]) Dagegen hat es sich im Uebrigen den obigen Ausführungen angeschlossen und angenommen: „Das durch einen Erbvertrag unter Eheleuten den aus ihrer Ehe vorhandenen Kindern verheißene Recht auf den nach dem Tode beider Eheleute verbleibenden Nachlaß wird, wenn auch der überlebende Ehegatte die Erbschaft aus dem Erbvertrage angetreten hat, durch die Geburt eines in einer nachfolgenden von ihm eingegangenen Ehe erzeugten, bei seinem Tode noch vorhandenen Kindes in Beziehung auf seinen Nachlaß rückgängig.[58]) Die von der Verbindlichkeit der wechselseitigen Testamente handelnden §§. 492 und 493 Tit. I. Theil 2 des allgemeinen Landrechtes stehen an sich der Anwendbarkeit der allgemeinen Vorschriften über Entkräftung der Testamente, wegen nachgeborner Kinder, auch bei wechselseitigen Testamenten, die

---

[57]) Erk. v. 5. März 1877. Strieth. 96. S. 368. Dagegen Förster IV. S. 351 Note 27 u. S. 200 Note 40.

[58]) Pl.-Beschl. v. 3. Octob. 1849. Entsch. B. 18 S. 19.

zum Theil schon durch den Tod des einen und den Erbantritt des andern Ehegatten in Wirksamkeit getreten sind, nicht entgegen.[59]) Wenn Eheleute sich in einem wechselseitigen Testamente zu Erben ihres ganzen Nachlasses eingesetzt und angeordnet haben, daß bestimmte Personen nach dem Tode des letztlebenden Ehegatten dessen Nachlaß erben sollen, so wird hierdurch bei des Letzteren Wiederverheirathung dessen zweiter Ehegatte der ihm an und für sich gesetzlich zustehenden statutarischen Erbportion nicht verlustig."[60])

Wollen die Eheleute hindern, daß die Erben des zuletzt versterbenden Gatten und die fideicommissarischen Erben des zuerst versterbenden Gatten verschiedene Personen werden, so müssen sie in ihrem wechselseitigen Testamente oder Erbvertrage bestimmen, 1. daß den in erster Reihe substituirten Kindern deren Descendenz substituirt wird, 2. daß die in erster und zweiter Reihe berufenen Fideicommissare aber nur dann etwas erhalten sollen, wenn sie auch den Tod des zweiten Gatten erleben.[61])

Sind die Erben des zweitverstorbenen Gatten und die Fideicommissare verschieden von einander, und dieser Fall liegt sowohl vor, wenn auf der einen Seite eine Person steht, welche auf der andern Seite nicht berufen ist, als auch wenn die Quoten auf der einen Seite anders als auf der andern vertheilt sind, so muß eine Trennung des Fideicommisses von dem eigenthümlichen Nachlasse des überlebenden Gatten erfolgen. Um diese zu bewirken, können die Fideicommissare und deren Erben die Vorlegung und die eidliche Manifestirung eines Inventars über den Nachlaß des zuerst verstorbenen Gatten verlangen. Dieses muß in der Weise ausgearbeitet sein, daß der

---

[59]) Erk. v. 23. Mai 1864. Strieth. B. 54 S. 197. — Unten S. 253.
[60]) Erk. v. 12. Sept. 1862. Strieth. B. 45 S. 330.
[61]) Dernburg III. §. 183. S. 496.

Stand des Nachlasses zur Zeit des Todes des zuerst verstorbenen Gatten erhellt, bei jedem einzelnen Stücke aber zugleich vermerkt ist, ob es bei dem Ableben des zweiten Gatten noch vorhanden war oder nicht. Verpflichtet zur Vorlegung dieses Inventars sind nicht nur diejenigen Erben des zuletzt verstorbenen Gatten, welche sich in den Besitz von dessen Nachlaß gesetzt haben, sondern alle Erben des Fiduciars, denn wie oben gezeigt ist, besteht diese Pflicht für den Fiduciar selbst und geht deshalb auf seine Erben über. Im Ganzen ist jedoch diese Befugniß, ein Inventar fordern zu können, von keinem großen Belange. Da die Erben des Fiduciars nicht persönlich den Nachlaß des zuerst verstorbenen Gatten in Besitz genommen haben, können sie stets den Manifestationseid leisten, wenn nicht durch zufällige Umstände ihnen Kenntniß von den Bestandtheilen seines Nachlasses beiwohnt oder solche Stücke (z. B. im Hypothekenbuche berichtigte Grundstücke und Forderungen) vorhanden sind, welche sofort als Gegenstand des Fideicommisses sich erkennen lassen. Das Inventar können die Fideicommissare bemängeln. Es trifft sie aber die Beweislast, wenn sie behaupten, daß Stücke ausgelassen sind, denn es waltet zunächst die Vermuthung ob, daß alles, was im Nachlasse des zuletzt verstorbenen Gatten sich vorfindet, zu seinem Vermögen gehört, weil auch für ihn die Präsumtion des redlichen und eigenthümlichen Besitzes obwaltet.

Mit Eintritt des Substitutionsfalls werden die Fideicommissare wirkliche Erben des zuerst verstorbenen Gatten. Es ist dies ein Hauptunterschied des preußischen Rechts von dem römischen Rechte.[62]) Sie haben daher auch von dieser Zeit ab die hereditatis petitio zur Erlangung des Inbegriffs des

[62]) Gruchot: Erbrecht zu §. 53. I. 12 Allgemeines Landrecht. (Bd. I. S. 395) und zu §. 466. I. 12 Allgemeines Landrecht. (Bd. II. Seite 82.)

Fideicommisses oder einzelner dazu gehöriger Sachen gegen jeden Besitzer, der ihr Erbrecht bestreitet, und die Vindication, wenn er ihnen aus einem andern Grunde ihr Recht in Abrede stellt. Was sie dabei mit der einzelnen Sache zugleich an Früchten und dergleichen mehr fordern können, richtet sich danach, ob der von ihnen in Anspruch Genommene als Besitzer im guten oder bösen Glauben oder als ungerechtfertigter Besitzer anzusehen ist. Auch gegen Einzelne unter den Fideicommissaren oder gegen Einzelne von den Erben des Fiduciars sind diese Klagen am Platze, wenn sie im Besitze von Sachen sind, welche zum Fideicommisse gehören sollen. Zu den gewöhnlichen Einwendungen des besseren Titels tritt bei diesen Klagen der Einwand, daß der Besitzer den beanspruchten Gegenstand von dem Fiduciar in irgend einer andern Weise als durch einen Akt der reinen Freigebigkeit erworben hat, so daß er den Anspruch der Fideicommissare vernichtet, wenn auch im Uebrigen ihre Klage begründet wäre.

Was die Früchte betrifft, so ist bei der Trennung des Fideicommisses von dem Nachlasse des zweiten Gatten zunächst zu berücksichtigen, daß nicht das Fideicommiß in dem Umfange, wie es dem Fiduciar zugefallen ist, sondern nur der Ueberrest zur Zeit des Todes zu restituiren ist. Was am Todestage des zuerst verstorbenen Gatten an Früchten und Zinsen noch nicht separirt und eingezogen war, ist nicht zum Kapitale des Fideicommisses hinzuzurechnen, wie dies bei einem einfachen Fideicommisse geschehen muß. Hat der Fiduciar sie eingezogen und verbraucht, so hat es dabei sein Bewenden. Anders liegt die Sache für die Früchte, die am Todestage des Fiduciars noch vorhanden sind. Auf sie findet die Bestimmung des §. 467 I. 12. des allgemeinen Landrechtes, daß die Trennung nach den Grundsätzen erfolgen soll, welche zwischen dem Eigenthümer und Nießbraucher bei beendetem Nießbrauche gelten, Anwendung, denn diese Bestimmung ist ganz allgemein für alle Fideicommisse gegeben, und es ist nicht zu sehen, weshalb der Fideicommissar des Ueberrestes vortheilhafter als ein anderer Fideicommissar, der nicht nur auf den Ueberrest eingesetzt ist, gestellt sein kann. Es kommen deshalb hier die Vorschriften des §. 143 bis §. 175 I. 21. des allgemeinen Landrechtes zur Anwendung.

Wegen Verbesserungen, welche der Fiduciar an den Gegenständen des Fideicommisses vorgenommen hat, gelten ebenfalls die Grundsätze vom Nießbrauche. Die Erben des Fiduciars können einen Ersatz dafür nur verlangen, wenn die Fideicommissare ausdrücklich und in schriftlicher Form ihre Genehmigung zur Vornahme der Melioration gegeben haben, sonst gelten die Vorschriften des §. 124 bis §. 131 I. 21 des allgemeinen Landrechtes.

Zweifelhafter ist es, wieweit der Fiduciar und dessen Erben für Verschlechterungen der Substanz, welche der Fiduciar sich hat zu schulden kommen lassen, zu haften haben. Nach §§. 132 ff. I. 21. des allgemeinen Landrechtes soll der Nießbraucher den Schaden ersetzen, welchen er durch grobes oder mäßiges Versehen verursacht hat. Der Fiduciar, welcher nur den Ueberrest zu restituiren hat, kann aber die Substanz verbrauchen und alle zum Fideicommiß gehörigen Sachen veräußern, ohne daß die Fideicommissare deshalb sich an ihn oder seine Erben regressiren dürfen. Seine Befugnisse gehen soweit, daß er in dieser Beziehung für absichtliches Handeln nicht haftet, und da die Haftbarkeit aus Versehen nur etwas Mehreres als die Haft aus absichtlichen Handlungen ist, muß man den Grundsatz annehmen, daß der Fiduciar für Versehen überhaupt nicht haftet. Seine Dispositionsbefugniß leidet indessen die eine Grenze, daß er freigebige Schenkungen nicht vornehmen darf. Es rechtfertigt sich daher eine analoge Grenze für den Dolus zu ziehen, und ihn für alle absichtlichen Handlungen verantwortlich zu machen, die denselben Erfolg für das Fideicommiß haben, wie eine aus ihm gemachte freigebige

Schenkung. Im Ganzen gestaltet sich seine Haftbarkeit deshalb dahin, daß seine Erben für keinen Grad eines von ihm begangenen Versehens, wodurch das Fideicommiß eine Verringerung erlitten hat, aufzukommen haben und für absichtliche Verschlechterungen auch nur dann regreßpflichtig sind, wenn ihm nachzuweisen ist, daß sein Dolus lediglich darauf gerichtet gewesen ist, die zum Fideicommisse gehörigen Sachen zum Nachtheile der Fideicommissäre zu verderben, ohne einen eigenen Vortheil zu erlangen.

Ist nach diesen Grundsätzen die Trennung des Fideicommisses von dem Nachlasse des zuletzt verstorbenen Gatten erfolgt, so kann die Theilung unter den Fideicommissaren geschehen, wobei dann die gewöhnlichen Regeln über Auseinandersetzungen der Erben zur Anwendung kommen.

Häufig findet sich aber in den Testamenten der Ehegatten die Einschränkung, daß dem überlebenden Gatten die freie Verfügung über den Nachlaß des zuerst versterbenden Gatten nur so lange zustehen soll, als er sich nicht wieder verheirathet, und daß er mit den Kindern nach dem Gesetze Theilung halten soll, wenn er eine neue Ehe eingeht. Es ist dies unzweifelhaft eine Resolutivbedingung und die Auseinandersetzung erfolgt in diesem Falle nicht nach den Verhältnissen, welche zur Zeit des Todes des verstorbenen Gatten, sondern nach denen, welche zur Zeit der Wiederverheirathung des überlebenden Theils obwalten. Der §. 489 I. 12. des allgemeinen Landrechtes läßt hierüber keinen Zweifel, wenngleich nicht zu verkennen ist, daß hierdurch einem solchen Gatten die Gelegenheit geboten ist, das ganze Fideicommißvermögen vorher in sein eigenes Vermögen durch Veräußerungen und dergleichen mehr umzuwandeln und so das Recht der Kinder oder sonstigen Fideicommissare gänzlich zu vereiteln. Wollen die Testatoren dies verhindern, so müssen sie die Bestimmung treffen, daß in diesem Falle das gesetzliche Erbtheil der Kinder nach dem Zustande des

Nachlasses zur Zeit des Todes des zuerst versterbenden Gatten ihnen zu restituiren sei. Aus der bloßen Anordnung, daß in dem angegebenen Falle nach dem Gesetze getheilt werden solle, oder daß die Kinder ihr gesetzliches Erbtheil erhalten sollten, ist nur zu folgern, daß die Quoten dann nach dem gesetzlichen Erbrechte angelegt, aber nicht, daß die Wirkungen der Resolutivbedingung abweichend von dem Gesetze behandelt werden sollen.

XXXIX. Anfechtungsrecht der Descendenten.

In der Joachimischen Constitution von 1527 ist ein bestimmter Unterschied zwischen „beerbten" und „unbeerbten" Ehen gemacht, indem nur kinderlosen Eheleuten die Vergabung des vierten Pfennigs neben der statutarischen Hälfte gestattet und die Hinfälligkeit dieser Vergabung für den Fall angeordnet ist, daß Kinder aus der Ehe hervorgehen und den Tod des zuerst versterbenden Gatten erleben. Daß diese Bestimmungen auch auf die in der Joachimica erwähnten Ehestiftungen, d. h. auf Erb- und Eheverträge, welche vor Eingehung der Ehe errichtet werden, Anwendung finden sollen, läßt sich aus der Fassung der Constitution nicht schließen. Allerdings wird der Uebergang von den Ehestiftungen zu der Vermachung des vierten Pfennigs durch das Wort „dergleichen" eingeleitet. Allein in den älteren Abdrücken wird mit dem Worte „dergleichen" stets ein neuer Absatz begonnen, so daß ihm keine andere Bedeutung als dem sonst in der damaligen Kanzleisprache üblichen „Item" beigelegt, und es nur als eine Ersparung der Wiederholung von „Setzen und ordnen" angesehen werden kann. Der Satz: Sobald sie eheliche leibserben bekommen, sol solche obergabe und vermechtnus kein krafft haben, ist daher auf die Vergabung des vierten Pfennigs einzuschränken.

Für unser jetziges Recht hat dies indessen keinen Werth,

da einerseits die moderne Praxis an das Institut der Vergabung nicht angeknüpft hat, uns wenigstens alle genaueren Nachrichten hierüber fehlen, andererseits aus dem Fehlen einer Bestimmung bei der Ehestiftung noch nicht gefolgert werden kann, daß sie für diese ausgeschlossen und verboten sei.

Die ganze Entwickelung des Testamentsrechts der Ehegatten und des Notherbrechts der Kinder ist in der Mark Brandenburg nach römischen Rechtsprinzipien erfolgt. Zur Beurtheilung der Rechte der Kinder darf man niemals von dem Satze ausgehen, nachgeboren Kind bricht Ehestiftung, auch nicht die Lehren von beerbter und unbeerbter Ehe des deutschen Rechts heranziehen. Es findet sich kein Anhalt, daß jemals in der Praxis hiernach verfahren wäre. Dagegen sind die Grundsätze des römischen Rechts von dem Pflichttheils- und Notherbrechte der Kinder durchaus adoptirt und nach ihnen ist noch jetzt zu verfahren, soweit nicht Controversen vorliegen, welche nach dem allgemeinen Landrechte zu entscheiden sind.

Es gilt daher in der Mark zunächst der Satz, daß durch Postumi jedes Testament gebrochen wird, wenn sie nicht ausdrücklich darin zu Erben eingesetzt sind. Der Begriff der Postumi ist ganz der Römische, so daß darunter nicht nur die nach dem Tode des Erblassers, sondern auch die nach Errichtung des Testaments gebornen oder nach dieser Zeit adoptirten Kinder zu verstehen sind.[63]) Legitimation ist in dieser Beziehung einer Adoption gleichzuachten. Durch die Ruption verliert das Testament seine ganze Kraft, so daß nicht nur die Erbeseinsetzung, sondern auch sämmtliche anderen, darin getroffenen Anordnungen wie Legate und Ernennungen von Vormündern hinfällig werden.[64]) Die Bestimmung des allgemeinen Land-

---

[63]) Lex 18. D. De injusto testamento (28. 3) und lex. 23. §. 1. D. De lib. et post. (28. 2.)

[64]) Franke: Das Recht der Notherben und Pflichttheilsberechtigten. (Göttingen 1831. S. 136.)

rechtes, daß ein nach Errichtung des Testaments dem Erblasser gebornes Kind soviel erhalten soll, als der im Testamente am mindesten begünstigte Erbe, wenn der Tod des Testators vor Ablauf eines Jahres nach der Geburt eines solchen Kindes eintrete, ist dem römischen Rechte ganz unbekannt und gilt daher nicht in der Mark Brandenburg. Dagegen gilt auch in der Mark der Satz, daß das Testament bei Kräften bleibt, sobald das nach dem Testamente geborne Kind vor dem Testator wieder verstirbt. Wenn ein als Erbe eingesetztes Kind vor dem Testator verstirbt und selbst Descendenten hinterläßt, ohne daß ihrer im Testamente Erwähnung geschehen ist, so behält das Testament seine Wirkung, und die entfernteren Abkömmlinge bekommen den Antheil, welcher ihrem Vater oder ihrer Mutter ausgeworfen ist.[65])

Kinder ersten Grades oder Kinder vorverstorbener Kinder, welche zur Zeit der Testamentserrichtung leben, müssen von den Testatoren namentlich als Erben eingesetzt oder unter Angabe des Grundes enterbt sein. Ist dies unterblieben, so können sie das Testament mit der Wirkung anfechten, daß die Erbeseinsetzung aufgehoben wird und nur die übrigen, darin getroffenen Anordnungen bei Kräften bleiben.[66]) Die Frist zu dieser Klage ist die fünfjährige der römischen querela inofficiosi testamenti, denn wenn es auch vor der Einführung des Landrechts controvers war, ob in diesem Falle die querela inofficiosi testamenti mit der fünfjährigen oder die querela nullitatis mit der dreißigjährigen Frist am Platze sei, so ist doch niemals streitig gewesen, daß keine kürzere als die fünfjährige Frist gegeben sei. Wenn daher das allgemeine Landrecht jetzt eine zweijährige Frist für die Anstellung dieser Klage

---

[65]) Lex 28. §. 1. D. De liber. et post. (28. 2.) v. Scholtz-Hermensdorf: Provinzial-Recht. (Ausgabe v. 1834. I. 474. S. 158.)

[66]) v. Scholtz-Hermensdorf: Provinzial-Recht a. a. O. I. S. 153 und II. S. 282.

bestimmt, so kann dies nur als eine ganz neue Bestimmung, nicht aber als eine Entscheidung der älteren Controverse aufgefaßt werden.[67])

Sind Kinder und Enkel, welche ein Pflichttheilsrecht haben, zwar im Testamente ausdrücklich eingesetzt, ist ihnen aber weniger als ihr Pflichttheil hinterlassen, so können sie auf Ergänzung des Pflichttheils klagen.

Alle diese Regeln greifen Platz nicht nur bei einfachen Testamenten eines Ehegatten und bei wechselseitigen Testamenten beider Eheleute, sondern auch bei Erbverträgen der Gatten, mögen diese vor oder nach Eingehung der Ehe abgeschlossen sein. Die besonders verpflichtende Kraft dieser Verträge zeigt nur ihre Wirkung gegen beide Gatten, während sie den Notherben gegenüber nicht andere Wirkungen als die Testamente haben.[68])

Haben zwei Eheleute in einem wechselseitigen Testamente oder einem Erbvertrage bestimmt, daß der Ueberlebende von ihnen die freie Verfügung über den ganzen Nachlaß behalten und ihre Kinder sich mit dem begnügen sollen, was nach dem Tode des zuletzt Versterbenden noch übrig sein wird, und schreitet der überlebende Theil, ohne mit den Kindern Theilung zu halten, zu einer zweiten Ehe, aus welcher er ebenfalls Kinder hinterläßt, so wird durch diese seine letztwillige Disposition rumpirt. Bei seinem Tode muß daher in einem solchen Falle der Ueberrest des fideicommissarischen Vermögens von seinem sonstigen Nachlasse getrennt werden, und dann succediren die Kinder erster Ehe in das Erstere, während der Letztere unter alle Kinder erster und zweiter Ehe zur Theilung kommt.[69])

---

[67]) Anders v. Scholtz-Hermensdorf: Provinzialrecht (Berlin 1834. II. S. 289).

[68]) §. 445. II. 2 Allgemeines Landrecht.

[69]) Oben Cap. XXXVIII S. 245.

Register.

W.

Z.

Buchdruckerei von Gustav Schade (Otto Francke) in Berlin N.

FSC
www.fsc.org
MIX
Papier | Fördert
gute Waldnutzung
FSC® C083411

Kolibri 360 GmbH
Ferdinand-Jühlke-Straße 7
99095 Erfurt, Deutschland
produktsicherheit@kolibri360.de